50 leçons de stratégie
Les parties qu'il faut connaître

Édition originale en langue anglaise par Gambit Publications Ltd sous le titre *50 Essential Chess Lessons* en 2006.
1re édition en langue française © Olibris 2014

Mise en page et couverture : Singleproduction / Fabrice Infré
Édité par Olivier Letréguilly

ISBN : 978-2-916340-84-5

L'édition originale a été éditée par Graham Burgess.

Olibris

Commandes :
570, rue Fra Angelico
34000 Montpellier

Siège social :
Islarun centre d'affaires
52, rte Savanna
97460 St Paul

Diffusion GÉODIF

Site Internet : http://www.olibris.fr

Steve Giddins

50 leçons de stratégie
Les parties qu'il faut connaître

Traduit de l'anglais par François-Xavier Priour

SYMBOLES

+	échec
++	échec double
#	échec et mat
!!	coup brillant
!	bon coup
!?	coup intéressant
?!	coup douteux
?	mauvais coup
??	gaffe
Ch	championnat
1-0	les Blancs ont gagné la partie
½-½	partie nulle
0-1	les Noirs ont gagné la partie
(D)	voir le diagramme suivant

À côté d'un diagramme :
○   Trait aux Blancs
●   Trait aux Noirs

REMERCIEMENTS

Comme toujours, Graham Burgess fut un relecteur précieux, et seule la patience de ma hotline informatique privée 24/24, John Nunn, m'a permis d'éviter un certain nombre de catastrophes techniques. Je dois également remercier Gerard Welling, qui a eu la gentillesse de me fournir l'intégralité de la partie Euwe-Van Doesburgh, dont je ne trouvais pas les coups d'ouverture. La clause de non-responsabilité habituelle s'applique, naturellement.

Ce livre est dédié au plus brillant de mes élèves (qui se reconnaîtra). J'imagine que j'aurais dû l'écrire lorsque j'étais encore ton entraîneur, mais mieux vaut tard que jamais.

SOMMAIRE

INTRODUCTION

L'un des tout premiers livres d'échecs que je me suis acheté s'intitulait *The Most Instructive Games of Chess Ever Played* (*Les parties les plus instructives de tous les temps* – jamais traduit en français, NDT), par Irving Chernev. Non seulement ces parties remarquables m'ont procuré beaucoup de plaisir, mais ce recueil fut ma première initiation à la plupart des fondamentaux du jeu positionnel. Malheureusement, même s'il reste disponible en librairie et n'a rien perdu de sa qualité, il est tout de même un peu daté, puisqu'il fut publié en 1966 : d'une part, la notation descriptive n'est plus du tout d'actualité, et puis il faut bien avouer qu'en presque un demi-siècle, le jeu a considérablement évolué – on y trouve par exemple très peu de Siciliennes et de défenses Est-indiennes, ce qui signifie que certaines structures de pions très répandues dans le jeu moderne n'y sont pas traitées. De plus, comme la partie la plus récente date de 1961, plusieurs générations de joueurs de haut niveau manquent évidemment à l'appel.

C'est pourquoi l'idée m'est venue de reprendre le concept en l'adaptant au XXIᵉ siècle. Pour concevoir cet ouvrage, je me suis appuyé sur les principes suivants :

1) À chaque fois, j'ai recherché des parties illustrant de manière particulièrement claire et didactique le thème abordé. Dans certains cas, cela m'a conduit à utiliser des exemples plus anciens que ceux de Chernev, mais la plupart sont tirés de la pratique moderne.

2) Dans la mesure du possible, j'ai tenté de m'appuyer sur des parties peu connues ou peu publiées. En conséquence, si de nombreux champions du Monde et grands maîtres sont représentés ici, les parties ne sont pas nécessairement leurs plus célèbres faits d'armes.

3) Dans le même esprit, j'ai naturellement utilisé des parties de joueurs moins connus, soviétiques pour la plupart, ce qui reflète non seulement la domination de cette école durant une grande partie du XXᵉ siècle, mais aussi mon propre parcours : ayant vécu plusieurs années en Russie, j'en connais très bien la littérature échiquéenne. J'espère que ce livre aura pour effet secondaire d'inciter le lecteur à se familiariser avec le jeu de ces maîtres très talentueux que sont les Makogonov, Romanovsky, Simagin et bien d'autres encore.

4) Par ailleurs, j'ai tenté de couvrir à peu près tous les aspects du jeu, de manière plus systématique que Chernev. J'ai donc regroupé les parties en chapitres thématiques, avec une introduction présentant les points importants du thème considéré. L'idée est de permettre au lecteur de travailler précisément tel ou tel aspect. J'ai cherché à traiter un éventail de thèmes aussi important que le permettait le format du livre, y compris dans le milieu de jeu et les finales.

5) Dans mes commentaires, j'ai mis l'accent sur les explications verbales, en limitant les variantes tactiques au strict nécessaire. L'idée est de présenter les concepts positionnels le plus clairement possible, sans obscurcir le message ou embrouiller le lecteur avec de longues variantes. Heureusement, de nos jours, des logiciels performants permettent à tout un chacun d'explorer à fond la moindre variante.

Pour tirer le meilleur profit de cet ouvrage, je recommande la méthode prônée par les glorieux anciens que sont Nimzowitsch et Purdy, entre autres : cacher les coups de la partie et essayer de les trouver par soi-même. Mais si vous manquez de temps ou de discipline, ne vous inquiétez pas, vous devriez déjà apprendre beaucoup simplement en rejouant les parties et en lisant les commentaires. J'espère surtout que vous prendrez plaisir à découvrir ces joutes magnifiques. Si la lecture de ce livre vous apporte la moitié de la joie que j'ai eue à l'écrire, mes efforts n'auront pas été vains.

Steve Giddins
Rochester, GB, 2005

1. À L'ASSAUT DU ROI

Le but du jeu étant le mat, le moyen le plus direct et le plus évident de gagner une partie d'échecs consiste à s'en prendre au Roi adverse. Et au fond, puisqu'il s'agit d'un jeu de guerre, les principes de la stratégie militaire s'appliquent fréquemment sur l'échiquier. Pour réussir un assaut sur un objectif donné, il est nécessaire d'obtenir une supériorité numérique dans le secteur concerné. En termes échiquéens, cela signifie mobiliser plus de pièces pour l'attaque que le défenseur ne pourra en ramener en défense – et de préférence des pièces plus puissantes. Par ailleurs, tout officier comprend bien que la réussite d'un assaut repose souvent sur l'existence de brèches concrètes dans les fortifications adverses. Sur l'échiquier, il faudra provoquer un affaiblissement du roque, généralement un pion poussé en g3 ou h3 par exemple, et qui va servir de cible.

Dans ce genre d'attaque, le positionnement respectif des Rois est un élément essentiel. Schématiquement, il y a trois scénarios possibles : soit le Roi ennemi est au centre, soit il a roqué du même côté que l'attaquant, soit il a roqué du côté opposé. À chaque fois, la méthode sera différente, c'est pourquoi nous allons voir trois parties au cours de ce chapitre. Mais dans tous les cas, l'objectif ultime reste inchangé : l'attaquant va chercher à ouvrir des lignes sur le Roi adverse, de telle sorte que ses pièces puissent l'atteindre. Cela implique souvent des sacrifices. Comme nous l'avons vu, l'essentiel est d'amener plus de pièces que l'adversaire dans le secteur vital de l'échiquier. Partant de là, le bilan matériel global importe peu ; les seules pièces qui comptent sont celles qui interviennent dans la zone de combat proprement dite.

Partie 1
Averbakh - Sarvarov
Ch d'URSS par équipes, Moscou 1959
Gambit Dame Refusé, variante d'échange

Dans cet exemple, les deux Rois ont roqué, mais chacun de son côté de l'échiquier. Dans ces conditions, la stratégie habituelle consiste à envoyer ses pions à l'assaut du roque ennemi de manière à ouvrir des lignes, et c'est exactement ce qui va se passer ici. Comme on s'en doute, il s'agit d'une course de vitesse.

1.c4 e6 2.d4 d5 3.♘f3 ♘f6 4.♘c3 ♘bd7

Sarvarov a probablement choisi cet ordre de coups, moins fréquent que 4...♗e7, pour entrer dans la variante Cambridge Springs après 5.♗g5 c6 6.e3 ♕a5. Mais Averbakh contourne le problème en échangeant tout de suite en d5.

5.cxd5 exd5 6.♗f4

Quand les Blancs veulent roquer à l'aile roi, le Fou se développe généralement en g5. Mais ici, comme nous allons le voir, l'idée est plutôt 0-0-0, suivi d'une poussée des pions de l'aile roi, auquel cas le Fou serait plus gênant qu'autre chose en g5.

6...c6 7.♕c2 ♗e7 8.e3 0-0 9.♗d3 ♖e8 10.h3 ♘f8 11.0-0-0 *(D)*

Les intentions des Blancs sont maintenant claires. En roquant du côté opposé, ils ont les mains libres pour une attaque directe à l'aile roi. La méthode habituelle dans ce genre de cas est appelée marée de pions : les fantassins vont tous monter à l'assaut pour ouvrir des lignes contre le Roi ennemi. Pendant ce temps, loin de rester les bras croisés, les Noirs vont chercher à faire de même sur l'aile dame, où se trouve le Roi blanc. Il n'y a donc pas de temps à perdre, car le vainqueur est généralement le premier qui parvient à ouvrir une brèche dans la forte-

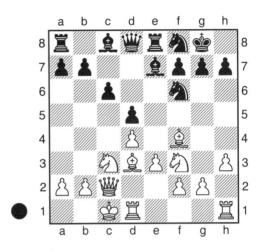

resse adverse.

11...b5

Paradoxalement, si ce coup déclenche bien une marée de pions, il est d'une efficacité douteuse. Les Noirs ont un meilleur moyen d'ouvrir des lignes sur le Roi blanc. Il y avait un « os à ronger » : le pion d4, qui est fixé sur cette case et donc attaquable au moyen du coup ...c5. Il fallait donc préférer 11...♗e6, suivi de ...♖c8 et ...c5, ouvrant la colonne c. Certes, cela créait un pion isolé en d5, mais c'est un facteur secondaire dans le cas présent, car l'attaque sur le Roi passe avant tout.

12.♘e5 ♗b7 13.g4 a5 14.♖dg1 a4 15.g5 ♘h5 *(D)*

Les deux camps ont mis en œuvre une stratégie de marée de pions contre le Roi ennemi, mais on ne voit pas bien comment les Blancs vont ouvrir des lignes qui leur seront utiles. Normalement, dans ce genre de position, on continue par h4-h5 et g6, mais ici c'est impossible à cause du Cavalier noir solidement campé en h5. Le

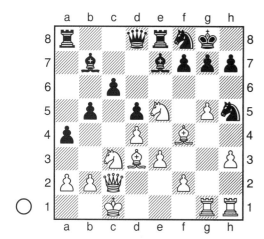

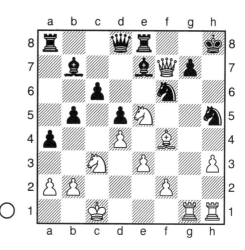

plan à base de 16.♗e2 pour attaquer le Cavalier est trop lent – l'initiative risquerait de passer aux mains de l'adversaire, dont le contre-jeu par ...♛a5 et ...b4 est imminent. Comme nous venons de le voir, c'est une course de vitesse qui s'est enclenchée, et Averbakh ne compte pas traîner en route. Sans hésiter, il sacrifie donc une pièce.

16.♗xh7+! ♘xh7 17.g6

Voilà où les Blancs voulaient en venir. Le sacrifice a totalement démoli le rempart adverse. La prise en g6 est forcée, car si le Cavalier bat en retraite, 18.gxf7+ est dévastateur.

17...fxg6 18.♛xg6

Nous y sommes : les pièces lourdes bombardent directement le Roi adverse. Les Blancs n'ont récupéré qu'un pion, mais l'attaque est écrasante. Quelle est la pièce de plus, en réalité ? Le Fou b7, totalement hors jeu puisque tout se passe de l'autre côté de l'échiquier.

18...♘7f6

Seul moyen de sauver le Cavalier h5.

19.♛f7+ ♚h8 (D)

20.♖xg7!

Nouveau sacrifice, et cette fois, le Roi noir est nu. Remarquons à nouveau l'impuissance

totale des pièces supplémentaires (le Fou b7 et la Tour a8) qui n'ont rien à faire à l'aile dame.

20...♘xg7 21.♖g1 ♘fh5

Après 21...♖g8, les Blancs gagnent par 22.♘g6+ et 23.♘xe7, après quoi la Tour g8 et le Cavalier f6 sont tous deux en ligne de mire.

22.♖g6

La menace 23.♖h6# est décisive. On ne peut que retarder l'échéance en sacrifiant la Dame.

22...♛d6 23.♖xd6 ♗xd6 24.♘g6+ ♚h7 25.♗xd6

Les Blancs ont regagné le matériel avec les intérêts, mais leur écrasante initiative et l'insécurité du Roi adverse pèsent plus lourd que ce petit avantage.

25...♖e6 26.♘f8+ ♖xf8 27.♗xf8 ♖f6 28.♛e7 1-0

Les leçons à retenir

- Dans les positions avec roques opposés, la stratégie normale est une attaque directe sur le Roi adverse au moyen d'une marée de pions pour ouvrir des lignes.
- Il s'agit bien souvent de prendre l'adversaire de vitesse. Le vainqueur est généra-

lement le premier qui parvient à ouvrir des lignes sur le roque ennemi. On assiste donc la plupart du temps à une course effrénée entre les deux attaques, et malheur aux traînards.

• N'ayez pas peur de sacrifier du matériel pour accélérer l'attaque. Il n'est pas rare que les pièces gagnées par l'adversaire dans ces conditions soient totalement hors-jeu, incapables de venir à la rescousse.

Partie 2
Geller - Kotov
Ch d'URSS, Moscou 1955
Espagnole fermée

Cette fois, les deux joueurs ont opté pour le petit roque. Naturellement, la stratégie d'attaque employée sera différente, puisque chacun doit faire très attention à ne pas trop dénuder son Roi en poussant inconsidérément les pions qui le protègent. Bien souvent, le Roi de l'attaquant se retrouve au moins aussi exposé que celui de l'adversaire. En conséquence, ce sont plutôt les pièces qui montent au front si l'occasion se présente. Démonstration.

1.e4 e5 2.♘f3 ♘c6 3.♗b5 a6 4.♗a4 ♘f6 5.0-0 ♗e7 6.♖e1 b5 7.♗b3 0-0 8.d3

Avec leur dernier coup, les Noirs menaçaient d'entrer dans le fameux gambit Marshall par 8.c3 d5. Dans cette ligne inventée par le grand joueur américain Frank Marshall, le joueur en second obtient de fortes chances d'attaque en cas d'acceptation du pion par 9.exd5 ♘xd5 10.♘xe5 ♘xe5 11.♖xe5 c6, suivi de ...♗d6, ...♕h4, etc. Geller, comme bon nombre de ses collègues du top niveau (dont Kasparov), préfère contourner le problème.

8...d6 9.c3 ♘a5

Le début d'un plan standard pour les Noirs dans ce système. Le Cavalier repousse le « Fou espagnol » tout en libérant le passage en vue de la poussée de pion c5, qui permet un gain

d'espace sur l'aile dame. Le principal inconvénient de ce plan, c'est que le Cavalier se retrouve fréquemment hors jeu en a5, ce qui oblige à faire des concessions en termes de temps ou d'espace central pour le recycler.

10.♗c2 c5 11.♘bd2 ♕c7 *(D)*

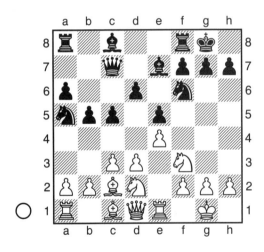

La position est absolument typique des grandes lignes de l'Espagnole fermée, à ceci près que les Blancs ont un pion en d3 et non pas d4. Les Noirs, qui ont un avantage d'espace sur l'aile dame, cherchent généralement du contre-jeu dans ce secteur. Inversement, les Blancs tentent souvent de monter à l'assaut du Roi noir. Mais quand on compare cette position avec celle de la première partie, on constate une différence cruciale, à savoir que les deux Rois sont du même côté. Nous avons vu qu'en cas de roques opposés, le plan normal consiste à pousser les pions devant le roque adverse. Mais ici, il serait assez mal venu d'attaquer par h3 et g4, disons, car le Roi blanc se retrouverait en aussi mauvaise posture que son homologue et les Noirs pourraient alors monter une contre-attaque centrale dangereuse à base de …d5. Dans cette situation, il est donc préférable de renoncer à la marée de pions et de n'utiliser que les pièces pour l'attaque. Bien sûr, cette règle connaît des exceptions – notamment lorsque le centre est bloqué, ce qui empêche toute contre-attaque de ce côté – mais il est bien plus courant d'envoyer uniquement les pièces à l'offensive.

12.♘f1

Première étape : le Cavalier se dirige vers g3 ou e3, d'où il visera la case f5, un excellent avant-poste.

12...♘c6 13.♘e3 ♖e8 14.d4 *(D)*

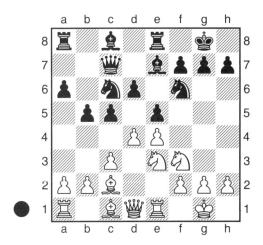

Sans en avoir l'air, ce coup fait aussi partie du plan d'attaque sur le Roi ennemi. La poussée du pion ouvre la diagonale du Fou espagnol, tapi en c2, tout en attaquant le pion central e5. Les Blancs espèrent parvenir à forcer l'échange de ce pion, de manière à libérer leur propre pion e4, qui menacerait alors de venir lui-même en e5, chassant l'excellent défenseur qu'est le Cavalier f6 et ouvrant la diagonale du Fou c2 jusqu'à la case h7.

14...exd4

Les Noirs ne se font pas prier, car ils pensent pouvoir mettre rapidement sous pression le pion e4. Comme le montre la suite de la partie, ce plan est risqué, car même si le pion e4 tombe effectivement, l'ouverture de lignes qui en résulte place le Roi noir au cœur de la tourmente. Il était moins dangereux de prendre du pion c avec l'idée de poursuivre par …♗d7 et …♖ac8, à la recherche de contre-jeu sur la colonne c.

15.cxd4 ♗f8 *(D)*

Toujours la même idée : ce coup permet à la Tour e8 de disposer d'une ligne ouverte pour attaquer le pion e4.

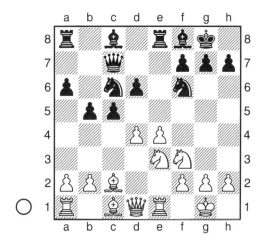

16.b3!

Un excellent coup. Au lieu d'empêcher la réalisation de l'idée noire par 16.a3, Geller sacrifie un pion et envisage de poster son Foudame en b2, d'où il pourra peser sur la grande diagonale jusqu'au roque adverse.

16...♘b4

La prise immédiate par 16...♘xe4?? perdrait une pièce sur 17.♘d5, mais ce pion est condamné de toute façon.

17.♗b1!

Il est impératif de conserver ce Fou, qui va jouer un rôle de premier plan dans l'assaut qui se profile.

17...♘xe4 18.♗b2 ♗b7 19.d5!

Très fort. Les Blancs font d'une pierre deux coups, puisque ce sont deux pièces adverses qui se retrouvent coupées de l'aile roi (le Fou b7 et le Cavalier b4). La menace directe est 20.a3, qui gagne une pièce.

19...c4

Les Noirs décident de se défendre tactiquement : si 20.a3, alors 20...c3, avec la menace 21...c2. Le problème, c'est que grâce aux deux pièces temporairement hors-jeu sur l'aile dame, Geller est maintenant en mesure de déclencher son attaque de l'autre côté.

20.bxc4 bxc4 21.♗xe4! ♖xe4 22.♘g5 ♖e7 23.♕h5 h6 (D)

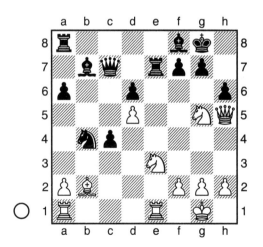

24.♘f5!

Voir le commentaire du 12ᵉ coup. Soudain, presque toutes les pièces blanches participent à l'attaque, tandis que les unités stationnées en b4, b7 et e8 ne sont que de simples spectateurs.

24...♖xe1+?

Au vu de ce qui va suivre, il fallait préférer 24...♖ae8!. Certes, c'est un sacrifice de qualité, mais après 25.♘xe7+ ♖xe7, les Noirs vont récupérer le pion d5. Ils auront donc deux pions en guise de compensation, et l'attaque blanche sera sérieusement émoussée. Cette technique défensive consistant à sacrifier du matériel pour enrayer une attaque est très courante, nous en reparlerons au chapitre 2.

25.♖xe1 hxg5

La menace était 26.♗xg7, suivi de 27.♖e7.

26.♖e3!

Les derniers renforts arrivent. Comme dans la première partie, les Blancs ont certes concédé un déficit matériel dans l'absolu, mais ils ont bien plus de pièces actives là où se fait la décision.

26...♗c8

26...f6 perd sur 27.♕g6, qui menace mat par ♘h6+, ♘f7+ et ♖h3.

27.♗xg7! ♗xg7 28.♖e8+ ♗f8 29.♖xf8+ 1-0

C'est mat au prochain coup.

concentrer toutes les pièces sur l'aile roi, alors que plusieurs unités adverses, égarées à l'aile dame, étaient dans l'incapacité de prendre une part active à la défense.

Partie 3
J. Polgár - Mamedyarov
Olympiades, Bled 2002
Espagnole ouverte

Dans les deux précédentes parties, nous avons vu des attaques sur le roque. Cette fois, le Roi noir est piégé au centre de l'échiquier. Dans les positions ouvertes, cette situation est généralement très dangereuse pour Sa Majesté, car les pièces adverses sont toutes en mesure de venir l'attaquer via les colonnes centrales. Pour mener à bien une telle attaque, il est essentiel de savoir conserver l'initiative afin de ne pas laisser à l'adversaire le temps d'évacuer son Roi de la zone dangereuse ou de ramener des pièces en défense. L'attaquant doit donc enchaîner les menaces concrètes pour maintenir l'adversaire sur la défensive.

1.e4 e5 2.♘f3 ♘c6 3.♗b5 a6 4.♗a4 ♘f6 5.0-0 ♘xe4

Ce coup introduit la variante ouverte de la partie Espagnole, explorée au début du vingtième siècle par le grand joueur et théoricien allemand Siegbert Tarrasch. Dans l'Espagnole fermée de la partie précédente, les Noirs jouaient 5...♗e7 avant de soutenir le centre par ...d6. Cette méthode a l'inconvénient d'enfermer le Fou et d'obliger les Noirs à évoluer dans un espace restreint. Or le Dr Tarrasch, qui détestait le manque d'espace, condamnait par principe ce type de position. Dans la variante ouverte, par contre, les Noirs obtiennent plus d'espace, ainsi que des lignes pour les pièces,

au prix d'une structure de pions quelque peu affaiblie. Au fil du temps, cette ligne s'est avérée moins populaire que la défense fermée, mais elle a toujours conservé un noyau dur d'ardents supporters. L'ancien champion du monde Max Euwe était de ceux-là, et plus récemment, Viktor Kortchnoi a défendu ses couleurs en maintes occasions.

6.d4 b5

Il serait extrêmement risqué de gober un autre pion par 6...exd4. Après 7.♖e1, le Roi noir resté au centre va poser problème.

7.♗b3 d5 8.dxe5 ♗e6 *(D)*

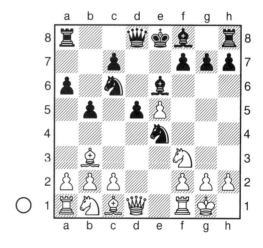

La position de base de l'Espagnole ouverte. Les Noirs ont des pièces mineures plus actives que dans la variante fermée, mais les pions de l'aile dame sont affaiblis. Si l'on parvient à jouer ...ç5 dans de bonnes conditions, tout devrait aller pour le mieux, mais ce n'est pas facile à réaliser sur un jeu précis des Blancs.

9.♘bd2 ♘c5 10.c3 d4 11.♘g5!

Un sacrifice de pièce qui ne laisse pas indifférent. L'idée est de répondre à 11...♕xg5 par 12.♕f3, après quoi le Cavalier c6 ne peut pas être défendu convenablement au vu de la menace 13.♗d5. Tout cela est théorique, le coup 11.♘g5 ayant été joué pour la première fois dès 1978, lors du match de championnat du monde Karpov-Kortchnoi.

11...♗d5? *(D)*

Mamedyarov espère éviter les complications en refusant le sacrifice, mais ce coup est une grave erreur, comme va le démontrer Polgár. Les lignes commençant par 11...♕xg5 12.♕f3 ont donné lieu à des recherches approfondies, mais la pratique semble montrer que la position est favorable aux Blancs. Au moment où sont écrites ces lignes – la mode change très vite de nos jours aux échecs –, les Noirs ont tendance à éviter la ligne 10...d4 au profit de 10...♗g4.

Ce sacrifice maintient le Roi noir au centre, où il va faire l'objet d'une attaque féroce.

12...♔xf7

Le seul coup car après 12...♗xf7, les Blancs regagnent immédiatement la pièce par 13.♗xf7+ ♔xf7 14.♕f3+ et 15.♕xc6, restant avec un pion de plus et le Roi noir toujours piégé au centre.

13.♕f3+ ♔e6

À nouveau forcé, de manière à défendre le Fou d5. Les Blancs doivent maintenant se demander comment poursuivre l'attaque. Il est bien évident qu'il va falloir amener des renforts le moment venu, mais Polgár décide de poser d'abord une petite question au Roi.

14.♕g4+ ♔f7?!

L'autre option, 14...♔e7, était préférable, même si les Blancs conservaient une attaque quasiment décisive. Une partie Anand-Svidler s'était poursuivie par 15.e6!, et les Blancs avaient rapidement obtenu un avantage décisif.

15.♕f5+ ♔e7

Si le Roi vient en e8 ou g8, la réplique 16.e6 gagne immédiatement puisqu'il est impossible de parer simultanément les menaces de mat en f7 et de gain du Fou d5.

16.e6 *(D)*

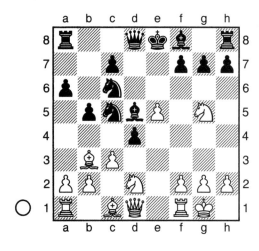

12.♘xf7!

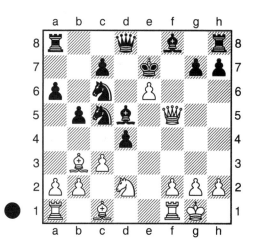

Le plus important dans ce type de position est de ne pas laisser à l'adversaire le temps de souffler, ce dont Polgár s'acquitte admirablement. Son dernier coup attaque le Fou d5 tout en créant la possibilité d'un échec ultérieur en f7. En fonction de la réplique adverse, elle compte faire rentrer le Cavalier d2 dans la mêlée, ouvrant du même coup la voie au Fou c1 pour venir donner un échec dévastateur en g5. Toute prise du pion e6 ouvrirait la colonne e et la Tour pourra s'activer sur la case e1. Cet exemple montre bien comment traiter l'initiative dans ce genre de position – par des menaces constantes, l'attaquant ne laisse pas le temps à l'adversaire de se déployer et de faire participer toutes ses pièces à la défense.

16...♗xe6

Comme nous le disions, ce coup ouvre une ligne supplémentaire importante contre le Roi noir, mais il fallait bien faire quelque chose car le Fou était en prise. L'alternative était 16...♘xb3, pour éliminer une des pièces d'attaque. Le problème, c'est que ce coup éliminait aussi un défenseur de premier ordre, et qu'après 17.♘xb3, le Cavalier blanc serait entré dans la danse, sans parler du Fou c1. Polgár donne la ligne suivante : 17...♗xe6 18.♖e1 (menace 19.♗g5+) 18...♕c8 19.♗g5+ ♔d6 20.♗f4+! ♔e7 (en pratique, le Fou s'est développé « gratuitement ») 21.♘c5, avec une attaque écrasante, par exemple 21...♘d8 22.♖xe6+! et 23.♖e1, qui gagne.

17.♖e1!

Un coup surprenant mais typique de ce genre de position. Le simple 17.♕xc5+ regagnait la pièce sur échec, mais cela aurait ralenti l'attaque après 17...♕d6. Polgár préfère amener une nouvelle pièce dans la mêlée. Dans une telle situation, comme nous l'avons déjà dit, ce n'est pas le simple décompte des forces en présence qui importe, mais le nombre de pièces actives dans le secteur critique de l'échiquier. Dans la présente position, par exemple, les deux Tours noires sont inexistantes.

17...♕d6 18.♗xe6 ♘xe6 19.♘e4

Toujours dans l'esprit de ne laisser aucun répit l'adversaire. Le Cavalier plonge au cœur de la bataille en ouvrant la diagonale du Fou c1, le tout avec tempo.

19...♕e5 20.♗g5+ *(D)*

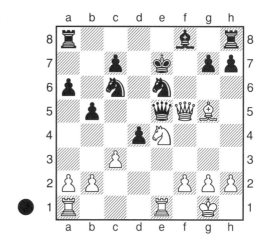

Une autre pièce blanche vient prendre part à l'assaut, et la Dame noire est perdue. Si 20...♘xg5, alors 21.♘xg5, et si 20...♕e8, 21.♘f6+. Les Noirs préfèrent la troisième option.

20...♔d7 21.♘c5+ ♗xc5

Ou 21...♕xc5 22.♕xe6#.

22.♕f7+

Une fois de plus, Polgár dédaigne le gain matériel afin de privilégier l'attaque.

22...♔d6

22...♔e7 23.♖xe5 n'améliore rien du tout.

23.♗e7+ 1-0

Les Noirs abandonnent au vu de 23...♘xe7 24.♖xe5 ♔xe5 25.♖e1+, tandis que la fuite par 23...♔d5 entraîne un joli mat après 24.♕f3+ ♔c4 25.b3#.

Les leçons à retenir

- Lorsqu'il est piégé au centre, le Roi s'expose à des attaques dévastatrices.
- Du point de vue de l'attaquant, il est souvent rentable de sacrifier du matériel pour maintenir le Roi au centre.
- Comme dans toute attaque, il est important de pouvoir mobiliser plus de pièces de l'adversaire dans le secteur de l'échiquier.
- Il est souvent préférable de faire venir des pièces en renfort plutôt que de prendre du matériel (17.♖e1!).

2. LA DÉFENSE

La défense fait tout autant partie du jeu que l'attaque, dont elle est un corollaire naturel, et pourtant c'est un domaine très négligé. On peut affirmer sans trop de risque de se tromper que pour vingt joueurs d'attaque de bon niveau, on ne trouvera pas plus d'un défenseur de qualité. Bien sûr, c'est compréhensible car le jeu d'attaque est plus séduisant, mais sans une bonne défense, l'arsenal du joueur d'échecs est incomplet, et c'est commettre une lourde erreur que de ne pas accorder à ce secteur du jeu l'attention qu'il mérite.

L'attaque et la défense ont ceci de commun que les principes militaires de base s'y appliquent naturellement. La première tâche du défenseur est d'admettre que le moment est venu de se défendre et de prendre des mesures purement défensives. Le simple manquement à cette règle est à l'origine d'innombrables défaites. Il faut savoir identifier le point le plus faible de sa position et faire le nécessaire pour y remédier, notamment en ramenant des pièces dans le secteur concerné. À chaque coup, il faut se demander quelles sont les menaces directes et comment les parer. L'autre aspect important de la défense consiste à saisir la moindre opportunité de contre-jeu, de façon à ne pas laisser les mains totalement libres à l'adversaire. La défense purement passive fonctionne rarement, mais si le défenseur parvient à équilibrer les mesures défensives et la préparation du contre-jeu, ses chances de survie s'améliorent sensiblement.

Nous verrons dans ce chapitre quatre exemples de défense réussie. Dans la partie 4, le Roi noir subit un assaut extrêmement dangereux qui oblige le défenseur à déployer des trésors d'ingéniosité pour garder la tête hors de l'eau. Nous verrons ensuite un cas typique d'attaque prématurée – les Noirs lancent une offensive qui n'est pas vraiment justifiée, mais des menaces très réelles surgissent néanmoins, contraignant les Blancs à une défense précise. La sixième partie illustre le célébrissime concept de contre-attaque centrale en réponse à une attaque sur l'aile. Enfin, nous conclurons sur un scénario assez différent : au lieu d'un assaut sur l'aile roi, nous aurons ce qu'il est convenu d'appeler un massage positionnel, au cours duquel le défenseur perd pied peu à peu et semble devoir concéder du matériel. Ces positions sont souvent plus difficiles à défendre que celles comportant des menaces directes, c'est pourquoi il est particulièrement instructif de voir comment l'un des plus grands défenseurs de tous les temps parvient à mettre des bâtons dans les roues de son adversaire, y compris dans une position apparemment sans espoir.

S'il y a une leçon et une seule à retenir à propos de la défense aux échecs, c'est de ne jamais baisser les bras ! Le roi des jeux propose d'innombrables ressources défensives, et la résistance que parviennent à opposer les maîtres les plus opiniâtres dans des positions parfois désespérées est simplement ahurissante. En pratique, pourtant, cela n'arrive pas très souvent. Pourquoi ? Parce qu'il n'y a rien de plus déprimant que d'avoir à défendre une position inférieure. Trop souvent, le défenseur se laisse démoraliser, il s'en veut même de s'être mis dans une telle situation, ce qui ne permet pas de donner le meilleur de soi-même en défense. Pour bien défendre, il faut donc du caractère, il faut avoir les nerfs solides, d'autant plus que face à une défense acharnée, l'attaquant aussi risque de perdre le moral, déçu de rencontrer tant de difficultés alors que la victoire semblait lui tendre les bras. Les grands défenseurs de l'histoire, comme Lasker et Kortchnoi, ont gagné d'innombrables parties du simple fait que leur adversaire perdait son latin lorsqu'ils défendaient bec et ongles.

Partie 4
Padevsky - Kholmov
Dresde 1956
Partie Écossaise

Dans cette partie, les Noirs sont dominés dès l'ouverture et le Roi subit d'emblée une forte attaque. À mesure que les menaces s'accumulent, le mat semble inévitable à moins de lourdes pertes matérielles, mais Kholmov continue à trouver systématiquement des parades, y compris en sacrifiant pour briser le tempo de l'attaque. Face à une résistance aussi acharnée, les Blancs perdent patience, se retrouvent à court de temps et finissent par commettre des erreurs qui leur coûtent la partie.

1.e4 e5 2.♘f3 ♘c6 3.d4 exd4 4.♘xd4 ♘f6 5.♘xc6 bxc6 6.e5 ♕e7

Cette variante de l'Écossaise est devenue très populaire ces derniers temps après avoir été réintroduite dans la pratique magistrale par Kasparov. Le dernier coup des Noirs semble peu naturel, mais 6...♘d5 7.c4 est connu pour favoriser les Blancs. Le coup du texte est considéré comme le meilleur depuis plusieurs années.

7.♕e2 ♘d5 8.c4 ♘b6

L'alternative est 8...♗a6, en comptant sur le clouage pour maintenir le Cavalier au centre. Mais après le coup de Kasparov 9.b3, le Fou se retrouve souvent inactif en a6, tandis que le Cavalier d5, par manque de stabilité, doit souvent se replier en b6 de toute façon. Peut-être

est-il donc préférable de ramener tout de suite le Cavalier en réservant au Fou un rôle plus actif sur la case b7.

9.♘d2 ♗b7

Les Noirs préparent le grand roque, mais le Roi va s'avérer exposé de ce côté. On pouvait envisager de l'envoyer à l'Est après 9...♕e6 et 10...♗e7.

10.b3 0-0-0 11.♗b2 ♕e6 12.0-0-0

Ce coup met le doigt sur un des inconvénients du grand roque des Noirs. S'ils avaient choisi le petit roque, les Blancs auraient sans doute été forcés de faire de même, de crainte de subir une forte attaque après ...a5-a4.

12...♗e7 13.f4 (D)

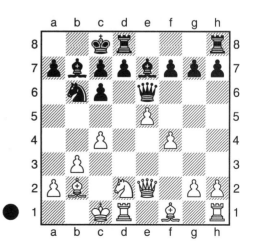

En résumé, on peut dire que les Blancs sortent de l'ouverture avec un avantage. Les Noirs ont une position étriquée, avec un Cavalier mal placé en b6. Les Blancs ont une majorité de pions qualitative mobile sur l'aile roi qui leur permet de préparer la poussée f5, alors que les Noirs n'ont pas de contre-jeu actif.

13...♖he8 14.♘f3 c5

Ouvre la diagonale au profit du Fou.

15.♕c2!

Une continuation énergique bien dans l'esprit de la position. Le coup du texte menace f5. Les Noirs peuvent s'y opposer par 15...g6, mais Kholmov n'aimait pas la réplique 16.♘g5, qui force l'échange sur cette case (sans quoi le pion h tombe), après quoi les Blancs vont pouvoir exercer une forte pression sur la colonne contre le pion arriéré f7.

15...♕h6 16.♗d3! *(D)*

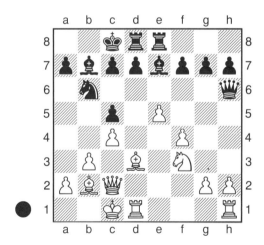

Encore un coup énergique. Les Blancs ne craignent pas de sacrifier un pion pour l'initiative.

16...♕xf4+ 17.♔b1 g6 18.♖hf1 ♕h6 19.a4!

Les Noirs sont réduits à la passivité, toutes les pièces blanches sont développées, le moment est venu de s'intéresser de plus près au Roi noir.

Le pion a aura pour mission de chasser le Cavalier de b6, d'où celui-ci défend son seigneur et maître, même s'il manque de cases actives. Les Noirs sont ici clairement acculés en défense. Que faire ? Dans une telle situation, il faut essayer d'agir sur deux fronts – premièrement en parant les menaces directes, et deuxièmement en trouvant du contre-jeu pour distraire l'attaquant. Il est rare qu'on puisse se permettre d'attendre sans rien faire. Dans l'immédiat, la menace est 20.a5, qui chasserait le Cavalier sur une case horrible, a8. Avec leur prochain coup, les Noirs libèrent la case d7 pour ce Cavalier, tout en contestant le fort pion blanc e5, qui les maintient à l'étroit.

19...d6 20.a5 ♘d7 *(D)*

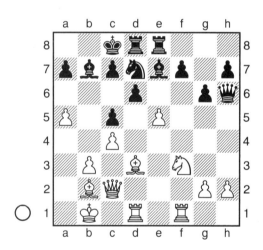

21.♗e4!

Encore un coup instructif : on échange le Fou qui défend le Roi noir.

21...f5 22.♗xb7+ ♔xb7 23.b4!

Nous avons vu précédemment que les marées de pions sont rares lorsque les deux Rois ont roqué du même côté. Nous avons ici une exception : délaissé par ses fantassins, le Roi blanc reste néanmoins à peu près en sécurité. Pour l'instant.

23...♘b8!

La prise en b4 se heurterait à 24.♕a4, qui regagne le pion. Fort logiquement, les Noirs préfèrent redéployer le Cavalier sur un poste d'où il pourra surveiller les cases a6 et c6 – celles-là mêmes qui ont été affaiblies par l'échange du Fou de cases blanches.

24.♕a4 a6 25.♔a1 cxb4

Cette prise ne peut plus attendre, car les Blancs étaient sur le point d'échanger en c5 et de jouer ♖b1.

26.♕xb4+ ♔c8 27.♖b1 (D)

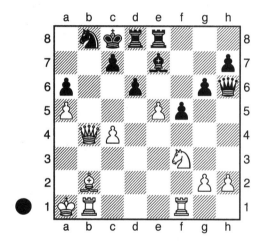

27...dxe5!

Une décision pleine de sang-froid et parfaitement calculée. Les Blancs peuvent maintenant gagner une pièce par 28.♕xb8+ ♔xb8 29.♗c1+ ♔c8 30.♗xh6. Mais dans la position qui en résulte, les Noirs ont deux pions pour la pièce, et de plus ils ont réussi à échanger les Dames et à enrayer l'attaque adverse. À ce stade, ils pourraient même s'emparer de l'initiative par 30...e4, suivi de ...♗f6+ et ...♖e5, pourchassant le pion a5. Même si les Blancs conservent un petit avantage matériel, la position est loin d'être claire. Ce type de contre-sacrifice est à retenir, car c'est une des

principales méthodes défensives permettant de gripper le mécanisme d'une attaque.

28.c5 ♕f4!

Les Noirs renouvellent leur offre. Là encore, la position serait peu claire après 29.♕xb8+ ♔xb8 30.♗xe5+ ♔c8 31.♗xf4 ♗f6+ 32.♔a2 ♖e2+ 33.♔a3 ♖d3+ 34.♔a4 ♖a2+ 35.♔b4 ♖da3, etc. Et à nouveau, Padevsky préfère continuer l'attaque, refusant de croire que le Roi noir puisse survivre.

29.♕b3 ♗xc5 30.♗c3

Les événements semblent donner raison à Padevsky. La menace ♕xb8+ force le Roi noir à venir au centre, où il sera forcément trop exposé. Mais ce n'est pas pour rien que le grand maître russe Ratmir Kholmov est surnommé par ses collègues « le Défenseur central ». Méthodiquement, il va démontrer que même dans les positions les plus périlleuses en apparence, on trouve des ressources défensives cachées.

30...♘c6 31.♕b7+ ♔d7 32.♘xe5+?

Après 32.♖bd1+! ♗d6 33.♘xe5+ ♕xe5 34.♗xe5 ♖xe5 35.♖xd6+ ♔xd6 36.♖d1+ ♖d5 37.♖xd5+ ♔xd5 38.♕xc7 (Nunn), les Blancs sont mieux, même s'il existe des chances de nulle.

32...♕xe5 33.♗xe5 ♖xe5 (D)

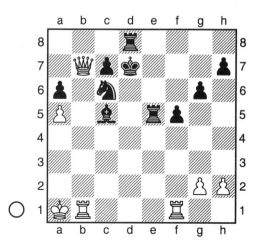

Une position incroyable. Les Noirs ont perdu la Dame et leur Roi a été traîné de force au beau milieu de l'échiquier. Normalement, tout est perdu, mais en regardant de plus près, on constate que les choses ne sont pas si simples. Ils ont tout de même récupéré deux pièces mineures et deux pions pour la Dame : l'égalité matérielle n'est donc pas si loin. Qui plus est, les pièces, centralisées, sont bien placées pour défendre le Roi et aussi pour créer des contre-menaces sur le monarque adverse, lui-même exposé. C'est maintenant seulement que les inconvénients de la marée de pions se font sentir. Si l'on prend en compte le fait que Padevsky commence à manquer cruellement de temps de réflexion – il en a dépensé beaucoup à chercher un mat qui n'existait pas –, on comprend mieux pourquoi il s'effondre face à la ténacité de Kholmov.

34.♖b3?

Le coup perdant. La meilleure ligne était 34.♖fd1+! ♗d4+ 35.♖xd4+ (forcé, sinon les Noirs gagnent après 35.♔a2? ♖xa5+ et 36...♖b5+) 35... ♘xd4 36.♕xa6 ♖d5!, avec une position peu claire.

34...♗d4+ 35.♔b1 ♖b8

35...♘xa5 gagne aussi, mais le coup du texte est plus simple.

36.♕xb8 ♘xb8 37.♖xb8 ♖xa5 38.♖d1 c5

Avec trois pions pour la qualité et des pièces superbement placées, le gain est élémentaire.

39.♖d2 ♖b5+ 40.♖xb5 axb5 41.♖a2 ♔c6 42.♖a7 c4 43.♖xh7 b4 44.g4 b3 45.gxf5 c3 46.♖h3

gxf5 47.♖f3 f4 0-1

Les pions déferlent sur l'échiquier tels les vaisseaux aliens dans une partie de Space Invaders. Malheureusement pour les Blancs, ils sont à court de munitions, l'abandon est devenu inévitable.

Les leçons à retenir

- Le défenseur doit parer les menaces immédiates, mais aussi profiter de la moindre occasion pour générer du contre-jeu.
- Techniquement, il est important de savoir rendre du matériel pour enrayer l'attaque adverse.
- Même dans une mauvaise position, cherchez les points positifs. Ici, Kholmov n'a jamais perdu de vue le fait que les Blancs avaient aussi des faiblesses – Roi exposé, quelques pions faibles, etc. C'est en exploitant à fond ces facteurs qu'il a réussi à survivre au bord du précipice.
- Pour l'attaquant, il est extrêmement démoralisant de devoir affronter une défense acharnée et résoudre en permanence des problèmes alors qu'il pensait que tout était fini.
- N'oubliez pas le vieux dicton : « Il ne faut jamais vendre la peau de l'ours avant de l'avoir maté ». Même les positions les plus désespérées en apparence recèlent des ressources cachées, donc ne baissez *jamais, jamais* les bras.

Partie 5
Maróczy - Helling
Dresde 1936
Défense Scandinave

Voici maintenant un exemple typique de réfutation d'une attaque mal préparée, grâce à une défense précise et pleine de sang-froid. D'emblée, Helling saute à la gorge de son illustre adversaire alors que son aile dame n'est pas développée et que les Blancs n'ont commis aucune erreur flagrante. Dans ces conditions, le défenseur doit avant tout garder son calme et guetter l'opportunité de rendre du matériel pour désamorcer l'attaque, après quoi les affaiblissements concédés par l'agresseur risquent de lui faire regretter son impétuosité.

1.e4 d5 2.exd5 ♘f6 3.♗b5+ c6

Un gambit inhabituel. 3...♗d7 est plus courant.

4.dxc6 bxc6

Il semble plus naturel de reprendre du Cavalier.

5.♗e2 e5 6.d3 ♗c5 7.♘f3 ♘g4 8.0-0 f5

Les Noirs ne font certes pas mystère de leurs intentions. Sans aucun respect pour la réputation de son illustre adversaire (Maróczy compta parmi les tout meilleurs joueurs du monde juste avant la Première Guerre mondiale), Helling se rue tout simplement sur le Roi ennemi. Seulement, les Blancs n'ont encore rien fait qui puisse être considéré comme une erreur, moyennant quoi l'attaque noire est logiquement vouée à l'échec. Cela posé, toute défense exige de la précision. Maróczy va montrer avec élégance comment repousser ce genre d'assaut prématuré.

9.♘c3

On est évidemment tenté de repousser le Cavalier par 9.h3, mais avec une Tour en h8, la réplique serait tout simplement 9...h5. Le Cavalier serait alors intouchable, et les Blancs n'auraient fait qu'affaiblir leur aile roi. Maróczy préfère poursuivre son développement.

9...♕f6 *(D)*

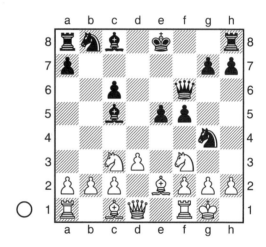

10.♕e1!

Un petit coup particulièrement subtil. En venant se placer face au Roi adverse sur la colonne e, la Dame instaure des menaces fondées sur la poussée d4, ce qui incite l'adversaire à roquer, après quoi le potentiel d'attaque de la poussée ...h5 sera fortement émoussé.

10...0-0 11.h3

C'est l'idée du coup précédent. Si le Cavalier bat en retraite, le gambit sera injustifié. Helling s'embarque donc dans une fuite en avant quasiment vouée à l'échec par l'absence d'une Tour sur la colonne h.

11...h5 12.hxg4 hxg4 13.♘g5 g3

Les menaces semblent toujours dangereuses, mais Maróczy a bien calculé.

14.♘a4!

Encore un coup simple mais important, qui force l'échange d'une des principales pièces d'attaque – autre technique défensive élémentaire.

14...♗xf2+

14...♗d4 15.c3 n'apportait rien.

15.♖xf2 f4

Il faut reconnaître à Helling le mérite de la persévérance, mais il se heurte à un mur.

16.♘e4 ♕h4 *(D)*

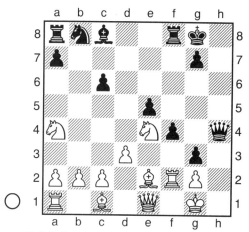

17.♗f3 était possible, mais Maróczy a trouvé mieux : il va réduire l'attaque à néant grâce à un principe déjà évoqué précédemment – rendre le matériel encaissé.

17.♘xg3! fxg3 18.♖xf8+ ♔xf8 19.♗f3! ♘d7

Les Noirs pouvaient regagner tout leur matériel par 19...♕xa4, mais après 20.♕xe5, tout était perdu : seule leur Dame est développée, et le Roi est affreusement exposé. Après 20...♕h4, Les Blancs n'auraient que l'embarras du choix entre une finale extrêmement favorable après 21.♕f4+ et un milieu de partie encore plus favo-

rable sur 21.♗e3. Sachant très bien qu'il n'a rien à espérer de ce côté, Helling décide de laisser l'avantage matériel aux Blancs pour tenter désespérément d'amener des renforts, mais il est trop tard.

20.♕e4 ♕h2+ 21.♔f1 ♘f6

Inutile de donner échec en h1, car le Roi est en parfaite sécurité sur la case e2. Les Noirs pouvaient abandonner, mais Helling va faire traîner les choses – il ne sera pas dit qu'il a perdu une miniature.

22.♕xc6 e4 23.dxe4 ♕h1+ 24.♔e2 ♗a6+

Certes, on n'a jamais gagné une partie en abandonnant, mais c'est tout de même parfois la meilleure chose à faire.

25.♕xa6 ♖d8 26.♗f4

Même si ce n'est pas le seul coup, il est bien dans l'esprit : rendre du matériel pour désamorcer l'assaut. En fait, les Blancs donnent une Tour pour enclencher une contre-attaque. Nous nous abstiendrons de commenter les quelques gesticulations qui s'ensuivent.

26...♕xa1 27.♗d6+ ♔f7 28.♕c4+ ♔g6 29.e5 ♕g1 30.♕c5 ♕c1 31.exf6 gxf6 32.♗e4+ ♔h6 33.♕f5 1-0

Et voilà comment on repousse une attaque prématurée.

Les leçons à retenir

- Toute attaque lancée sur la base d'un développement inférieur, alors que l'adversaire n'a pas commis d'erreur, est vouée à l'échec sur une défense correcte.
- L'échange des pièces d'attaque est un principe défensif fondamental (14.♘a4!).
- Autre grand principe défensif particulièrement efficace : rendre le matériel sacrifié pour désamorcer l'attaque (17.♘xg3!, 19.♗f3!).

Partie 6

Tal - Spassky

Finale des Candidats (11), Tbilissi 1965

Espagnole fermée

L'un des principes cardinaux de la défense aux échecs veut qu'un assaut sur l'aile provoque une contre-attaque centrale, et c'est bien ce qui va se produire ici. Pendant que Tal transfère ses pièces à l'aile roi pour aller taquiner le roque adverse, Spassky prépare une poussée de pions au centre. Ses fantassins vont s'insinuer au cœur du camp ennemi, perturbant l'attaque adverse et finissant même par faire imploser la position des Blancs.

1.e4 e5 2.♘f3 ♘c6 3.♗b5 a6 4.♗a4 ♘f6 5.0-0 ♗e7 6.♖e1 b5 7.♗b3 0-0

Cet ordre de coups est une invitation au gambit Marshall après 8.c3 d5. Tal préfère éviter ces lignes suranalysées.

8.h3 ♗b7 9.d3 d6 10.c3 *(D)*

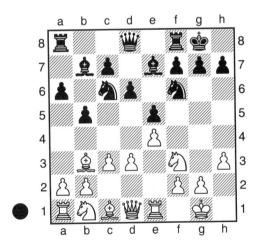

10...♘b8

Les Noirs ont de nombreux plans à disposition ici, mais Spassky opte pour un schéma dans l'esprit de la variante Breyer, 7...d6 8.c3 0-0 9.h3 ♘b8. Le Cavalier compte resurgir en d7, d'où il soutiendra le pion e5 tout en évacuant la diagonale au profit du Fou b7 et en libérant le pion c pour la traditionnelle poussée ...c5, qui gagne de l'espace à l'aile dame. Ce choix n'est pas une surprise, car on sait que Spassky a toujours apprécié la Breyer.

11.♘bd2 ♘bd7 12.♘f1

Comme dans Geller-Kotov (partie 2), le plan normal des Blancs consiste à attaquer sur l'aile roi, c'est pourquoi le Cavalier manœuvre dans cette direction.

12...♘c5

Les Noirs souhaitent poursuivre par ...♖e8 et ...♗f8, mais sur l'immédiat 12...♖e8, les Blancs disposent de 13.♘g5. Le Cavalier chasse donc le Fou en c2 au préalable. On peut aussi empêcher ♘g5 au moyen de 12...h6, mais pourquoi affaiblir son aile roi inutilement ?

13.♗c2 ♖e8 14.♘g3 ♗f8 15.b4 *(D)*

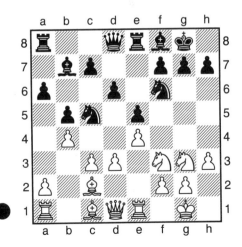

Le Fou-roi va pouvoir réintégrer la diagonale a2-g8, mais au prix d'un affaiblissement de la structure de pions sur l'aile dame qui concède aux Noirs des chances de contre-attaque.

15...♘cd7 16.♗b3 a5

Les Noirs exploitent l'inconvénient du 15ᵉ coup blanc pour enclencher sans délai leur jeu sur l'aile dame.

17.a3 axb4 18.cxb4

Le pion arriéré a3 est maintenant une cible à long terme.

18...h6!?

Une décision importante. Ce coup empêche définitivement ♘g5, mais en affaiblissant l'aile roi. Il devient notamment beaucoup plus délicat de chasser un Cavalier blanc de la case f5, car la poussée ...g6 laisserait h6 en prise. Or, on connaît l'importance d'un Cavalier en f5 pour l'organisation offensive des Blancs dans ces positions de l'Espagnole.

19.♘f5 *(D)*

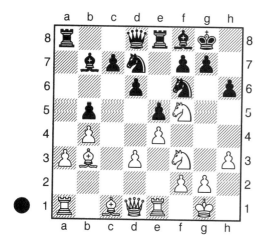

L'assaut commence à prendre forme. Les étapes suivantes sont bien connues : ♘3h4, ♖e3-g3, ♕f3, etc. Les Noirs doivent absolument prendre des contre-mesures.

19...d5!

La réaction standard. Nous l'avons dit et répété : face à une attaque à l'aile, réagissez au centre. Spassky connaît ses classiques.

20.♘3h4 c5!

20...♗xb4 gagne un pion, mais curieusement, bien que ce coup n'ait aucune réfutation tactique, Spassky ne l'a même pas évoqué dans ses commentaires sur cette partie. Les Blancs joueraient 21.♖e3, qui fait partie du plan de toute façon, et le Fou devrait rapidement revenir en f8, d'où il joue un rôle essentiel pour la défense du Roi. Les Noirs ont gagné un pion, mais en concédant deux temps et sans faire progresser leur contre-attaque. Spassky dédaigne le cadeau pour mettre son contre-jeu en route.

21.♖e3 c4

Les pions vont chercher à étouffer le fameux « Fou espagnol » ; c'est un aspect essentiel de la stratégie défensive des Noirs.

22.♖g3 ♔h7! *(D)*

Les Blancs obtiendraient d'excellentes compensations après 22...cxb3 23.♘xh6+ ♔h7 24.♘xf7. Spassky préfère parer la menace adverse ; il compte sur sa position fortement centralisée pour repousser l'assaut des Blancs.

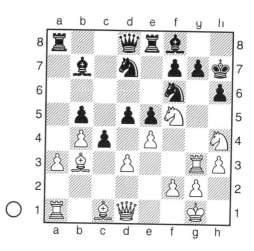

23.♗c2

Le Fou revient sur la diagonale occupée par le Roi noir, créant la menace exd5, avec ouverture de ligne. Mais Spassky reste fidèle à sa politique de restriction du Fou par les pions centraux.

23...d4! 24.♕f3 ♖a6!

Encore une jolie manœuvre défensive. Depuis la sixième rangée, la Tour garde un œil sur l'aile roi tout en libérant la case a8. Dans quel but ? C'est ce que nous allons découvrir.

25.♘xh6?

Tal décide qu'il a suffisamment de pièces en jeu ; il ne souhaite pas prendre le temps d'en amener d'autres en renfort par ♗d2 et ♖e1. Mais les Noirs avaient parfaitement anticipé ce sacrifice.

25...gxh6 26.♘f5 *(D)*

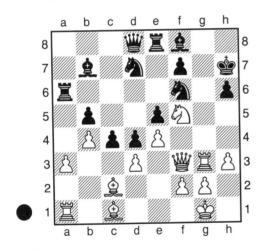

26...♕a8!

Photogénique, et de plus parfaitement thématique, puisque tout le plan de défense

consistait à s'appuyer sur la contre-attaque centrale pour repousser les menaces sur l'aile roi. Or, si la Dame s'exile dans le coin opposé, c'est dans l'esprit d'un Richard Réti : en vue de faire peser une pression insupportable sur le centre adverse. La menace est tout simplement 27...cxd3 suivi de 28...♗xe4, et les Blancs ne peuvent rien faire, à part encaisser un second pion pour la pièce, mais la belle attaque s'est volatilisée et la position est désormais perdante.

27.♘xh6 ♗xh6 28.♕f5+ ♔h8 29.♗xh6 ♖g8 30.♗g5 ♕e8

La Dame revient au centre pour contribuer plus directement à la défense du Roi.

31.f4 ♘h7 32.♗h4 ♖xg3 33.♗xg3 ♖f6 34.♕g4 ♖g6

Il est clair qu'il n'y a plus d'attaque et que les Blancs doivent reculer. La fin est proche.

35.♕h4 exf4 36.♕xf4 f6 37.♗f2 cxd3 38.♗xd3 ♘e5 39.♗f1 ♘g5 40.♔h1 ♘xe4

Symboliquement, la partie s'achève par la destruction totale du centre des Blancs.

41.♖c1 ♘xf2+ 0-1

Partie 7
Lasker - Duz-Khotimirsky
Moscou 1925
Espagnole fermée

Même dans une position perdante, il reste toujours une chance, à nous d'en tirer parti. Ici, après avoir été dominé dès la phase d'ouverture, Lasker se retrouve dans une situation désespérée du point de vue positionnel. C'est alors qu'il se met à exploiter la moindre ressource disponible pour compliquer la vie de son adversaire. Au bout du compte, dépassé par tous les problèmes qu'il rencontre, celui-ci perd la boussole et finit même par perdre. Admirez en particulier la façon dont Lasker s'appuie sur les aspects positifs de sa position.

1.e4 e5 2.♘f3 ♘c6 3.♗b5 a6 4.♗a4 ♘f6 5.0-0 ♗e7 6.♖e1 b5 7.♗b3 d6 8.c3 ♘a5 9.♗c2 c5 10.d3 0-0 11.♘bd2 ♖e8 12.♘f1 ♕c7 *(D)*

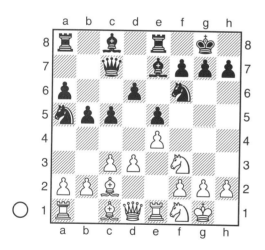

À nouveau une Espagnole fermée dans laquelle les Blancs adoptent un système modeste, avec un pion en d3 et non pas d4.

13.♗g5?!

Il n'est pas certain que le Fou soit bien placé sur cette case. Il paraît plus logique de jouer immédiatement 13.♘g3.

13...♖b8 14.a3?!

Encore un coup bizarre. Compte tenu du fait que le jeu blanc se trouve généralement à l'aile roi dans ce système, on se demande à quoi il sert, si ce n'est à affaiblir les Blancs du côté où l'adversaire se propose d'attaquer. D'une manière générale, on peut dire qu'il vaut mieux éviter de jouer des coups de pions dans le secteur de l'échiquier où l'on est en infériorité. Dans le cas présent, les Noirs ayant plus d'espace à l'aile dame, l'initiative y est entre leurs mains, donc les Blancs seraient mieux inspirés de se concentrer sur l'autre côté. 14.♘g3 était à nouveau tout indiqué.

14...♗e6 15.h3 h6 16.♗d2 ♘c6! 17.♕e2 ♗f8 *(D)*

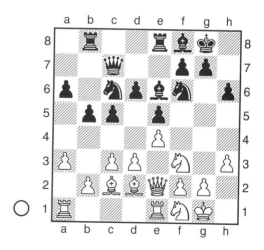

Comme cela lui arrivait parfois, Lasker a traité l'ouverture et la transition vers le milieu de jeu un peu à la légère. En conséquence, il est déjà moins bien : sa position est étriquée et les pièces noires sont bien placées. D'après les théories de la défense exposées avec tant de lucidité par Lasker lui-même, il est temps pour les Blancs de se faire à cette idée et d'accepter de défendre, au lieu de se créer de nouvelles faiblesses en attaquant à la hussarde. Mais comme chacun sait, les conseilleurs ne sont pas les payeurs. Désireux sans doute de l'emporter à tout prix contre un adversaire de rang inférieur, Lasker continue à jouer comme s'il était mieux.

18.a4?

Ce coup ne fait qu'affaiblir le pion a.

18...b4 19.c4 ♘d7 20.♗e3 g6

Les Blancs ont joué de manière si déplorable que les Noirs sont même en mesure de s'emparer de l'initiative sur l'aile roi.

21.♘3d2 f5 22.exf5 gxf5 23.♕h5 ♘f6

On pouvait essayer de gagner du matériel par 23...f4 24.♗xf4 ♘d4. En réalité, c'était une mauvaise idée au vu de 25.♗xh6!, après quoi 25...♘xc2? perd sur 26.♕g6+! ♔h8 27.♖e4, donc les Noirs doivent jouer 25...♗xh6, avec un jeu peu clair. Mais après le coup du texte, leur position est si bonne qu'il n'y a nul besoin de compliquer.

24.♕g6+ ♕g7 25.♕xg7+ ♗xg7 (D)

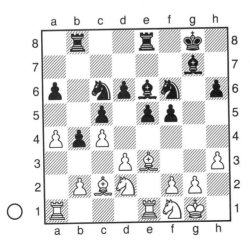

26.f4?!

Encore une décision douteuse. Lasker lui-même recommandera par la suite 26.f3, mais ce coup est horriblement passif.

26...♘d7 27.♖ad1 ♗f7 28.♘b3

Après ce coup, le pion a va se retrouver seul au monde, mais si l'on cherche à le défendre par 28.b3, alors 28...exf4 29.♗xf4 ♘d4 perd du matériel à cause de la double menace ...♘xc2 et ...♘e2+.

28...exf4 29.♗xf4 ♘d4 30.♘xd4 ♗xd4+ 31.♔h2 b3 (D)

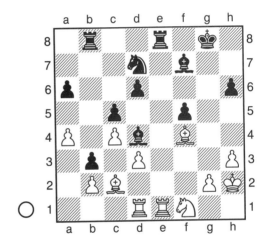

Le pion a se retrouve maintenant seul face à son destin. Compte tenu de leurs pièces atrocement passives et de la faiblesse du pion b2, les Blancs sont clairement perdus. On a peine à croire qu'ils sont menés par un des plus grands joueurs de tous les temps… Mais Lasker est avant tout célèbre pour ses talents de défenseur : à partir de maintenant, c'est comme si un autre joueur avait pris place devant l'échiquier. Essayons de décrypter ses pensées au moment de défendre cette innommable « poubelle ». Quelles sont les caractéristiques positives de la position du point de vue des Blancs ? Certes, elles sont peu nombreuses, mais elles existent. Le Fou f4 est actif, et les Noirs ont quelques pions faibles en d6, f5 et h6. C'est peu, mais c'est mieux que rien, et surtout cela nous aide à choisir le prochain coup. Sur 32.♗b1 immédiatement, les Noirs joueront 32...♘e5, couvrant le pion d6 et rendant impossible la défense du pion b2, puisqu'aucune des deux Tours ne peut se rendre en seconde rangée sous peine de perdre la qualité par 33...♘f3+. Les Blancs seraient donc obligés d'échanger leur seule pièce active en e5. Pour éviter ce cas de figure, Lasker échange d'abord les Tours en e8.

32.♖xe8+ ♗xe8

Forcé pour défendre le pion b3.

33.♗b1 ♘e5 34.♘g3! *(D)*

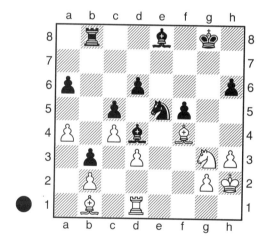

Toujours « la force de la pensée positive »… Les Noirs ont une faiblesse en f5, et Lasker s'appuie dessus pour développer son Cavalier tout en introduisant la menace d'échange du puissant Fou d4 par ♘e2.

34...♗g6?!

Jusqu'à présent, le jeu noir était quasi parfait, mais ceci est une première imprécision. Le Fou défend f5, c'est entendu, mais il perd de vue le pion adverse en a4. Meilleur était 34...♗d7!, qui permettait de défendre tout en attaquant. Les Noirs auraient alors eu le plan ...♘f7, qui place le Cavalier sur une excellente case d'où il défend les faiblesses en h6 et d6 tout en ménageant au Fou une retraite le long de la diagonale d4-h8. La Tour pouvait ensuite venir sur la colonne e pour tenter de pénétrer. Même les talents de défenseur de Lasker n'auraient sans doute pas suffi dans ce cas.

35.♖d2 ♖b4?

Autre imprécision, plus grave celle-là. En finale (nous y reviendrons), une bonne règle de conduite est de savoir « prendre son temps ». Le pion a4 ne risquait pas de s'envoler : au lieu de l'annexer tout de suite, mieux valait parer la seule menace adverse au moyen de 35...♘f7.

36.♘e2 ♖xa4?

Troisième erreur consécutive, et cette fois le gain s'envole. Là encore, le bon coup était 36...♘f7.

37.♘xd4 cxd4 38.c5!

« Pensez positif ! » Qui dit pion passé dit contre-jeu : Lasker saute sur l'occasion de s'en créer un grâce à la vulnérabilité tactique du Cavalier e5.

38...♖a1?

La défense acharnée de Lasker semble avoir fait « déjanter » son adversaire. La Tour défendrait bien mieux depuis la case a5.

39.cxd6 ♘d7

Le Cavalier doit bloquer le pion passé. Si 39...♖xb1, alors 40.♗xe5 ♗e8 (forcé) 41.♖e2 et les Blancs sont gagnants.

40.♖d1! *(D)*

« Pensez positif ! » Ce coup défend le Fou tout en introduisant la menace tactique 41.♗c2! ♖xd1 42.♗xb3+ et 43.♗xd1.

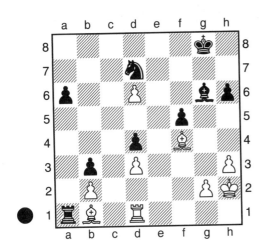

40...♗f7 41.♖e1 a5?

Certainement démoralisé par le tour inattendu qu'ont pris les événements, Duz-Khotimirsky gâche sa dernière chance de nulle. On pouvait encore résister par 41...♖a5 42.♖e7 ♘f8, même si l'espoir a clairement changé de camp.

42.♖e7 ♘c5

42...♖xb1 43.♖xd7 et le pion d va coûter une pièce.

43.♗e5! ♖a4

Une fois de plus, 43...♖xb1 perd, cette fois

sur 44.♗xd4 ♘e6 45.d7 (menace ♖xe6) 45...♘d8 46.♖e8+.

44.♖c7 ♘e6 45.d7 ♖b4 46.♖c8+ ♔h7 47.♖h8+ ♔g6 48.♖e8!

Plus clair que le gain d'une pièce par 48.d8♕. La menace est ♖xe6+.

48...♖b6 49.♗f4!

Là encore, plus clair que 49.♖xe6+ ♖xe6 50.d8♕ ♖xe5.

49...♘xf4 50.d8♕ ♖c6 51.♖e7 1-0

Une démonstration réellement fantastique de l'exploitation de la plus petite chance dans une position apparemment perdue.

Les leçons à retenir

- « Pensez positif ! » : cherchez les caractéristiques positives de la position et appuyez-vous dessus.
- Ne baissez pas les bras. Même la plus horrible des positions contient des ressources cachées.
- Qui dit pion passé dit contre-jeu !
- En quelques coups coriaces, il est possible de renverser le cours psychologique d'une partie et de démoraliser un adversaire qui croyait gagner facilement.

3. LA PUISSANCE DES PIÈCES

Nous examinerons dans ce chapitre les qualités spécifiques de certaines pièces. Nous connaissons tous la valeur matérielle théorique de chacune d'entre elles, mais celle-ci est toute relative : de nombreux facteurs positionnels modifient cette valeur en fonction de la situation. L'exemple type est celui du Fou contre le Cavalier. Si la plupart des auteurs s'accordent à dire que ces deux pièces sont à peu près d'égale valeur, en réalité le contexte change tout. Dans les positions ouvertes, les Fous sont généralement plus forts que les Cavaliers, et c'est particulièrement le cas lorsqu'on dispose de la paire de Fous. En revanche, dans une position bloquée, ou lorsque les pions faibles de l'adversaire sont fixés sur des cases que le Fou ne peut pas attaquer, le Cavalier est bien plus à l'aise. Les parties 8 à 13 illustrent divers aspects de la lutte du Fou contre le Cavalier.

Autre équivalence matérielle relativement fréquente : Tour contre pièce mineure. La Tour est généralement plus forte, mais il existe de nombreux contre-exemples, notamment quand la Tour manque de lignes ouvertes. La partie 14 en offre un exemple frappant. Dans la partie 15, nous apprendrons comment le couple tour et pièce mineure peut parfois s'avérer plus fort qu'une Dame, surtout quand celle-ci manque de cibles dans la position adverse. Même le Roi peut faire de belles choses en milieu de jeu, comme le démontre la très spectaculaire 16e partie ; tandis que dans la 17e, nous verrons comment exploiter au mieux les Tours, et en particulier les colonnes ouvertes.

Il faut bien garder à l'esprit l'idée que l'efficacité des pièces dépend souvent très largement de la structure de pions. C'est pourquoi le lecteur trouvera d'autres exemples de la bataille entre Fou et Cavalier dans le chapitre consacré aux différentes structures – notamment la partie 25. De même, la paire de Fous est souvent à son avantage en finale, c'est pourquoi nous retrouverons ce thème dans le chapitre en question (partie 49).

Partie 8

Makogonov - Keres

Tournoi d'entraînement, Leningrad/Moscou 1939

1.d4 e6 2.c4 ♗b4+

Cette partie est un grand classique, souvent cité pour illustrer la puissance de la paire de Fous en milieu de partie. Ayant échangé très tôt un Fou contre un Cavalier, les Noirs commettent l'erreur d'ouvrir le jeu, après quoi les Fous blancs vont littéralement mettre en pièces leur position.

1.d4 e6 2.c4 ♗b4+ 3.♘c3 f5

Toute sa vie, Keres est resté fidèle à cet hybride de Hollandaise/Nimzo/Bogo-indienne, qui n'a pas pour autant réussi à séduire d'autres joueurs du top niveau.

4.♕b3

D'emblée, les Blancs se montrent pragmatiques. L'idée est de jouer a3 sans permettre le doublement des pions après l'échange en c3, de manière à récupérer la paire de Fous sans endommager la structure, mais cela se paie par un développement singulièrement lent. Les Noirs vont exploiter ce facteur en se développant de manière harmonieuse.

4...♕e7 5.a3 ♗xc3+ 6.♕xc3 ♘f6 7.g3 d6 8.♘f3 b6 9.♗g2 ♗b7 10.0-0 0-0 11.b4 ♘bd7 12.♗b2 *(D)*

Une position typique de ce système. Les Noirs ont un développement confortable et une bonne emprise sur la case e4, qu'ils vont occuper avec un Cavalier. Si l'adversaire joue trop passivement, ils peuvent espérer développer sur l'aile roi une initiative caractéristique de la défense Hollandaise. De leur côté, les Blancs ont la paire de Fous et un avantage d'espace sur l'aile dame. Ils vont donc chercher du contre-jeu de ce côté, notamment au moyen de la rupture c5. Pour l'instant, les Fous ne semblent pas supérieurs

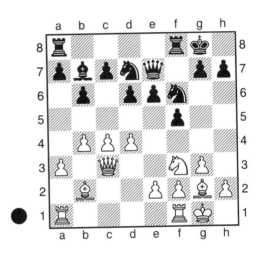

aux Cavaliers adverses, compte tenu notamment du superbe avant-poste e4. À long terme, pourtant, les Blancs peuvent espérer pousser f3 pour évincer la cavalerie noire et s'ils parviennent à ouvrir la position en poussant c5, ou même d5 (uniquement si les Noirs ne peuvent pas répondre ...e5), alors les Fous devraient se régaler. La plupart des grands maîtres considéreront que les perspectives à long terme des Blancs sont légèrement plus intéressantes dans cette position, même si cela reste une question de goût.

12...c5

Comprenant que les Blancs vont préparer c5 tôt ou tard, Keres prend immédiatement des mesures préventives. Mais comme nous l'avons vu précédemment, il est souvent risqué stratégiquement de jouer des coups de pions dans la zone de l'échiquier où l'on est en infériorité. Dans le cas présent, les Blancs ont maintenant la possibilité de jouer ultérieurement dxc5, ouvrant la grande diagonale a1-h8 au profit du Fou b2. Comme ils ne menaçaient pas encore c5, peut-être fallait-il jouer de l'autre côté par 12...♞e4.

13.♖fd1 ♞e4 14.♛b3 ♞df6 15.dxc5 *(D)*

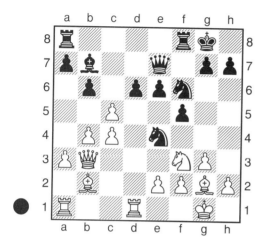

Voir le commentaire précédent. Le Fou b2 dispose maintenant d'une splendide diagonale. Si l'on reprend du pion d6, les pièces blanches auront un avant-poste extraordinaire en e5, donc…

15...bxc5 16.♞d2!

Un excellent coup qui vient contester le fort Cavalier e4 tout en libérant le pion f pour chasser celui-ci. Dans une partie précédente, Keres avait obtenu une position presque identique contre Euwe, qui avait opté pour un coup inférieur, b5. La tentation de se créer une majorité sur l'aile dame est compréhensible, mais en relâchant la pression sur la case c5, on donne aux Noirs toute latitude pour s'exprimer au centre et sur l'aile roi, ce dont Keres ne s'était pas privé.

16...♖ab8

En mettant sous pression le pion b4, les Noirs espèrent provoquer la poussée b5, mais

Makogonov résiste à la tentation.

17.f3 ♞xd2 18.♖xd2 ♝a8?

Le début d'une série de coups inférieurs qui vont rapidement causer la ruine de la position noire. Il fallait probablement essayer de mobiliser la majorité centrale par 18...d5, pour se débarrasser d'une faiblesse potentielle en d6 tout en préparant ...d4 et ...e5, avec un fort centre de pions capable de tenir en respect le Fou b2.

19.♛e3 f4?!

Encore une décision douteuse. Tactiquement, ce coup semble justifié car les deux prises donnent un bon jeu aux Noirs (20.gxf4 ♞h5 ou 20.♛xf4 ♞e4!), mais après la tranquille réplique des Blancs, l'ouverture de la diagonale h3-c8 va revenir hanter les Noirs par la suite. Notez bien qu'on ne peut pas gagner de pion par 19...cxb4 20.axb4 ♖xb4 à cause de 21.♖xa7.

20.♛d3 fxg3 21.hxg3 ♖fd8 22.♛e3 cxb4?

Équivaut à une capitulation positionnelle, puisque les lignes s'ouvrent au profit des pièces blanches, en particulier les Fous. Reconnaissons toutefois qu'il est déjà difficile de suggérer un bon coup pour les Noirs. La menace était ♝h3.

23.axb4 ♖xb4 24.♖xa7 ♖b7 25.♖a6

Si les Noirs espéraient s'en sortir grâce aux simplifications, ils se trompaient lourdement. La Tour a6 est désormais extrêmement active grâce au jeu sur la faiblesse d6, et les Fous vont bientôt augmenter la pression, depuis a3 et h3 respectivement. Les Noirs sont stratégiquement perdus.

25...♖c7 26.♝h3 e5 27.♝a3 ♞e8 *(D)*

Le triomphe stratégique de la paire de Fous est total. Toutes les pièces noires sont réduites à la passivité la plus complète tandis que les Fous blancs tranchent dans le vif d'un bout à l'autre de l'échiquier. Il ne reste plus qu'à forcer la décision tactiquement au moyen d'une percée.

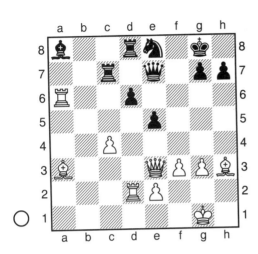

28.c5! ♖c6

Après 28...dxc5 29.♗xc5, la Dame ne peut pas défendre la Tour d8, mais sur 28...d5 29.♖e6, les Blancs s'emparent du pion e5.

29.cxd6 ♘xd6 30.♖xd6 ♖cxd6 31.♗xd6

Les Blancs gagnent une pièce car la Tour ne peut pas reprendre sans délaisser le Fou a8.

31...♕b7 32.♗e6+ ♔h8 33.♕b6 ♖e8 34.♗xe5 ♕e7 35.♖a7 1-0

> ### Les leçons à retenir
> - La paire de Fous représente souvent un avantage stratégique à long terme, même lorsque les Cavaliers adverses ont de belles perspectives à court terme.
> - Il est souvent risqué de jouer les coups de pions dans le secteur de l'échiquier où l'on est en infériorité (12...c5).
> - Le joueur possédant la paire de Fous cherchera généralement à ouvrir la position, ce qui peut s'avérer décisif (19...f4?!, 22...cxb4?).

Partie 9

Gligorić - Larsen

Manille 1973

Défense Nimzo-indienne, 4.e3

Voici une autre démonstration des dégâts que peut causer la paire de Fous en milieu de partie. Les Blancs se débrouillent pour ouvrir la position au moyen d'un sacrifice de pion, après quoi les Cavaliers adverses sont totalement débordés.

1.d4 ♘f6 2.c4 e6 3.♘c3 ♗b4 4.e3 b6 5.♗d3 ♗b7 6.♘f3 ♗xc3+

Curieux : les Noirs échangent volontairement, sans même attendre que les Blancs poussent le pion a. Mais il s'agit d'un plan standard de la Nimzo-indienne, avec l'idée d'infliger à coup sûr des pions doublés à l'adversaire.

Dans la partie précédente, nous avons vu que les Blancs parvenaient à l'éviter en protégeant le Cavalier avec la Dame. Les Noirs espèrent maintenant être en mesure de bloquer le centre, ce qui favorisera leurs Cavaliers par rapport aux Fous adverses, lesquels manqueront d'activité. Cette stratégie ne va pas fonctionner ici, notamment à cause du jeu entreprenant de Gligorić, mais le lecteur en trouvera un bel exemple avec la partie 25.

7.bxc3 d6 8.0-0 ♕e7 *(D)*

9.♘d2!

Une manœuvre habituelle dans ce type de position. Les Noirs comptent pousser ...e5, avec

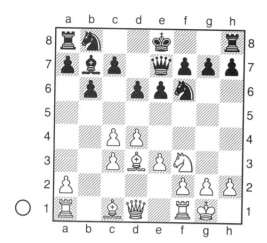

la menace de gagner une pièce par ...e4. Le Cavalier anticipe donc, tout en libérant le pion f en vue de jouer f3 et e4 pour prendre le contrôle du centre et priver le Fou adverse de sa grande diagonale. Par la suite, le Cavalier pourra venir occuper la case b3, d'où il soutiendra des poussées de pions comme a4-a5 ou c5.

9...e5 10.e4 ♘c6 11.♘b3

Les Blancs conservent une certaine flexibilité dans la structure de pions. Remarquez que 11.d5? serait une grave erreur stratégique, car c'est exactement ce qu'attendent les Noirs : en fermant le centre, les Blancs se priveraient de toute possibilité d'ouvrir la position et les Cavaliers deviendraient plus forts que les Fous.

11...0-0-0

Une décision intéressante, si ce n'est que le Roi va s'avérer vulnérable ici. Cela dit, les Noirs n'aimaient sans doute pas le petit roque à cause du désagréable clouage 12.♗g5, et même après un coup préparatoire comme 11...h6, suivi de 12...0-0, les Blancs pouvaient organiser une forte pression à l'aile roi par f4, qui ouvre la colonne f. Il va de soi que les Noirs ne peuvent pas gagner un pion par 11...exd4 12.cxd4 ♘xe4?

à cause de 13.♗xe4 et 14.♖e1.

12.f3 ♖hg8

Nous savons depuis la partie 1 qu'avec les roques opposés, il faut s'attendre à une marée de pions de chaque côté. Les Noirs préparent donc tout naturellement ...g5.

13.a4 a5

Nous l'avons dit et redit : il faut toujours se méfier des coups de pions joués du côté de l'échiquier où l'on est en infériorité. Dans ce cas précis, malheureusement, il n'y a pas vraiment le choix : certes, le coup du texte affaiblit le roque (tout particulièrement la case b6), ce que les Blancs vont exploiter sans tarder, mais l'ouverture de la colonne a par 14.a5 était encore pire.

14.♕e2 g5 *(D)*

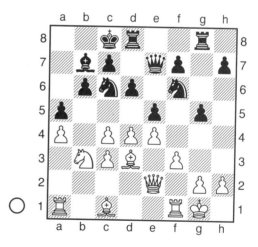

15.c5!

Un coup de rupture typique de ces positions avec pions doublés. Les Blancs ont un double objectif : ouvrir des lignes au profit de la paire de Fous (on voit par exemple apparaître la menace ♗a6) et ouvrir des colonnes devant le Roi adverse. Techniquement, il s'agit d'un sacrifice de pion, mais les Blancs seraient ravis de voir la colonne b s'ouvrir après 15...bxc5. La réplique serait alors 16.♗a6, suivi de ♖ab1, et le Roi noir serait dans la tourmente.

15...exd4

Une défense astucieuse. Larsen estime que 15...dxc5 16.dxc5 ferait le jeu des Blancs, tandis qu'après le coup du texte, sur 16.cxd4 dxc5 17.dxc5, les Noirs disposeraient de 17...♘b4! – depuis ce bel avant-poste, le Cavalier serait un excellent défenseur. Mais Gligorić ne s'en laisse pas conter : obstinément, il ouvre des lignes sur le Roi adverse.

16.cxb6 dxc3 17.♗e3 g4

Les Noirs saisissent la moindre opportunité de nourrir leur contre-jeu sur l'aile opposée, mais les Blancs progressent de manière spectaculaire.

18.bxc7 ♕xc7?!

Sans doute l'erreur décisive. Cette prise ne fait qu'ouvrir une ligne supplémentaire au profit de l'adversaire, il fallait sans doute préférer 18...♖d7. Paradoxalement, le Roi est souvent bien à l'abri devant un pion ennemi qui ferme la colonne. Les Blancs vont maintenant poster une Tour sur la colonne c et le Roi va s'avérer trop exposé.

19.♖ac1 d5 20.♖xc3 gxf3 21.♕xf3 d4 22.♕f5+ ♖d7 23.♗f4 ♕b6 (D)

Si l'on compare avec la position après le 14ᵉ coup des Noirs, on constate qu'il y a beaucoup plus de lignes ouvertes, ce qui donne à la paire de Fous une activité considérable. Tel un boxeur refoulé dans les cordes, le Roi noir cherche désespérément à parer les coups, mais Gligorić frappe juste et le KO sera propre.

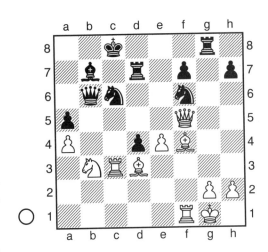

24.♖xc6+! ♗xc6

La Dame serait perdue après 24...♕xc6 25.♖c1.

25.♘c5 ♘g4 26.♖b1 ♕a7 27.♘xd7 ♗xd7 28.♕c5+! 1-0

C'est mat après 28...♕xc5 29.♖b8#.

Les leçons à retenir

- Comme dans la partie précédente, on voit que le joueur possédant la paire de Fous cherche à ouvrir des lignes pour trouver de l'activité.
- En cas de roques opposés, la principale stratégie consiste à ouvrir des lignes sur le Roi ennemi au moyen d'une rupture de pion.
- La vitesse d'exécution est essentielle dans ce genre de position. Ici, les Blancs l'ont emporté parce que leur attaque était bien plus rapide.

Partie 10
Romanovsky - Smorodsky
Ch d'URSS, Moscou 1924
Espagnole, variante d'échange

Avec les deux parties précédentes, nous avons eu un aperçu de la puissance de la paire de Fous dans une position ouverte. Cette fois, par contre, les Blancs vont mettre en œuvre la bonne stratégie pour contrer ce phénomène : fermer les lignes et trouver des avant-postes pour les Cavaliers au cœur de la position ennemie.

1.e4 e5 2.♘f3 ♘c6 3.♗b5 a6 4.♗xc6

Ce coup introduit la variante d'échange de la partie Espagnole, un des grands classiques de la lutte du Cavalier contre le Fou. Les Blancs renoncent immédiatement à la paire de Fous de manière à infliger des pions doublés à l'adversaire. On poursuit généralement en poussant rapidement d4, dans l'espoir d'un échange de pions sur cette case. L'idée est que dans la structure de pions qui en découle, les Blancs ont sur l'aile roi une saine majorité de quatre pions contre trois qui pourrait à terme produire un pion passé, tandis que la majorité adverse sur l'aile dame, handicapée par les pions doublés, ne pourra pas y parvenir. En théorie, donc, la finale devrait favoriser les Blancs, qui ont effectivement remporté ainsi d'innombrables victoires. Le lecteur intéressé pourra se reporter à la partie Rowson-Gormally, Hastings 2003/4, un exemple très instructif. Mais il y a un inconvénient : les Noirs obtiennent la paire de Fous, ce qui devrait leur permettre de compenser sur un jeu précis.

4...dxc6 5.♘c3 f6 6.d3

Visiblement, les Blancs ont en tête une autre stratégie. Au lieu de pousser d4 pour obtenir la fameuse structure de pions favorable en finale,

ils recherchent une position fermée. De fait, il faut reconnaître que la poussée d4 ouvre la position, ce qui fait le jeu de la paire de Fous. Le plan de Romanovsky – une recette « maison » qu'il a utilisée avec succès dans plusieurs parties de grande qualité – consiste à éviter cette ouverture au profit d'un jeu de manœuvre, une sorte de guerre de tranchées dans laquelle les Fous auront du mal à trouver du jeu. L'inconvénient de ce plan, c'est qu'il est probablement trop lent pour garantir un véritable avantage aux Blancs.

6...♗d6 7.♘e2 c5 8.♗e3 ♘e7 9.0-0 ♗g4 10.♘d2 ♘c6 11.f3 ♗e6 *(D)*

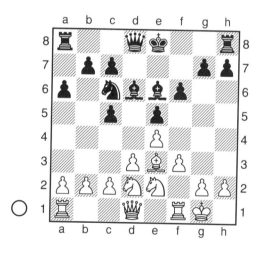

Le développement est terminé, il faut trouver un plan d'action. Romanovsky se décide pour une attaque sur le pion c5 au moyen de c3, a3 et b4.

12.c3 ♕e7 13.a3 0-0 14.♕c2 ♖ad8 15.b4! ♖d7

Ayant repéré un pion faible en d3, les Noirs doublent les Tours sur lui. Mais cette idée ne mène à rien car le pion s'avère facile à défendre. Il fallait plutôt profiter de la lenteur du plan adverse pour préparer une contre-attaque sur l'aile roi avec les poussées ...g6 et ...f5.

16.♘b3 cxb4

Impossible de rester les bras croisés – les Noirs n'ont aucune envie de concéder des pions doublés isolés après 16...b6 17.bxc5 bxc5.

17.axb4 ♛f7 18.♘ec1 ♖fd8 19.♖d1 h6?!

Smorodsky reste fidèle à sa stratégie d'attente, mais cela permet à Romanovsky de construire progressivement son jeu. Le fait saillant de la position est évidemment le manque d'activité des Fous noirs – le contraste avec les deux parties précédentes est saisissant.

20.♗c5!

Un coup très instructif. Quand on affronte la paire de Fous, il est toujours intéressant d'échanger l'un des deux contre celui qui nous reste éventuellement. En revanche, 20.♘c5 ♗xc5 ne serait pas intéressant pour les Blancs.

20...♘e7 21.♗xd6 ♖xd6?!

Compte tenu de l'importance de l'avant-poste c5 dans la stratégie des Blancs, on pouvait envisager 21...cxd6.

22.♘c5 ♗c8 23.♘e2 ♛h5 24.d4 *(D)*

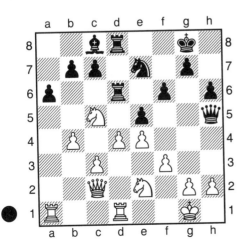

Les Blancs grignotent méthodiquement de l'espace. Les Noirs auraient maintenant dû échanger les pions en d4 au lieu d'autoriser le coup suivant. On comprend leur réticence à l'idée de renoncer à leur dernier bastion central, mais une fois que le pion blanc arrive en d5, c'est la débandade.

24...♛g5? 25.d5 ♘g6 26.♛d2

Avec l'échange des Dames, les Noirs n'ont presque aucune chance de trouver du contre-jeu sur l'aile roi, ce qui fait que les Blancs ont les mains libres pour convertir leur avantage.

26...♛xd2 27.♖xd2 ♘f8 28.c4

Les pions poursuivent leur longue marche.

28...♘f7 29.♘c3 ♚e7 30.♖f2 c6 31.♘b3 ♚f7 32.c5 ♖6d7 33.♘a5

Les Cavaliers blancs sont en route vers deux avant-postes de rêve au cœur même de la position adverse, en b6 et d6. En face, les pièces mineures, et singulièrement le Fou, ne sont que des spectateurs impuissants.

33...♖c7 34.♖d1 h5 35.♖fd2 ♖cd7 36.♘a4 ♚e8 37.♘b6 ♖c7 38.♘ac4 ♗d7 39.♘d6+ *(D)*

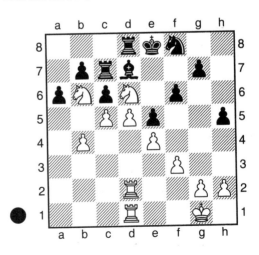

Réussir à poster une paire de Cavaliers sur de tels avant-postes mérite un diagramme !

39...♔e7 40.♘b5!

Menace d6+.

40...♖cc8

La Tour est perdue de toute façon.

41.♘xc8+ ♖xc8 42.♘d6 ♖b8 43.♘c4 g5 44.♘b6 ♗e8 45.d6+ ♔d8 46.d7 ♗f7 47.♖d6 ♗b3 48.♖1d2 ♘h7 49.♘c8 h4 50.♘a7 1-0

La menace est 51.♖xc6, et 50...♗a4 se heurte à 51.♖e6, qui gagne. Un exemple mémorable de la puissance des Cavaliers lorsqu'ils disposent de bons avant-postes au sein de la position ennemie.

Les leçons à retenir

- Les Cavaliers sont généralement supérieurs aux Fous si la position est durablement fermée.
- Les Cavaliers sont particulièrement forts quand ils disposent d'avant-postes sécurisés, surtout au centre ou au cœur de la position ennemie
- Quand on dispose de la paire de Fous, le plan normal est de chercher activement à ouvrir la position

---

Partie 11

Hutchings - Keene

Woolacombe 1973

Défense Ouest-indienne

Cette fois encore, le Cavalier va prendre l'ascendant sur le Fou. Comme dans la partie précédente, il trouve au centre de l'échiquier un énorme avant-poste d'où il domine la position. La percée finale, qui permet aux Noirs de conclure une fois que l'avantage positionnel est à son apogée, est instructive également.

1.c4 ♘f6 2.♘c3 b6

Un ordre de coups inhabituel, que les Blancs pourraient chercher à exploiter par 3.e4. La menace e5 serait alors désagréable, d'autant que le coup 3...d6 ne cadre pas vraiment avec le fianchetto sur l'aile dame. Hutchings préfère se développer normalement.

3.♘f3 ♗b7 4.d4 e6 5.g3?!

Déjà clairement une imprécision. Dans l'ordre de coups normal de la défense Ouest-indienne, après 1.d4 ♘f6 2.c4 e6 3.♘f3 b6, le contre-fianchetto avec 4.g3 est le plan habituel.

Mais ici, les coups ♘c3 et ...♗b7 ayant déjà été joués, le fianchetto à l'aile roi ne convient plus, parce que les Noirs ont la possibilité de clouer le Cavalier en menaçant d'atteindre une forme favorable du complexe avec pions doublés vu dans la partie Gligorić-Larsen (Partie 9). Il fallait opter pour 5.e3, qui pourrait transposer dans la partie en question, ou encore pour le coup de Petrosian 5.a3, qui empêche le Fou noir de venir en b4 et menace d'enfermer le Fou b7 au moyen de la poussée d5.

5...♗b4 6.♗d2

Hutchings comprend qu'avec son Fou-roi en g2, ce serait une erreur d'autoriser le doublement des pions par ...♗xc3+. Le pion c4 serait très faible sans la protection du Fou, ce qui empêcherait les Blancs de générer au centre et sur l'aile dame le type de jeu dynamique vu dans la partie Gligorić-Larsen. Mais la passivité de ce coup va coûter aux Blancs l'initiative.

6...c5 7.a3 ♗xc3 8.♗xc3 ♘e4 (D)

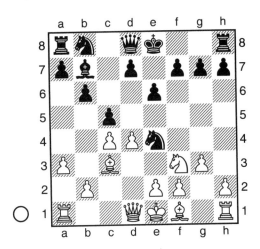

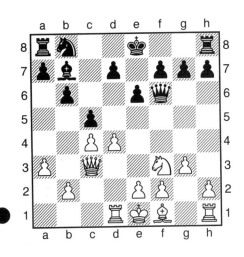

11...♗xf3!

Par la suite, le Cavalier noir sera bien plus fort que le Fou adverse, notamment grâce à son avant-poste inexpugnable en d4.

12.♕xf3

12.exf3 n'arrange rien, car après 12...♘c6, les Blancs vont devoir autoriser l'échange des Dames sur la case c3 pour sauver le pion d4.

12...♕xf3 13.exf3 ♘c6 14.dxc5?

Sans doute sous le choc d'avoir obtenu une si mauvaise position en si peu de temps, surtout avec les Blancs, Hutchings se trompe totalement sur le plan positionnel : il est désormais stratégiquement perdu. Il fallait préférer 14.d5, même s'il restait en état d'infériorité après 14...♘d4.

14...bxc5 (D)

Un coup d'œil suffit pour voir que la position blanche est dévastée. Le Cavalier noir dispose d'un fantastique avant-poste en d4 et la colonne b est parfaite pour les Tours (ceci à cause du très mauvais 14ᵉ coup). Le Roi noir va venir se poster en e7 (pour défendre le pion d7), le Cavalier en d4 et les Tours sur la colonne b, faisant pression sur le pion b2. Les Blancs, par

Comme dans Makogonov-Keres (Partie 8), les Blancs se sont emparés de la paire de Fous sans affaiblir leur structure de pions, mais en concédant des temps de développement. Qui plus est, le jeu énergique des Noirs leur permet même de récupérer un Fou.

9.♕c2?!

Autre imprécision. Il est clair que les Blancs ne veulent pas permettre le doublement des pions après l'inévitable ...♘xc3, mais 9.♖c1 était préférable.

9...♘xc3 10.♕xc3 ♕f6!

Les Noirs continuent à exploiter les erreurs adverses en jouant avec détermination. La pression sur d4 est pénible (11.♗g2 cxd4 perd un pion à cause du clouage sur la grande diagonale) et les Blancs ne veulent pas jouer 11.dxc5?, car leur structure de pions serait en ruine après 11...♕xc3+ et 12...bxc5. Le coup suivant est donc forcé, mais il est impossible d'empêcher l'échange sur f3, presque aussi défavorable.

11.♖d1 (D)

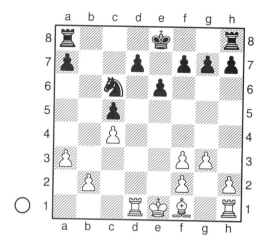

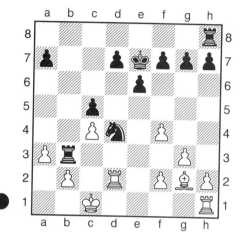

contre, n'ont aucune cible dans la position noire, et leur Fou, bien qu'installé sur une grande diagonale superbe en apparence, ne pèsera que très peu sur le jeu.

15.♗g2 ♖b8

Même dans une très bonne position, il faut toujours rester précis. Les Blancs auraient accueilli avec soulagement 15...♔e7? 16.f4, car le clouage leur aurait permis d'échanger le Fou contre un Cavalier beaucoup plus puissant. Les Noirs restent mieux après l'échange, mais l'avantage est nettement moins conséquent.

16.♖d2 ♖b3 17.♔d1

Le Roi se rend en c1 pour défendre le pion b2, puisqu'il est clair que les Noirs vont doubler les Tours sur la colonne b.

17...♔e7 18.f4 ♘d4 19.♔c1 *(D)*

Le diagramme montre bien toute la puissance du Cavalier noir centralisé, qui domine toute la position. Inversement, le Fou g2 peut sembler actif, mais il tape dans le vide et ne pose aucun problème à l'adversaire.

19...h5!

Un coup de grande classe qui introduit un thème sur lequel nous reviendrons longuement

par la suite : le principe des deux faiblesses. Aux échecs, une cible suffit rarement pour gagner la partie. Tout comme dans la stratégie militaire, il est difficile d'opérer une percée décisive simplement en jetant toutes ses forces sur un seul objectif – il est souvent nécessaire d'ouvrir un second front pour gagner la guerre. Dans le cas présent, les Blancs ont de nombreux problèmes, mais une seule vraie faiblesse, à savoir le pion b2, et pour l'instant, elle est défendue. Le dernier coup de Keene se propose d'ouvrir une seconde ligne dans la position blanche par ...h4, après quoi il menacerait en permanence ...hxg3 avec ouverture de la colonne h. Hutchings se sent obligé d'empêcher cela, mais ce faisant, il affaiblit son pion g3, ce que les Noirs vont exploiter tactiquement.

20.h4 ♖hb8

Grâce au placement des deux pions h, ce coup comporte maintenant une menace tactique concrète : 21...♖xg3! gagne un pion car après 22.fxg3 ♘b3+ 23.♔c2 ♘xd2 24.♔xd2, les Noirs ont 24...♖xb2+, qui ramasse le Fou g2 grâce à une enfilade.

21.♗f1

Hutchings retire le Fou de la case dangereuse, mais cela permet à la Tour noire d'utiliser la case f3, qui n'est plus défendue.

21...♖f3

La menace est maintenant ...♘b3+ avec gain de la qualité, et il n'y a pas vraiment de défense. La Tour ne peut venir ni en e2 ni en c2, et elle ne peut quitter la seconde rangée sans entraîner la perte du pion f2.

22.♔d1

22.♔b1 revenait au même.

22...♖xa3 0-1

Partie 12

Andersson - Van der Wiel

Wijk aan Zee 1983

Partie Anglaise, variante symétrique

Là encore, le Cavalier va se montrer supérieur au Fou, mais le combat va prendre des contours sensiblement différents. Pas d'avant-poste bien protégé cette fois, et du reste la position n'est même pas fermée. Non, si le Cavalier s'avère très fort dans cette partie, c'est parce qu'il est en mesure d'attaquer des pions faibles situés sur des cases de la couleur opposée à celle du Fou adverse. L'un des problèmes du Fou, c'est qu'il ne contrôle que des cases d'une seule couleur, tandis que le Cavalier accède aux 64 cases de l'échiquier – et c'est pourquoi la paire de Fous est si forte : les deux se complètent. D'autre part, cette partie anticipe un peu sur le chapitre consacré aux finales, dont elle illustre de nombreuses idées.

1.♘f3 c5 2.c4 ♘c6 3.g3 g6 4.♗g2 ♗g7 5.♘c3 d6 6.0-0 ♘h6?!

Ce développement inhabituel du Cavalier est censé empêcher les Blancs de jouer d4, mais comme nous allons le voir, cela ne fonctionne pas, le Cavalier étant exposé tactiquement. Il est donc préférable de s'en tenir à un développement central plus naturel par 6...♘f6, même si les Blancs ont un léger avantage d'espace après 7.d4 cxd4 8.♘xd4.

7.d4! cxd4 8.♗xh6

Voilà où les Blancs voulaient en venir. Au prix de la paire de Fous, Andersson ouvre le centre et prend de l'espace.

8...♗xh6 9.♘xd4 ♗d7 (D)

Si les Blancs continuent normalement, leur petit avantage d'espace central ne suffira pas, d'autant qu'il sera compensé par la paire de Fous. Mais Andersson, ayant évalué cette position en profondeur, a trouvé un moyen de convertir cet espace en quelque chose de plus tangible.

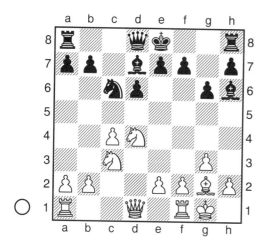

10.c5! dxc5

Les Noirs n'entendent évidemment pas autoriser l'échange en d6, qui leur infligerait un pion faible.

11.♘xc6 ♗xc6 12.♗xc6+ bxc6 13.♕c2

Le sacrifice temporaire de pion a permis aux Blancs d'affaiblir la structure adverse. Les pions doublés sont trop faibles pour survivre bien longtemps. Les Blancs vont rapidement regagner c5, après quoi ils disposeront d'une cible de choix en c6. D'autre part, au cours de cette séquence, les Fous de cases blanches se sont échangés, et donc la paire de Fous n'est déjà plus qu'un souvenir – exactement la stratégie soulignée dans la Partie 9.

13...♕d2?

Un très mauvais choix. Les Noirs ont sans doute considéré que l'échange des Dames jouerait en leur faveur, puisque Tours et Fous ont tendance à bien coopérer, tandis que la Dame collabore de préférence avec le Cavalier. Pourtant, dans ce cas précis, le Cavalier va s'avérer supérieur au Fou, et la présence de pions faibles sur l'aile dame signifie que la finale favorisera les Blancs. Ulf Andersson, qui a toujours eu la

réputation d'exceller dans les finales et les positions simplifiées, va se livrer à une véritable démonstration.

14.♕xd2 ♗xd2 15.♘e4 *(D)*

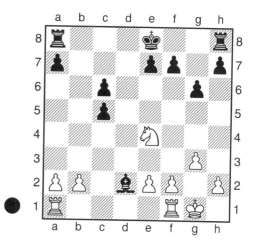

Les Blancs regagnent le pion, puisque 15... ♗b4 se heurterait à 16.a3.

15...0-0-0 16.♖ad1 ♗h6 17.♘xc5 ♖d5!?

Les Noirs espèrent prendre le contrôle de la colonne d, mais ce plan ne va pas fonctionner. Il était sans doute préférable d'échanger les Tours en d1 et de poursuivre par 18...♖d8, dans l'espoir d'échanger toutes les Tours. Dans ces conditions, les pions faibles seraient plus difficiles à prendre d'assaut et la position resterait tenable. En réalité, Van der Wiel a surestimé sa position, considérant que la collaboration entre ses Tours et son Fou devait lui donner l'initiative.

18.♘d3!

Andersson a une idée précise en tête : utiliser le Cavalier pour empêcher les Tours adverses de pénétrer sur la colonne d, et doubler ses propres Tours sur la colonne c pour attaquer le pion faible. Ce genre de « raisonnement schématique » est particulièrement précieux en finale.

18...♔c7?! *(D)*

Van der Wiel n'a pas vu le plan adverse. 18...
e5 aurait compliqué la tâche des Blancs.

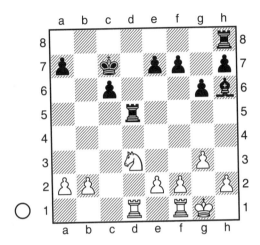

19.f4!

Les Tours ne peuvent pas encore accéder
à la colonne c, puisque le Fou contrôle la case
c1. Le coup du texte coupe le rayon d'action du
Fou tout en instaurant à terme la menace ♘e5.

**19...♗g7 20.♖c1 ♖a5 21.a3 ♖b5 22.♖c2 ♖hb8
23.b4 a5 24.♖fc1**

Les Blancs ont donc réussi à positionner
leurs pièces comme ils l'entendaient. Il est clair
que leurs Tours sont les plus actives, mais le
contraste entre les pièces mineures n'est pas
moins frappant. Le Cavalier est idéalement
placé, interdisant aux Tours adverses l'accès à
la colonne d, défendant le pion b4 et se tenant
prêt à bondir en e5 ou c5 le moment venu.
Quant au Fou, son sort est comparable à celui
de son collègue de la partie précédente : certes,
il domine la grande diagonale, mais en pratique
cela n'apporte pas grand-chose.

24...♖8b6 25.♔g2

Un coup tranquille comme on n'en voit
qu'en finale ou presque. Les Noirs n'étant pas

en mesure de s'activer, Andersson centralise un
peu son Roi.

25...e6 *(D)*

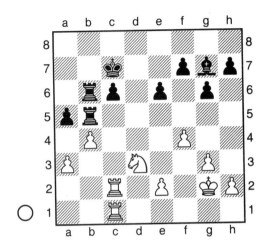

26.bxa5!

Libère la case b4 afin de permettre au Cavalier d'augmenter la pression sur c6.

26...♖xa5 27.♘b4 c5

À première vue, les Blancs n'ont fait qu'autoriser l'échange du pion faible adverse contre
leur propre pion a. Il n'en est rien : après 27...
♖xa3 28.♘xc6! (bien plus fort que la prise avec
la Tour), la menace d'échec à la découverte est
imparable ; par ex. 28...♔d6 29.♖d1+, 28...♖b2
29.♘e5+ et le pion f7 tombe, ou 28...f5 29.♘a5+
suivi de 30.♘c4 avec fourchette sur les Tours.
En revanche, le pion c6 est indéfendable. On
remarque l'impuissance du Fou, incapable de
défendre ce pion situé sur une case blanche,
alors que le Cavalier n'a pas à se préoccuper
de ce facteur – c'est principalement pour cette
raison qu'il est parfois supérieur au Fou même
dans les positions ouvertes.

28.♖xc5+ ♖xc5 29.♖xc5+ ♔b7 30.♖c4

Les Blancs ont un pion de plus, mais contre
la meilleure défense, il n'est pas facile de

concrétiser.

30...♗f8 31.♔f3 ♖b5 32.♘c6! ♖d5

Il ne serait pas avantageux de prendre a3 en autorisant ♘d8+ et ♘xf7, car les pions de l'aile roi seraient faibles, notamment le pion e6.

33.a4 ♖d1?

Actif à première vue, mais la Tour va s'avérer mal placée. Il fallait opter pour un poste plus défensif, comme d6, qui permet de garder un œil sur les pions de l'aile roi.

34.♘e5 f6 35.♘d3

Plus tôt dans la partie, le Cavalier avait occupé cette case pour empêcher la Tour noire de pénétrer sur la colonne d, et voilà qu'il veut maintenant l'empêcher de ressortir !

35...h5?

L'ultime erreur, qui perd un nouveau pion. On pouvait encore résister après 35...f5, qui empêchait le coup suivant.

36.♖e4 1-0

Le pion e6 tombe aussi, il n'y a plus d'espoir.

Les leçons à retenir

- Le Cavalier est souvent supérieur au Fou lorsqu'il y a des pions faibles à attaquer, car il peut les agresser sur n'importe quelle couleur, alors que le Fou est limité de ce point de vue.
- L'échange précoce des Dames n'implique pas nécessairement la nulle. En fait, quand on a des faiblesses positionnelles, c'est souvent une mauvaise idée, puisque les possibilités de contre-jeu s'en trouvent réduites (13...♕d2?).
- En finale, il est souvent utile de réfléchir en termes de schémas, comme Andersson avec son plan consistant à placer son Cavalier en d3, un pion en f4 et les Tours en c1 et c2.

Partie 13

Miles - Smyslov
Dortmund 1986
Gambit Dame, défense Slave

Cette partie illustre une idée positionnelle relativement rare mais tout de même importante : l'enfermement d'une pièce adverse. Suite à la manœuvre menée par les Blancs entre le 17ᵉ et le 20ᵉ coup, les Noirs se retrouvent avec un Fou complètement emprisonné derrière ses propres pions – jamais il ne ressortira. En pratique, Smyslov joue donc avec une pièce de moins. C'est un danger qui guette beaucoup plus le Fou que le Cavalier, car celui-ci dispose de la faculté de sauter par-dessus les obstacles.

1.♘f3 ♘f6 2.c4 c6

Ce coup caractérise la défense Slave. Au lieu de soutenir le centre par 2...e6, les Noirs préfèrent utiliser le pion c, de façon à ne pas enfermer le Fou-dame, qui aimerait venir en f5 avant la poussée ...e6. Cette défense solide est une des plus populaires contre le Gambit Dame.

3.♘c3 d5 4.d4 dxc4 5.♘e5!?

Un coup inhabituel. Les Blancs optent généralement pour 5.a4, pour empêcher les Noirs de s'accrocher au pion de plus par ...b5.

5...b5?! *(D)*

Il est évidemment tentant de chercher à punir les Blancs pour l'omission de a4, mais le coup du texte est tout de même risqué. Le simple 5...♘bd7 6.♘xc4 b5 donne un bon jeu aux Noirs.

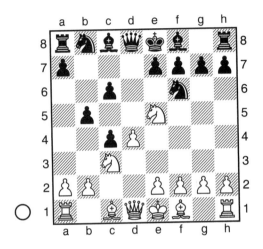

6.g3 ♘g4?!

Sur la continuation plus naturelle, 6...♗b7, les Blancs ont des compensations pour le pion : 7.♗g2 ♕b6 8.a4 a6 9.e4 avec un bon contrôle du centre.

7.♗f4 ♘xe5 8.♗xe5 ♘d7 9.♗g2 ♘xe5

Désormais 9...♗b7? échoue sur 10.♘xb5, qui regagne le pion avec avantage.

10.dxe5 ♗d7

Et maintenant l'échange des Dames permettrait à nouveau de regagner le pion par 10...♕xd1+ 11.♖xd1 ♗d7 (ou 11...♗b7) 12.♘xb5.

11.a4 *(D)*

11...b4

Le pion c4 devient mortellement faible, mais il était impossible de tenir l'aile dame au vu de la menace tactique ♘xb5.

12.♘e4 ♕c7 13.♕d4 ♖d8 14.0-0-0 ♗e6

Les choses ont très mal tourné pour les Noirs, qui s'estiment heureux de pouvoir

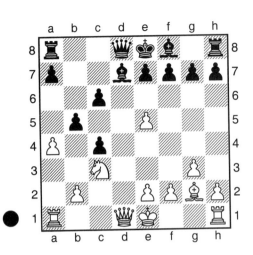

échanger les Dames, compte tenu notamment de leur retard de développement à l'aile roi. Malheureusement, il s'avère que cette continuation est perdante. Il faut tout de même avouer qu'il est difficile de suggérer une amélioration. Après 14...♗f5 15.♕xc4, les pions de l'aile dame sont faibles et le Roi est exposé au centre.

15.♕xd8+! ♕xd8 16.♖xd8+ ♔xd8 17.♘g5!

Voilà l'idée des Blancs. Miles a vu un moyen de mettre le Fou de cases noires totalement hors-jeu. Il est impossible d'empêcher la prise en e6, que ce soit par 17...♗d5? 18.♗xd5 cxd5 19.♘xf7+, ou par 17...♔d7 18.♖d1+.

17...♔c7 18.♘xe6+ fxe6 19.h4! g6 20.f4! *(D)*

Les Blancs ont construit une véritable prison dans laquelle est enfermé le Fou f8. Celui-ci ne reverra jamais le jour, car si par exemple ...g5, alors les Blancs poussent tout simplement h5 et les portes du pénitencier restent fermées. Concrètement, les Noirs ont une pièce de moins. Capablanca s'était fait une spécialité de ce genre de mise au placard – on se souvient notamment de la partie Winter-Capablanca, Hastings 1919. Tony Miles, le premier grand maître anglais, montre qu'il a retenu la leçon.

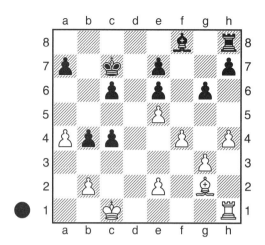

Les Blancs vont maintenant chercher à exploiter leur pièce de plus.

20...h6 21.♔d2

Libère la case pour ♖c1 suivi de ♖xc4.

21...♗g7 22.♖c1 ♖d8+ 23.♔e3 c3

Le pion c de tête étant perdu de toute façon, Smyslov se débrouille pour obtenir un pion passé sur la colonne b, qu'il va d'ailleurs réussir à défendre un certain temps. Sa position reste toutefois perdante, tant et si bien qu'il aurait pu abandonner ici.

24.bxc3 b3 25.♖b1 ♖b8 26.♗e4 g5 27.h5! (D)

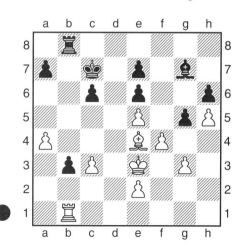

Pas question d'ouvrir la porte.

27...b2

Sans quoi les Blancs gagneraient le pion par 28.♖b2, suivi de ♗d3-c4.

28.♔d2 ♖b3 29.♗c2

29.♔c2 ♖a3 permettrait aux Noirs de gagner le pion a.

29...♖b6 30.♗d3 ♖b3 31.♗c2

La répétition de position ne gâche rien. Les Blancs gagnent un peu de temps à la pendule et prolongent peut-être un peu le plaisir – après tout, ce n'est pas tous les jours que l'on parvient à réduire un ancien champion du Monde à un tel état d'impuissance !

31...♖b6 32.c4

Maintenant, ♔c3 va permettre de s'emparer du pion b.

32...c5 33.♔c3 a5 (D)

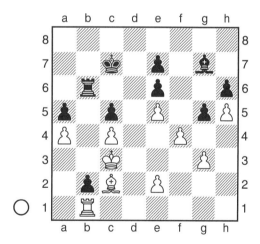

34.♗b3!

Précis jusqu'au bout. La prise immédiate permet l'échange des Tours, et le gain n'a rien d'évident puisque le Roi blanc ne dispose pas d'un accès clair à la position adverse. En gardant les Tours sur l'échiquier, il devient plus facile de convertir l'avantage, puisqu'il y a plusieurs colonnes ouvertes. Même dans les positions les plus écrasantes, il faut rester attentif !

34...gxf4

L'ouverture d'une colonne supplémentaire facilite la tâche des Blancs. Smyslov pouvait prolonger sa résistance en « serrant les boulons », mais Miles avait les moyens de forcer le gain, par exemple en prenant en b2, puis en jouant e3 et ♖f2. La menace fxg5 forcerait les Noirs à placer leur Tour en f8, après quoi le Fou viendrait en g4, provoquant la chute du pion e6 (sur ...♔d7, il y a toujours ♖d1+ pour chasser le Roi).

35.gxf4 ♔d7 36.♖xb2 ♔e8 37.♖b1 ♔f7 38.♖g1 ♗h8 39.♗c2 ♗g7 40.♗g6+ ♔g8 41.♖d1

1-0

La pénétration de la Tour blanche est décisive (41...♖d6 42.♖b1 et c'est alors sur la colonne b qu'elle pénètre).

Les leçons à retenir

- Le fait de se faire enfermer une pièce peut s'avérer fatal. Dans cette partie, après 20.f4, les Noirs avaient une pièce de moins.
- le danger guette tout particulièrement les Fous. Le bondissant Cavalier est beaucoup plus difficile à enfermer.
- Même dans la position la plus écrasante, le moindre détail a son importance (34.♗b3!).

Partie 14
Hort - Petrosian
Ch d'Europe par équipes, Kapfenberg 1970
Défense Française, variante Winawer

Nous allons cette fois nous intéresser à la lutte de la Tour contre le Cavalier. Bien sûr, d'une manière générale, la pièce lourde est supérieure, mais à condition de disposer de lignes ouvertes. Dans la présente partie, la position est bloquée dès l'ouverture, ce qui ne permet pas aux Tours d'exprimer tout leur potentiel. Petrosian, dont les sacrifices de qualité positionnels sont restés légendaires, trouve effectivement un moyen de sacrifier une Tour contre un Cavalier. Dans la position qui en résulte, celui-ci, associé à une puissante masse de pions centraux, domine tout l'échiquier.

1.e4 e6 2.d4 d5 3.♘c3 ♗b4

Le coup constitutif de la variante Winawer de la défense Française. Les Noirs envisagent d'échanger le Fou contre le Cavalier en doublant les pions adverses. Le risque est alors de se retrouver avec de nombreuses cases faibles, tous les pions étant sur cases blanches et le Fou n'étant plus là pour défendre les cases noires. La lutte stratégique du milieu de partie s'articule généralement autour des tentatives des Blancs pour ouvrir la position et activer leur Fou de cases noires, tandis que les Noirs cherchent à maintenir la position fermée tout en exploitant les affaiblissements de la structure adverse. Bobby Fischer aurait un jour déclaré qu'il doutait de la correction de la Winawer, au motif que celle-ci est « antipositionnelle et affaiblit l'aile roi ». Nous devons à la vérité de préciser qu'après plusieurs décennies de popularité de la variante, il semblerait que les grands maîtres du top niveau se soient rangés à l'opinion de Fischer, puisque les lignes les plus jouées sont aujourd'hui 3...♘f6 et 3...dxe4.

4.e5 c5 5.a3 ♗xc3+ 6.bxc3 ♛c7

L'alternative principale est 6...♘e7, qui permet de contrer 7.♛g4 au moyen de 7...0-0. Mais les Blancs ont tout de même de belles chances d'attaque sur l'aile roi, d'où le coup du texte, qui vise à défendre autrement la case g7.

7.♛g4 f5

La justification du coup précédent : depuis c7, la Dame défend g7. Notons tout de même que le coup 7...f5 n'est pas innocent, puisqu'il place un nouveau pion sur cases blanches et renonce à tout jamais à la possibilité de miner le centre blanc par ...f6.

8.♛g3 cxd4 9.cxd4 ♘e7 10.♗d2

Naturellement, 10.♛xg7?? perd du matériel sur 10...♖g8 suivi de 11...♛c3+.

10...0-0 11.♗d3 b6! *(D)*

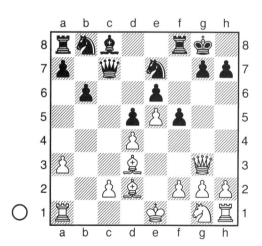

Un milieu de partie typique de la Winawer. Les Noirs, qui ont ouvert la colonne c, ont un avant-poste en c4 et une cible en c2. Les Blancs

ont la paire de Fous, une belle diagonale en a3-f8 et des perspectives d'attaque à l'aile roi. Les chances sont partagées, même si je suppose que la plupart des grands maîtres opteraient plutôt pour les Blancs – question de goût. Le dernier coup des Noirs introduit un plan standard dans la Française : tous les pions étant fixés sur cases blanches, le Fou-dame n'est pas d'une grande efficacité, il est donc logique de vouloir l'échanger contre son homologue.

12.♘e2

Ce développement est meilleur que 12.♘f3. Le Cavalier se dirige vers f4, d'où il pourra peser sur la faiblesse adverse en e6 tout en ayant la possibilité de venir en h5 pour attaquer la case g7.

12...♗a6 13.♘f4! ♛d7

L'échange du mauvais Fou a tout de même un petit inconvénient : c'est la Dame qui va devoir défendre le pion le pion e6.

14.♗b4 *(D)*

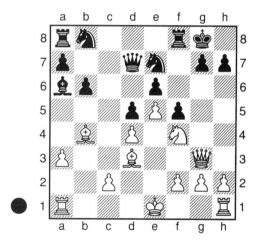

Le Fou de cases noires occupe une très belle diagonale.

14...♖f7!?

Un coup considéré comme essentiel pendant des années, puisque sur 14...♗xd3?, les Blancs ont le fort 15.♘h5!, qui oblige les Noirs à sacrifier la qualité pour parer la menace de mat en g7. Mais il a été démontré ces dernières années qu'il est inutile de forcer la Tour à la passivité en f7 : 14...♖f8 est meilleur.

15.h4!? ♗xd3 16.♕xd3 ♘bc6 17.♖h3 ♖c8! 18.♖g3 ♘d8!

Ce coup multifonctions est caractéristique du jeu de manœuvre et de louvoiement qu'exigent ces positions bloquées. Le Cavalier vient défendre le pion e6, de manière à libérer la Dame. Simultanément, il dégage la colonne c, ce qui va permettre de poster une Tour en c4 pour faire pression sur le pion d4. L'autre Cavalier pourra ensuite venir en c6 pour accroître cette pression.

19.h5 ♖c4 20.h6 ♘ec6 21.♘h5?! *(D)*

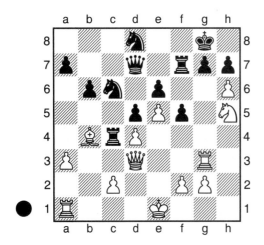

Pendant que les Noirs manœuvrent sur l'aile dame, les Blancs poursuivent leur action de l'autre côté, et le moment critique est venu. La case g7 est attaquée, la menace tactique est 22.♖xg7+ ♖xg7 23.♘f6+, qui gagne la Dame.

Les Noirs ont apparemment de gros problèmes, car la seule défense correcte est 21...g6, qui autorise 22.♘f6+, après quoi il faut donner la qualité. Bien entendu, Petrosian avait prévu tout cela et c'est sans états d'âme qu'il entend sacrifier la qualité pour éliminer le puissant Cavalier. En effet, il a parfaitement compris que dans une position bloquée de ce genre, avec très peu de lignes ouvertes, les Tours blanches ne sont pas d'une grande efficacité. Après le sacrifice, les Noirs vont récupérer le pion f6, sonnant du même coup le glas des chances d'attaque adverse à l'aile roi tandis que leur propre masse de pions centraux menacera de déferler sur l'échiquier. Les compensations seront largement suffisantes pour ce modeste investissement matériel.

21...g6!

L'un des nombreux sacrifices de qualité qui ont fait la gloire de Tigran Petrosian. Quand on lui demandait quelle était sa pièce préférée, il répondait malicieusement que c'était la Tour, car il pouvait la sacrifier sur les pièces mineures !

22.♘f6+ ♖xf6 23.exf6 ♘f7

On ne sait pas trop pourquoi Petrosian n'a pas pris tout de suite le pion d4, mais même si les Blancs le défendaient par 24.c3, les Noirs pourraient prendre en h6, voire jouer 24...a5, avec un clair avantage dans les deux cas. Les Blancs préfèrent abandonner le pion d4 à son sort.

24.♕d2 ♖xd4 25.♖d3 ♖h4! 26.♖h3 ♖g4 *(D)*

La Tour noire étant très active, Petrosian refuse de l'échanger, préférant harceler les forces adverses, mal coordonnées.

27.♔f1 ♘d6 28.♖e1 ♔f7

Ce coup souligne l'impuissance des Tours blanches. Le Roi noir n'a rien à craindre en f7, d'où il défend le pion e6 tout en attaquant le pion adverse en f6. Nous avons déjà remarqué

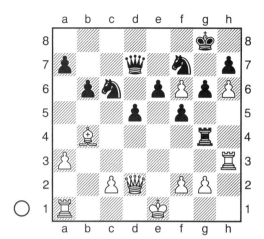

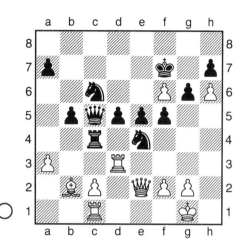

(commentaire du 18ᵉ coup noir de la Partie 9) qu'un pion ennemi pouvait constituer un excellent bouclier pour le Roi, moyennant quoi Petrosian n'est pas pressé de s'emparer du pion f6. Tant qu'il reste sur l'échiquier, il bloque la grande diagonale de cases noires, empêchant les Blancs de créer des menaces à base de batterie Dame-Fou. Il sera toujours temps de prendre ce pion plus tard dans la partie.

29.♗c3 ♘e4

Admirons une fois encore la puissance du Cavalier centralisé. Les Noirs envisagent tout simplement de pousser les pions centraux après avoir amélioré le placement de leurs pièces.

30.♕d3 ♘c5 31.♕d1 ♖c4 32.♗b2 b5

Petrosian renforce méthodiquement son emprise sur la position. Sans le moindre contre-jeu, les Blancs ne peuvent qu'attendre.

33.♕e2 ♕d6 34.♔g1 ♘e4 35.♖d3 ♕c5 36.♖c1 e5 *(D)*

Space Invaders, le retour. Les pions centraux se rapprochent inexorablement, écrasant tout sur leur passage.

37.♕e3 d4 38.♕e2 ♘xf6

Enfin… mais cette prise est presque accessoire : le véritable objectif est de faire place nette au profit du pion e5.

39.♖dd1 ♘d5 40.♕d2 e4 41.♕g5

La Dame tente de trouver du contre-jeu en solo contre le Roi noir, mais Petrosian prend des mesures d'éviction immédiate.

41...♘c7! 42.♖d2 ♘e6 43.♕h4 a5 44.♖cd1

Voilà un bon moment que les Blancs sont à court de coups raisonnables. Au lieu de souffrir une mort lente, Hort offre un pion dans l'espoir de pénétrer sur la colonne c.

44...♖xc2 45.♖xc2 ♕xc2 46.♖c1 ♕xb2 47.♖xc6 d3 48.♖a6 ♕d4!

Empêche tout échec en a7. La Tour blanche est incapable de créer la moindre menace, tandis que le pion d file à Dame. La coupe est pleine.

0-1

Les leçons à retenir

• Les Tours ont besoin de lignes ouvertes. Dans les positions bloquées, le Cavalier se montre souvent au moins aussi fort que la

Tour, et le sacrifice de qualité devient d'autant plus intéressant.

- Lorsqu'une chaîne de pions centraux ne rencontre aucune résistance, elle peut faire des ravages en déferlant sur l'échiquier.

- Même dans une position totalement gagnante, ne jamais oublier la possibilité d'un contre-jeu adverse. N'ayez pas peur de prendre le temps de vous occuper des menaces (41...♞c7!, 48...♛d4!).

Partie 15

Kostro - Simagin

Varna 1966

Défense Sicilienne, Richter-Rauzer

Comme chacun sait, la Dame est la pièce la plus puissante de l'échiquier. Pourtant, il lui arrive de baisser pavillon face à des ennemis moins huppés. Dans cet exemple, le couple Tour et pièce mineure va se montrer nettement supérieur à la Dame, notamment parce que la position des Noirs est solide, contrairement à celle des Blancs, dont les faiblesses sont sensibles à l'action combinée des pièces adverses.

1.e4 c5 2.♞f3 ♞c6 3.d4 cxd4 4.♞xd4 ♞f6 5.♞c3 d6 6.♗g5 e6 7.♛d2 a6 8.0-0-0 *(D)*

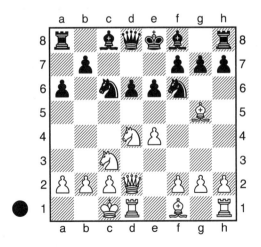

Première apparition de la Sicilienne ouverte

dans ce livre. Dans cette variante qui porte le nom de Vsevolod Rauzer, grand théoricien soviétique des années 1930, les Blancs font le grand roque et préparent une marée de pions sur l'aile roi. Parmi les nombreux schémas à leur disposition, les Noirs optent pour un système fondé sur l'attaque immédiate du Fou g5.

8...h6 9.♗f4

Il peut paraître étrange de renoncer au clouage sur le Cavalier f6, mais le fait est que 9.♗h4 permet une astuce tactique typique de la Sicilienne : 9...♞xe4! avec l'idée 10.♞xe4 ♛xh4 ou 10.♗xd8 ♞xd2.

9...♗d7

La fourchette après 9...♞xd4 10.♛xd4 e5? ne fonctionnait pas encore à cause de 11.♗xe5 et le pion d6 était cloué. Désormais, la menace est réelle, d'où la réponse des Blancs.

10.♞xc6 ♗xc6 11.f3

Les Blancs n'obtiendraient rien en échangeant d6 contre e4, mais maintenant le pion d6 est réellement en danger.

11...d5 12.♛e1 *(D)*

La justification tactique de ce coup est subtile. Le clouage a pour fonction d'inciter la Dame noire à quitter la colonne d. Son poste le plus naturel est a5, mais 12...♛a5 échoue à nou-

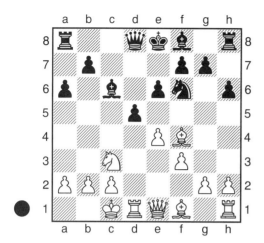

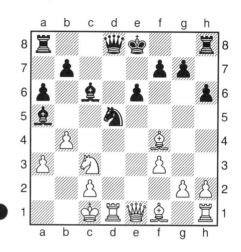

tactiquement à cause de 13.♘xd5!, suivi soit de 13...♕xe1 14.♘xf6+ et 15.♖xe1, avec un pion de plus, soit de 13...♕xa2 14.♘c7+ ♔e7 15.♕b4#. L'autre option, 12...♕b6, perd un pion sur 13.exd5 (le pion e6 est cloué), ce qui fait que les Noirs ne peuvent pas se soustraire au clouage de manière satisfaisante. Simagin opte donc pour un contre-clouage.

12...♗b4 13.a3 ♗a5!

Jusque-là, les joueurs avaient suivi la théorie de l'époque. Le dernier coup des Noirs était considéré comme inférieur précisément à cause de la suite de la partie, mais Simagin, l'un des joueurs les plus originaux et talentueux de sa génération, avait compris qu'il était possible de remettre en cause ce jugement théorique au moyen d'un sacrifice de Dame positionnel.

14.exd5

Kostro joue la ligne théorique. Il ne fait pas bon plaisanter avec l'ordre de coups par 14.b4, à cause de la réfutation tactique 14...♗b6 15.exd5 ♗xd5! 16.♘xd5 ♘xd5 17.c4 ♕f6! 18.♗e5 ♗e3+! et les Noirs sont OK.

14...♘xd5 15.b4 *(D)*

Les Noirs semblent devoir perdre du matériel, puisque si le Fou recule, une autre pièce tombe : 15...♗b6 16.♘xd5 ♗xd5 17.c4 ♕f6 18.♗e5 ♕g5+ 19.f4. Mais Simagin avait autre chose en tête.

15...♘xf4! 16.♖xd8+ ♗xd8

Les Noirs n'ont que Tour et Fou contre la Dame, ce qui normalement ne suffit pas. Toutefois, il faut y ajouter certains avantages positionnels, et notamment le fait que le Roi blanc est plutôt exposé suite aux poussées de pions sur l'aile dame. Son vis-à-vis, par contre, sera en parfaite sécurité à l'aile roi. D'autre part, la position noire étant exempte de faiblesses, les Blancs ont du mal à trouver des cibles. La position doit donc être évaluée comme au moins égale, mais il suffira d'une ou deux imprécisions des Blancs pour concéder un gros avantage.

17.♘e2?! *(D)*

Cet échange favorise les Noirs. Simagin lui-même recommande 17.♘e4 0-0 18.c4, qu'il estime peu clair. Il peut paraître étrange d'exposer encore plus le Roi blanc, mais le coup 18.c4 prive les pièces noires de la case d5, ce qui est plus important. Comme nous le verrons plus loin, dès que les pièces mineures noires trouvent de bons points d'appui au centre, elles s'avèrent plus fortes que la Dame.

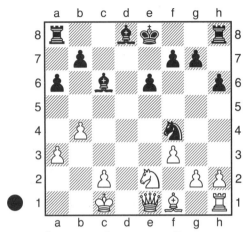

17...♘xe2+ 18.♗xe2 0-0 19.♕f2

La Tour va maintenant pouvoir venir en d1, mais peut-être le très énergique 19.h4 était-il meilleur, dans l'optique de trouver du contre-jeu par g4-g5, etc.

19...♗f6 20.♖d1 b5!

Cet excellent coup poursuit deux objectifs. Premièrement, empêcher les Blancs de jouer c4 pour verrouiller la case d5 au profit du Fou, et deuxièmement, fixer le pion b4, ce qui menace d'ouvrir la colonne a par ...a5. Le Roi blanc, clairement très exposé sur l'aile dame, décide de s'enfuir, mais il ne sera guère plus en sécurité au centre. Malgré un léger déficit matériel, les Noirs ont l'initiative et l'avantage.

21.♔d2 ♗d5 22.♗d3 ♖fc8 23.♔e2 ♖c3 *(D)*

Cette position mérite un examen attentif. Les pièces noires sont plus fortes que la Dame, et il y a trois raisons à cela. Premièrement, elles sont très bien coordonnées. Deuxièmement, elles disposent toutes de cases centrales stables – d5, c3, etc. Enfin, la Dame n'a pas de cibles. Si encore il y avait par exemple des pions faibles

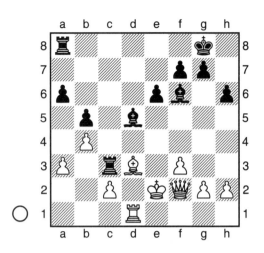

chez les Noirs, ou si leurs pièces étaient placées sur des cases instables que la Dame pourrait attaquer, ce serait une autre paire de manches, mais ici elle n'a tout simplement rien à se mettre sous la dent. C'est en spectateur impuissant qu'elle voit la position adverse se consolider.

24.h4 ♖ac8 25.g4

Les Blancs cherchent enfin à générer un peu de contre-jeu sur l'aile roi, mais il est trop tard.

25...♗c4!

En fait, le Fou blanc tient la colonne c (et donc la position) à lui tout seul. Dès qu'il s'en va, les Tours pénètrent via c2.

26.♗xc4 ♖xc2+ 27.♖d2 ♖2xc4

Les Noirs ont gagné un second pion sans relâcher leur emprise sur la position.

28.♕g3 g5! *(D)*

Pare de manière radicale la menace 29.g5 tout en fixant les pions de l'aile roi. La situation du Roi noir peut sembler précaire, mais les Blancs ne sont pas en mesure de l'exploiter.

29.h5 ♖c3 30.♕d6

Une ultime tentative, désespérée, pour trouver du contre-jeu. La défense passive du pion a par 30.♖a2 serait sans espoir après 30...♖b3

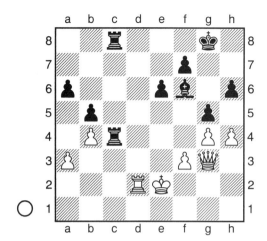

suivi du doublement des Tours en troisième rangée.

30...♖xa3 31.♕b6 ♖c4

La Dame a réussi à s'infiltrer dans la position noire, mais il n'y a toujours pas de cibles. Les pions blancs, en revanche, tombent comme des mouches.

32.♕b8+ ♔g7 33.♕d6 ♖cc3 34.f4 ♖e3+ 35.♔f1 gxf4 36.♕c7

Remarquez que le Roi noir est en parfaite sécurité en g7.

36...♖a1+ 37.♔g2 f3+ 0-1

Si 38.♔f2, alors 38...♖c3, suivi d'un échec du Fou en h4 et le pion f décide.

Les leçons à retenir

- Bien qu'elle soit théoriquement la pièce la plus forte sur l'échiquier, la Dame a besoin de cibles, de faiblesses à attaquer, sans quoi elle perd beaucoup de sa puissance.
- Certains facteurs positionnels (ici, l'insécurité du Roi blanc, etc.) compensent parfois largement un petit déficit matériel.
- Le couple Tour-pièce mineure peut s'avérer plus puissant qu'une Dame, à condition de bien se coordonner et de disposer d'avant-postes centraux.

Partie 16
Short - Timman
Tilburg 1991
Défense Alekhine

Dans le milieu de partie, contrairement à la finale, le Roi est une pièce relativement faible qu'il faut protéger des agressions ennemies. Il lui arrive pourtant de plonger avec audace au cœur de la bataille, et cette partie en est un parfait exemple. Ayant littéralement ligoté son adversaire, Short a encore besoin d'amener une pièce en renfort pour peaufiner le réseau de mat, et c'est son propre monarque qui va s'en charger.

1.e4 ♘f6

La défense Alekhine fait partie de ces conceptions (extrêmes pour l'époque) développées dans les années 1920 par l'école hypermoderne. Ce groupe de joueurs emmenés par des maîtres comme Nimzowitsch et Réti (mais dont Alekhine lui-même « déclinait l'honneur » de faire partie, NDT) ne voulait pas entendre parler de la théorie classique professant qu'il était indispensable d'établir un fort centre de pions dans l'ouverture. Très conscients néanmoins de l'importance du centre, les hypermodernes avaient une vision beaucoup plus large que ce que pouvait être le contrôle central. De leur point de vue, l'occupation du centre avec des pions n'était pas la seule forme de contrôle central, et ce n'était pas même la meilleure. Un centre de pions mal soutenu par ses pièces pouvait devenir un handicap, une cible attaquée à distance par les pièces adverses. La défense Alekhine pousse ces théories à l'extrême. Les Blancs sont invités à pousser jusqu'à quatre pions centraux, en gagnant presque à chaque fois des temps sur le Cavalier. Mais attention à la contre-attaque...

2.e5 ♘d5 3.d4 d6 *(D)*

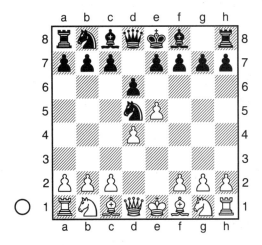

4.♘f3

La principale tentative de réfutation est l'Attaque des quatre pions, qui se poursuit par 4.c4 ♘b6 5.f4. Le gigantesque centre blanc menace de balayer les Noirs hors de l'échiquier, mais l'expérience a démontré qu'un contre-jeu précis offrait au joueur en second de bonnes chances face à ce centre étendu. Le plan implique en général des coups comme ...dxe5, ...♘c6, ...♗g4 (ou ...♗f5), ...e6, ...♗b4, etc. La poussée de pion ...c5 est toujours dans

l'air, mais les Noirs peuvent aussi grignoter le centre adverse de l'autre côté, en jouant ...f6 et même parfois l'extravagant ...g5. Si la variante des Quatre pions reste aujourd'hui encore un écueil théorique majeur dans cette ouverture, la plupart des grands maîtres modernes préfèrent une approche plus modeste. C'est le cas de Short ici : les Blancs se contentent d'un duo de pions centraux, qui sera plus facile à tenir et offrira tout de même un réel avantage d'espace tout en limitant les perspectives de contre-jeu actif pour l'adversaire.

4...g6

Une des lignes principales pendant de longues années, désormais considérée comme trop lente – entre autres à cause de la présente partie. Aujourd'hui, on joue plutôt 4...♗g4 et surtout 4...dxe5.

5.♗c4 ♘b6 6.♗b3 ♗g7 7.♕e2

Le coup favori de Short dans cette position. 7.♘g5, avec l'idée f4, est tout aussi bon : les Blancs considèrent qu'ils sont mieux préparés à la poussée f4 qu'ils ne l'étaient au quatrième coup. Le coup de Short surprotège le pion e5, dont dépend tout l'avantage d'espace.

7...♘c6 8.0-0 0-0 *(D)*

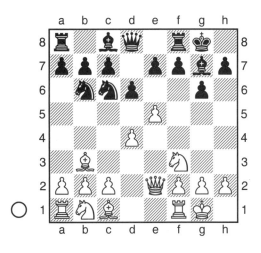

9.h3!

Ce coup apparemment anodin est en fait très important et typique de ce genre de position. Le facteur essentiel est le manque d'espace dont souffrent les Noirs à cause de la gêne occasionnée par le duo de pions d4 et e5. Si la position des Noirs est étriquée, c'est qu'ils ne contrôlent pas suffisamment d'espace par rapport au nombre de pièces dont ils disposent. On comprend bien qu'il y a deux solutions possibles à ce problème : conquérir de l'espace ou réduire les effectifs. Comme il n'est pas toujours possible d'agrandir son territoire, l'échange de pièces est la méthode principale. Dans le cas présent, les Noirs ne seraient pas fâchés de jouer ...♗g4 avant d'échanger en f3. Certes, cela concéderait la paire de Fous, mais il est plus important de remédier au manque d'espace. De plus, l'échange du Cavalier f3 supprimerait un des principaux soutiens de la chaîne de pions d4-e5. Or, les Blancs souhaitent maintenir cette chaîne intacte, puisque c'est elle qui contrôle de l'espace au centre et tient en respect le Fou g7. À la lumière de ces considérations, le coup 9.h3 est d'une logique imparable. On serait même en droit de se demander pourquoi les Noirs n'ont pas joué ...♗g4 au coup précédent, avant que les Blancs ne l'empêchent. La réponse est qu'avant le roque, 8...♗g4? était impossible tactiquement à cause de 9.♗xf7+ suivi de 10.♘g5+ et ♕xg4, qui gagne un pion et laisse le Roi noir bloqué au centre.

9...a5 10.a4 dxe5

À défaut d'avoir pu échanger le Fou-dame contre le Cavalier f3, les Noirs décident que c'est leur propre Cavalier c6 qui va s'en charger. Cela ne résout pas tous leurs problèmes, mais il est difficile de suggérer un autre plan. L'autre Cavalier, assez mal placé en b6, a peu

de perspectives, et le Fou g7 est lui aussi coupé de l'action.

11.dxe5 ♘d4 12.♘xd4 ♕xd4 13.♖e1 *(D)*

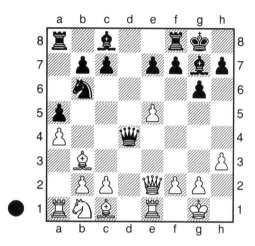

13...e6

Ce coup enferme le Fou-dame et affaiblit les cases noires autour du Roi – en particulier f6. Malheureusement, il est difficile de s'en passer, car les Blancs menacent en permanence de pousser eux-mêmes. D'autre part, 13...e6 poursuit un objectif concret, à savoir centraliser le Cavalier b6 en d5. Or, l'immédiat 13...♘d5? perd une pièce sur 14.♖d1.

14.♘d2!

Encore un coup très précis de Short, et surtout un bel exemple de développement original. 14.♘c3 semble aller de soi, mais les forts joueurs essaient toujours de voir plus loin que ces coups « naturels », en se demandant quelle serait la meilleure case pour telle ou telle pièce. Nous savons déjà que dans cette position, f3 est une excellente case de Cavalier, notamment pour défendre le fort pion e5. Les Noirs se sont justement donné beaucoup de mal pour échanger celui qui s'y trouvait, mais son remplaçant est déjà en route.

14...♞d5

Jusqu'ici, le jeu des Blancs est admirable. Il est clair que Short sait exactement ce qu'il fait, mais il faut dire que la position ne lui était pas inconnue ! La partie Short-Hennigan, Ch de Grande-Bretagne, Swansea 1987, avait continué par 14...♝d7, qui ne résout pas les problèmes des Noirs : 15.c3 ♛c5 16.♞f3 ♝c6 17.♝e3 ♛e7 18.♝g5 ♛c5 19.♞d4 ♝d5 20.♝xd5 ♛xd5 21.f4 ♛c4 22.♛xc4 ♞xc4 23.b3 ♞b6 24.c4 ♜fc8 25.♜ad1 ♝f8 26.♞b5 ♝c5+ 27.♔f1 c6 28.♞d6 ♜c7 29.♜d3 ♞d7 30.♞e4 ♔f8 31.♜ed1 1-0.

15.♞f3 ♛c5 16.♛e4 ♛b4 *(D)*

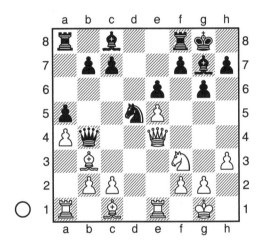

Un moment névralgique. Les Blancs ayant maintenu leur pion en e5, ils ont conservé leur avantage d'espace. D'autre part, le Fou c8 est toujours à la recherche d'un emploi, et son camarade s'ennuie ferme en g7. Il n'empêche que les Blancs doivent encore trouver un plan. La présence du pion en e5 et la faiblesse des cases noires autour du Roi adverse suggèrent une attaque de mat, et c'est bien l'esprit du dernier coup de Short, dont la Dame menaçait de se rendre en h4 avec l'idée de poursuivre par ♝h6, ♞g5, etc. Timman cherche à s'y opposer,

mais Short a sa petite idée sur la question.

17.♝c4!

Empêche l'échange des Dames, certes, mais les Noirs ne peuvent-ils pas attaquer le Fou ?

17...♞b6 18.b3!

Tout est là ! Les Noirs peuvent bien prendre en c4 et démolir la structure, cela n'empêchera pas la Dame de venir en h4 pour prendre part à un assaut décisif sur l'aile roi. La structure de pions est certes un élément important du jeu, mais ce n'est qu'un élément parmi d'autres. En finale, les pions faibles peuvent coûter très cher, seulement, comme disait le Dr Tarrasch : « Avant la finale, les dieux ont placé le milieu de partie. » Short considère qu'il n'y aura pas de finale, parce que le Roi noir se fera mater bien avant. Il y a quelques pions faibles sur l'aile dame, et alors ? Bien sûr, ce genre de décision ne se prend pas à la légère. Il faut soigneusement évaluer la position, car si l'attaque échoue, alors les faiblesses sur l'aile dame signeront l'arrêt de mort des Blancs. Short devait donc être sûr de son fait avant d'autoriser pareille transformation positionnelle.

18...♞xc4

Autant prendre de toute manière, sans oublier la menace ♝a3, qui gagne la qualité.

19.bxc4 ♜e8 20.♜d1! *(D)*

Encore un coup précis. Avant de poursuivre son attaque, Short s'adjuge un avantage positionnel supplémentaire : il prend le contrôle de la seule colonne ouverte, empêchant au passage le Fou-dame adverse de se développer en d7. Or, nous verrons que le contrôle de la colonne d ne sera pas sans incidence sur la réussite de l'attaque.

20...♛c5 21.♛h4 b6

Impossible de prendre en e5 avec le Fou, car 22.♝a3 gagne une pièce.

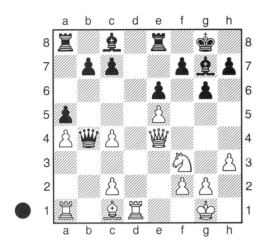

22.♗e3 ♕c6

22...♕f8, pour ramener la Dame en défense, est probablement meilleur, même si cela permet à la Tour blanche de pénétrer en d7 dès que le Fou vient en b7.

23.♗h6 ♗h8

Pas question d'autoriser l'échange du défenseur des cases noires.

24.♖d8! ♗b7?

D'après John Nunn dans *Understanding Chess Move by Move*, 24...♗d7! suffisait peut-être à tenir la nulle – en tout cas, c'était la dernière chance. Compte tenu de l'énorme avantage blanc, cela témoigne des incroyables ressources défensives qu'offre le jeu d'échecs.

25.♖ad1 ♗g7

Les Blancs venaient d'instaurer la terrible menace 26.♕e7!. Le Fou revient en g7 afin de contrer 26.♕e7 par 26...♗xh6, mais il est trop tard pour tout parer.

26.♖8d7!

Ce petit aller-retour fait la décision.

26...♖f8

La menace était 27.♗xg7 suivi de 28.♕f6+. La tentative de proposer un échange de Dames

par 26...♕e4 perd sur le sacrifice 27.♖xf7!!, après quoi 27...♔xf7 28.♘g5+ gagne la Dame.

27.♗xg7 ♔xg7 28.♖1d4

Empêche la Dame noire de venir défendre par ...♕e4. Les Tours blanches paralysent totalement la défense.

28...♖ae8 29.♕f6+ ♔g8 30.h4

Robin Smith a montré, dans *Modern Chess Analysis*, que les Blancs ont un gain plus simple par 30.♘h4 et 31.f3, suivi de ♘xg6 et ♖h4.

30...h5 *(D)*

On ne peut pas laisser ce pion se rendre en h6.

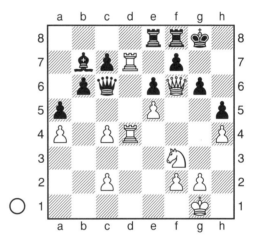

31.♔h2!

Le début d'une conclusion spectaculaire. Malgré leur domination totale, les Blancs doivent encore trouver comment venir à bout de la résistance adverse. Dans ces moments-là, il est important que toutes les pièces soient mobilisées dans l'assaut. Ici, c'est apparemment le cas, mais à y regarder de plus près, il en reste une qui ne contribue pas – le Roi ! En temps de guerre, le monarque n'est généralement pas concerné par la conscription, mais en cette occasion, Short, comme l'amiral Nelson avant lui, « compte que chacun fera son devoir ».

31...♖c8

Les Noirs avaient la possibilité de gâcher le spectacle – sans changer le résultat – par 31...♗c8. En l'absence de toute menace de mat sur la grande diagonale, les Blancs pouvaient alors percer au moyen de 32.g4! ; par ex. 32...♗xd7 33.gxh5, ou 32...hxg4 33.♘g5 ♗xd7 34.h5 et le rempart s'écroule. Heureusement pour la postérité, Timman a choisi l'option passive, ce qui permet à Short de l'emporter en grand style.

32.♔g3! ♖ce8 33.♔f4! ♗c8 34.♔g5 1-0

Après 34...♗xd7 35.♔h6, le mat est imparable.

Les leçons à retenir

- Pour remédier au manque d'espace, il est conseillé d'échanger des pièces. Inversement, celui qui dispose d'un avantage d'espace cherche à éviter les échanges (9.h3!).
- Quand vous développez une pièce, demandez-vous toujours quelle sera sa meilleure case à terme, et mettez-la sur orbite (14. ♘d2!). Il n'est pas nécessairement correct de placer les Cavaliers en c3 et f3, les Fous en c4 et f4, etc.
- La structure de pions n'est qu'un aspect du jeu, qui concerne généralement le long terme, voire la finale. Quand on lance une attaque qui a des chances de se terminer en milieu de partie, on peut accepter certains affaiblissements qui ne porteront peut-être jamais à conséquence (17.♗c4!).
- Le Roi peut s'avérer très fort même en milieu de partie !

Partie 17

Dragomaretsky - Kalinin

Ch de Moscou 1995

Défense Nimzo-indienne, 4.♕c2

Dans la partie Hort-Petrosian (Partie 14), nous avons vu que les Tours manquent d'efficacité lorsqu'elles ne disposent pas de colonnes ouvertes. A contrario, nous allons maintenant constater leur puissance dans le cas contraire. Après une ouverture tranquille, les Blancs vont nous montrer comment s'emparer d'une colonne ouverte et l'exploiter – un véritable cas d'école.

1.d4 ♘f6 2.c4 e6 3.♘c3 ♗b4 4.♕c2

Ce coup popularisé par Capablanca s'est imposé ces dernières années comme la réponse principale à la défense Nimzo-indienne. Tout en évitant les pions doublés, les Blancs envisagent de sonder les intentions du Fou par a3. L'idée est de s'emparer de la paire de Fous, même si cela doit engendrer un léger retard de développement.

4...0-0 5.♘f3

Un coup peu ambitieux qui offre un jeu facile aux Noirs. Le coup critique est évidemment 5.a3, après quoi d'innombrables parties ont continué par 5...♗xc3+ 6.♕xc3 b6 7.♗g5 ♗b7 8.f3, avec une position intéressante dans laquelle la paire de Fous et le fort centre des Blancs sont contrebalancés par un développement plus rapide de l'adversaire.

5...c5 6.dxc5 ♘a6!

La ligne recommandée par la théorie. Les

Noirs profitent du fait que les Blancs se sont privés de la possibilité de jouer f3 – rendant possible l'installation d'un Cavalier en e4.

7.♗d2 ♘xc5 8.e3 b6 9.♗e2 ♗b7 10.0-0 d6 (D)

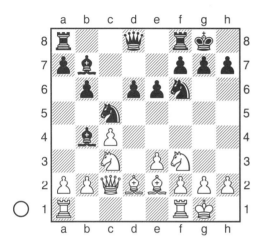

Les Blancs ont choisi un schéma absolument sans prétention, se contentant de développer des pièces sans rechercher l'avantage. De plus, les Noirs ont pu se développer confortablement et ils contrôlent la case e4.

11.♖fd1 ♕e7 12.b3

Les Noirs menaçaient éventuellement de liquider par 12...♗xc3 13.♗xc3 ♘ce4, après quoi les Blancs n'auraient pu conserver la paire de Fous. Le coup du texte ménage une retraite en b2 pour le Fou, mais les Noirs maintiennent facilement l'égalité en simplifiant la position.

12...♘ce4 13.♘xe4 ♗xe4 14.♕b2 ♗xd2 15.♖xd2 d5?!

Naturel en apparence, et pourtant les problèmes vont commencer. Il fallait sans doute faire preuve de patience par 15...♗b7, suivi de ...♖fd8. À terme, rien ne peut empêcher la poussée ...d5 de toute façon, après quoi la position tendrait fortement vers la nulle.

16.♘e5!

Exploite le fait que le Fou e4 est coupé de l'aile dame. Les Blancs menacent f3, qui mettrait le Fou sur la touche à l'aile roi. Dans ces conditions, les cases blanches de l'aile dame (particulièrement c6) seraient affaiblies. Les Noirs échangent donc sur c4 afin de permettre le retour du Fou en b7, mais les Blancs vont s'emparer de la colonne d, qui s'est ouverte au passage.

16...dxc4 17.♗xc4 ♖fd8 18.♖ad1 ♗b7 (D)

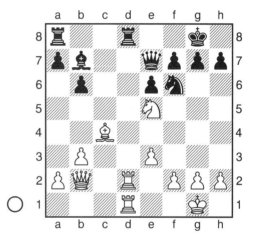

On pourrait croire la position relativement équilibrée, mais les Blancs vont vite démontrer qu'il n'en est rien. Tout repose sur l'exploitation de la colonne ouverte.

19.♖d4!

Une manœuvre très caractéristique. Les Blancs envisagent de tripler les pièces lourdes sur la colonne d par ♕d2, ce qui force les Noirs à renoncer à son contrôle.

19...♖ac8

Naturellement, 19...♖xd4 aurait pour réponse 20.♕xd4 (et non 20.♖xd4? ♖d8).

20.♕d2 ♖xd4 21.♕xd4 ♔f8 (D)

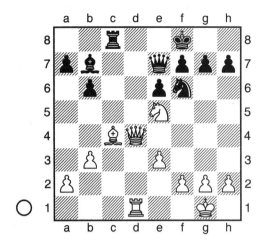

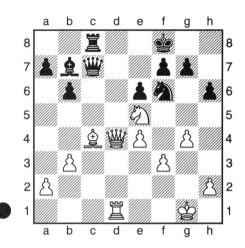

En quelques coups, la position s'est radicalement transformée et les Blancs ont pris un clair avantage : contrôle de la colonne ouverte d, Cavalier e5 très actif et position adverse passive dans l'ensemble. Mais comment poursuivre ? L'exploitation la plus évidente d'une colonne ouverte consiste à pénétrer au cœur de la position adverse via la septième ou la huitième rangée, mais ce n'est pas possible dans l'immédiat, toutes les cases d'entrée étant couvertes. Dragomaretsky trouve une solution caractéristique de ce genre de position : en poussant les pions de l'aile roi, il va chercher à gagner de l'espace et à chasser le Cavalier f6, après quoi il pourra pénétrer en d7.

22.f3! ♕c7

Les Noirs espèrent pouvoir jouer ...♚e8 et ...♖d8, mais ils n'en auront jamais le temps.

23.g4! h6

Il fallait parer la menace 24.g5 suivi de ♕d7.

24.e4 *(D)*

Prive les pièces noires de la case d5 et accroît encore l'avantage d'espace des Blancs. On observe que la poussée des pions de l'aile roi, si elle semble à première vue exposer le

monarque blanc, ne pose en réalité aucun problème, tant les pièces blanches dominent la position en maintenant leurs homologues dans une passivité qui les empêche de menacer quoi que ce soit.

24...a6?

L'erreur décisive. Les Noirs comptaient sans doute préparer ...b5 en vue de chasser le Fou et de pénétrer eux-mêmes sur la colonne c, mais les Blancs ne s'en laissent pas conter. L'inconvénient de 24...a6? est l'affaiblissement de la sixième rangée, et notamment du pion b6, qui va s'avérer fatal. Nous avons déjà dit combien il était important pour le camp le plus fort de créer une seconde faiblesse dans la position ennemie. Ici, Kalinin s'en charge lui-même.

25.a4 ♕c5

L'échange des Dames ne soulage pas vraiment les Noirs, mais que faire d'autre ?

26.h4

Les Blancs exécutent inexorablement leur plan. À terme, la percée g5 est inévitable.

26...♚e8 27.♚g2 ♕xd4 28.♖xd4 ♖c5 29.♘d3 ♖c7 30.g5 hxg5 31.hxg5 ♘d7 *(D)*

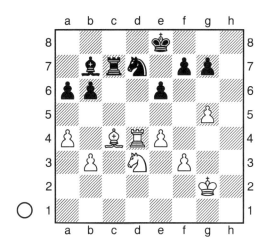

Maintenant que la poussée de pions sur l'aile roi a porté ses fruits, les Blancs concluent d'une manière agréablement thématique.

32.g6!

Avec ce joli coup, la position noire vacille. La faiblesse de la sixième rangée, dont nous parlions au 24e coup, se fait maintenant clairement sentir. La structure de pions des Noirs s'écroule, les pertes matérielles sont inévitables.

32...♔e7 33.gxf7 ♔xf7 34.♖d6

Depuis le 21e coup, les Blancs se tenaient prêts à envahir la position adverse via la colonne d. Si la manœuvre s'avère finalement aussi forte, c'est grâce au travail préparatoire sur l'aile roi, qui a créé des faiblesses supplémentaires que la Tour vient maintenant exploiter – un très bel exemple du « principe des deux faiblesses ».

34...♘c5 35.♘xc5 bxc5 36.♖xe6 ♔f8 37.a5

On pouvait très bien prendre immédiatement en a6, mais comme le pion est indéfendable et que les Noirs ne peuvent rien entreprendre, il n'y a aucun mal à consolider d'abord la position. Nous retrouverons ce « principe de non-précipitation » dans le chapitre sur les finales.

37...♖d7 38.♗xa6 ♗xa6 39.♖xa6 ♖b7 40.♖b6!

Voir le commentaire précédent. Si les Blancs n'avaient pas placé un pion en a5 avant de prendre en a6, ce coup n'aurait pas été possible. La position serait toujours gagnante, mais moins facilement. Avec deux pions de moins, mais toujours aucune activité, les Noirs décidèrent de ne pas prolonger leur agonie.

1-0

Un modèle d'exploitation de la colonne ouverte.

Les leçons à retenir

- Même dans une position apparemment sans histoire, le contrôle d'une colonne ouverte peut provoquer une véritable paralysie.
- Si la colonne n'est pas directement exploitable, pensez au principe des deux faiblesses – les poussées de pions ont créé chez l'adversaire de nouvelles faiblesses et la position s'est écroulée lorsque la Tour a pénétré.
- En finale, même si le gain est facile, ne vous pressez pas ! Consolidez votre position au maximum avant de passer à l'action.

4. LA STRUCTURE DE PIONS

Tout joueur d'échecs apprend très tôt dans sa carrière que « les pions sont l'âme des échecs » (Philidor). La structure de pions est sans aucun doute un des éléments les plus importants pour évaluer n'importe quelle position. D'une part, certains affaiblissements peuvent s'avérer fatals, et de l'autre, plusieurs parties dans ce livre nous ont déjà démontré la puissance potentielle d'une phalange de pions centraux qui déferle sur l'échiquier. Nous avons également vu comment le type de structure affecte la puissance relative de chacune des pièces. Nous allons examiner dans ce chapitre une série de structures de pions courantes, en considérant leurs points forts et leurs points faibles, et en illustrant les plans caractéristiques de chacune.

Les trois premiers exemples concernent les structures avec pion-dame isolé ou PDI. Il s'agit sans doute de la structure standard la plus importante, car elle peut survenir dans toutes sortes d'ouvertures très différentes les unes des autres. Il est donc vital pour un fort joueur de comprendre comment gérer ce type de position. Ensuite, les parties 21 à 24 portent sur une structure voisine, celle des « pions pendants ». Tout comme le PDI, ces pions peuvent s'avérer tantôt forts, tantôt faibles, en fonction du contexte. Avec les parties 25 et 26, nous nous pencherons sur les structures avec pions doublés, fréquentes dans la Nimzo-indienne par exemple. Nous avons déjà examiné cet aspect du point de vue des Blancs dans la partie 9, et nous aurons ici deux autres exemples des divers problèmes que pose cette structure. Dans la partie 25, le plan noir est exécuté à la perfection, mais dans la partie 26, ce sont les Blancs qui parviennent à activer leur majorité de pions centrale et à enchaîner sur une attaque à l'aile roi. La partie 27 montre la majorité de pions à l'aile dame en action, et dans la partie suivante, c'est la majorité centrale des Noirs qui s'impose face à la majorité à l'aile dame adverse.

Le pion arriéré est connu pour être une faiblesse, mais dans les échecs modernes, on joue souvent le coup ...e5 dans la défense Sicilienne, créant volontairement un pion arriéré en d6. Les parties 29 et 30 explorent ce volet, tandis que les deux suivantes examinent la structure dite de « Carlsbad », et notamment l'attaque de minorité. Cette structure, un grand classique des échecs, est fondamentale pour la compréhension d'un grand nombre d'ouvertures, en particulier la variante d'échange du gambit Dame. Dans les parties 33 et 34, nous verrons les structures de Hollandaise, dont le fameux Stonewall.

La défense Est-indienne est également caractérisée par des structures de pions bien spécifiques, présentées dans les parties 35 à 37. Enfin, les parties restantes nous permettront de nous familiariser, entre autres, avec l'étau de Maróczy et le Hérisson, deux schémas dont l'évaluation a considérablement évolué ces 30 dernières années.

Partie 18
Smyslov - Karpov
Ch d'URSS, Leningrad 1971
Gambit Dame, défense Semi-Tarrasch

Nous commencerons par l'un des aspects positifs du pion-dame isolé. Lorsqu'on possède l'initiative, le PDI peut engendrer une forte attaque. Dans le cas présent, Smyslov va exploiter le potentiel de la poussée d5, caractéristique de ce genre de position.

1.c4 c5 2.♘f3 ♘f6 3.♘c3 d5 4.cxd5 ♘xd5 5.e3 e6 6.d4 cxd4 7.exd4 *(D)*

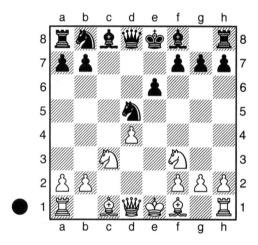

Les contours de la partie sont déjà clairement dessinés. Les Blancs ont accepté un pion isolé qui leur donne davantage d'espace (c'est le seul pion situé sur l'une des 4 cases centrales d4, e4, d5 et e5), ainsi que la possibilité d'utiliser les avant-postes e5 et c5. En revanche, ce pion pourrait devenir faible, et les Noirs disposent d'une excellente case de blocage en d5. C'est autour de ces thèmes que va s'articuler le milieu de partie. Les Blancs ont des atouts dynamiques par nature, dont l'exploitation implique souvent une attaque sur le Roi adverse. Les Noirs, de leur côté, vont sans doute devoir attendre la fin du milieu de partie et même le début de la finale pour avoir leur mot à dire. D'ici là, il va falloir se contenter de défendre. Dans ce type de position, les échanges favorisent généralement la défense, puisqu'ils réduisent les chances d'attaque et augmentent la probabilité d'une finale, phase durant laquelle la faiblesse du pion isolé devrait se faire davantage sentir.

7...♗e7 8.♗d3 0-0 9.0-0 ♘c6 10.♖e1 ♘f6 11.a3

Ce coup n'a peut-être pas l'air très dynamique, et pourtant il fait partie intégrante du plan d'attaque sur l'aile roi. Les Blancs envisagent de monter une batterie visant le pion h7 par ♗c2 et ♕d3, il faut donc se prémunir contre le coup ...♘b4. Mais il y a plus subtil : comme nous le disions, les Noirs possèdent en d5 une excellente case de blocage qu'ils aimeraient occuper à terme avec le Cavalier-dame. Le coup 11.a3 interdit de le faire via b4. D'une manière générale, la case d5 est essentielle dans les positions avec pion-dame isolé, car c'est le plus souvent en poussant le pion que les Blancs exploitent son potentiel dynamique – une menace dont il faut constamment se garder. Nous allons voir ce qui se passe quand les Noirs perdent cette case de vue, ne serait-ce qu'un instant.

11...b6 12.♗c2 ♗b7 13.♕d3 *(D)*

Voir le commentaire précédent. Si les Blancs n'avaient pas pris de mesures préventives, les Noirs joueraient maintenant ...♘b4, qui échangerait le très fort Fou de cases blanches, une pièce indispensable pour l'attaque.

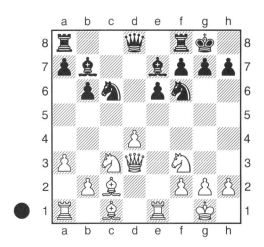

mineures, tout en conservant une belle emprise sur la case d5.

16...罝e8 *(D)*

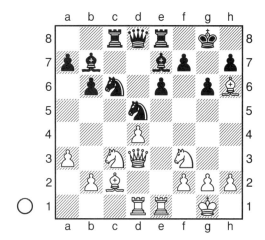

13...罝c8 14.皇g5?!

Ce coup menace 15.皇xf6 suivi du mat en h7, donc la suite est forcée. Mais les Blancs pouvaient jouer 14.d5!, qui était très fort ici, notamment parce que sur 14...exd5, alors 15.皇g5 instaurait de dangereuses menaces, par ex. 15...g6 16.罝xe7!, avec gain de matériel.

14...g6 15.罝ad1

La dernière pièce blanche entre en jeu. La formation adoptée est typique de ces positions avec pion-dame isolé. Toutes les pièces blanches occupent des positions actives, et l'aile roi adverse a déjà subi un affaiblissement par ...g6. Reste maintenant à l'exploiter avec des coups comme 公e5, 豐h3, etc. Les sacrifices en f7 ou e6, pour ouvrir des lignes sur le Roi noir, sont alors monnaie courante.

15...公d5

Les Noirs essaient d'échanger des pièces, c'est le plan normal dans ce genre de position.

16.皇h6

Les Blancs refusent de coopérer. Il serait aberrant de prendre en e7 par 16.皇xe7, car après 16...公cxe7, les Noirs auraient libéré leur position en échangeant une paire de pièces

17.皇a4!

Encore un thème fréquent dans les positions avec PDI. La batterie 皇c2/豐d3 a atteint son objectif : forcer l'affaiblissement ...g6. Le Fou n'a donc plus rien à faire sur la diagonale b1-h7, c'est pourquoi on le redéploie généralement soit sur la diagonale voisine, a2-g8, soit, comme ici, a4-e8. Tout cela repose par ailleurs sur un sacrifice de pion, puisque sur 17...公xc3, les Blancs comptent jouer 18.bxc3 皇xa3 19.c4, suivi de 20.d5. Ce dynamisme est typique des structures avec pion-dame isolé : les Blancs cherchent à libérer l'énergie des pièces massées derrière le PDI.

17...a6

Le clouage sur le Cavalier c6 étant assez pénible, les Noirs veulent s'en débarrasser par ...b5.

18.公xd5!

Nous l'avons dit, dans ce type de structure, les Blancs évitent normalement d'échanger, mais ici ils ont une raison très concrète de le faire.

18...♛xd5

L'autre prise, 18...exd5, était moins dangereuse dans l'immédiat, mais très compromettante à long terme. Même si chacun reste avec un pion-dame isolé, le pion d5 bloque l'action du Fou en b7, alors que le Fou-dame des Blancs, lui, est très actif en h6, pas du tout gêné par le pion d4. Les Noirs ne sont pas perdus, mais ils sont vraiment moins bien, et pour longtemps. Karpov préfère contrôler la case d5 avec ses pièces, mais chacun sait que la Dame n'est pas un bon bloqueur, et cela va se confirmer.

19.♛e3! *(D)*

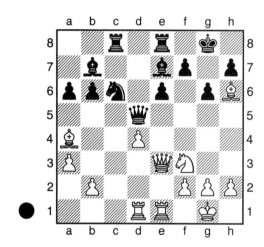

Encore un joli coup. La Dame blanche investit les cases noires et défend le Fou h6. La menace est maintenant 20.♝b3, pour chasser la Dame noire de la case de blocage et continuer par 21.d5.

19...♝f6

On pouvait également jouer 19...♛h5 immédiatement, après quoi Smyslov avait prévu 20.d5!. Il donne alors quelques variantes dignes d'intérêt, car elles montrent plusieurs manières de transformer le potentiel dynamique des Blancs en menaces concrètes. Si par exemple

20...exd5 21.♛xb6 ♛xh6 22.♛xb7, nous avons un exemple typique de transformation d'un avantage : les Blancs n'ont plus d'attaque à l'aile roi, mais l'aile dame adverse s'écroule et les pièces noires sont atrocement empêtrées. D'un autre côté, si les Noirs réagissent à 20.d5 par 20...♝c5, le jeu pourrait continuer par 21.♛f4 exd5 22.♜xe8+ ♜xe8 23.g4! ♛h3 24.♞g5, et cette fois, c'est l'aile roi des Noirs qui cède. Aux échecs, il faut savoir faire preuve de souplesse, éviter de se focaliser sur telle ou telle partie de l'échiquier, telle ou telle forme d'avantage.

20.♝b3 ♛h5 *(D)*

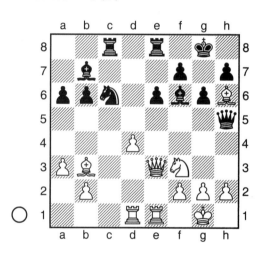

Avec leurs trois derniers coups, les Blancs ont réussi à chasser la Dame noire de la case de blocage d5. Il ne reste plus qu'à exploiter l'avantage au moyen de la poussée classique...

21.d5! ♞d8

Il va de soi que les Noirs ne peuvent jouer 21...exd5 à cause de 22.♛xe8+ et mat au coup suivant.

22.d6

Le triomphe de la stratégie des Blancs est complet : le « pion faible » s'est transformé en un monstrueux pion passé qui va faire la décision en quelques coups.

22...♖c5 23.d7 ♖e7 24.♕f4

Totalement décisif. Non seulement la Dame attaque le Fou f6, mais elle menace de pénétrer en b8.

24...♗g7 25.♕b8 ♕xh6 26.♕xd8+ ♗f8 27.♖e3

Quelque peu sadique. Les Blancs pouvaient évidemment jouer 27.♕xf8+ tout de suite, mais comme il est impossible de l'empêcher, Smyslov évite le doublement de ses pions par ...♗xf3 et invite les Noirs à abandonner. Le jeune Karpov préfère jouer encore deux ou trois coups.

27...♗c6 28.♕xf8+ ♕xf8 29.d8♕ 1-0

Les Noirs ont une pièce de moins et plus aucun espoir.

Les leçons à retenir

- Dans les positions avec PDI, le camp possédant ce pion cherche généralement à exploiter le potentiel dynamique de sa position, et le défenseur pare les menaces directes en recherchant les échanges dans l'optique d'une finale.

- La case de blocage devant le PDI (d5 dans le cas présent) revêt toujours une grande importance. Le défenseur doit la garder à l'œil et empêcher le pion-dame isolé d'avancer.

- Si les Blancs parviennent à pousser d5, leurs pièces vont se déchaîner avec un effet souvent dévastateur.

- Quelle que soit la position, il faut savoir rester souple et transformer son avantage le cas échéant. Une attaque sur le Roi n'a pas à se terminer par un mat. Souvent, il est préférable de renoncer à l'attaque pour conquérir un autre avantage ailleurs sur l'échiquier.

Partie 19

Najdorf - Kotov

Mar del Plata 1957

Défense Nimzo-indienne, 4.e3

Là encore, le pion-dame isolé va servir à monter une attaque gagnante sur l'aile roi. Cette fois, les Noirs n'autorisent pas la poussée d5, mais cela n'empêche pas les Blancs de monter un assaut de pièces sur le Roi et de conclure en grand style par une jolie combinaison.

1.d4 ♘f6 2.c4 e6 3.♘f3 d5 4.♘c3 ♗b4 5.e3 0-0 6.♗d3 c5 7.0-0 dxc4 8.♗xc4 ♘bd7 9.♕e2 a6 10.a4 ♘b6 11.♗b3 cxd4 12.exd4 *(D)*

Si les structures avec pion-dame isolé sont si importantes, c'est parce qu'elles peuvent survenir dans toutes sortes d'ouvertures. La partie

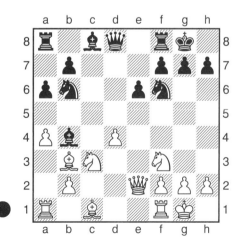

précédente était une Anglaise, alors qu'ici, nous sommes parvenus au même schéma à partir d'une défense Nimzo-indienne. Il y a toutefois quelques différences. Premièrement, les Blancs ont joué le coup a4, empêchant l'adversaire de poster un pion en b5 – une manœuvre fréquente dans ce type de position – mais affaiblissant par ailleurs la case b4. Or, dans la partie précédente, Smyslov avait fait particulièrement attention à couvrir cette case en jouant a3, car les Cavaliers adverses transitent volontiers par la case b4 pour venir en d5. On peut donc dire que d'une manière générale, la poussée a4 favorise sans doute légèrement plus les Noirs que les Blancs – mais tout cela reste marginal. Autre différence : le Cavalier-dame des Noirs est en b6 et non pas en c6. Certes, cela le met sur orbite par rapport à d5, mais comme il n'attaque pas le pion d4, les Blancs auront moins de mal à jouer ♘e5. Troisièmement, le Fou-roi des Noirs est en b4 et non pas e7. En principe, il y est plus actif, seulement il ne défend pas l'aile roi et risque de devoir perdre un temps pour revenir en e7 si les Blancs décident de clouer le Cavalier par ♗g5. Enfin, le Fou-roi des Blancs est en b3 et non pas d3. Nous avons vu précédemment qu'il s'agit d'une bonne case, d'où il pourra soutenir une éventuelle poussée d4-d5, sauf que dans la partie précédente, il avait d'abord contribué à provoquer l'affaiblissement ...g6. Globalement, toutes ces petites différences s'équilibrent et l'évaluation générale est la même que dans la plupart des positions avec PDI : égalité dynamique.

12...♗d7

On peut jouer 12...♘bd5, suivi de ...b6 et ...♗b7, mais la manœuvre ...♗d7-c6 est très courante aussi.

13.♖d1 ♖c8 14.♖d3 *(D)*

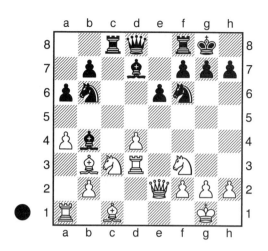

Les Blancs s'en tiennent à leur plan naturel de préparation d'une attaque sur l'aile roi. La Tour se dirigera vers g3 ou h3 après ♘e5. Cette manœuvre tire parti du fait que le Fou se trouve en b3 et non pas d3.

14...♘bd5 15.♘xd5

En principe, les Blancs ne sont pas censés échanger les pièces sans raison précise, mais ici le Cavalier c3 était attaqué et ♗d2 était trop passif. On pouvait aussi jouer 15.♘e4, mais cela ne faisait que transposer après 15...♘xe4 16.♕xe4.

15...♘xd5

Dans la position symétrique survenant après 15...exd5, les Noirs seraient en infériorité.

16.♕e4 ♗c6 17.♘e5 *(D)*

17...♘f6!?

Ce coup et le suivant constituent un moment charnière de cette partie. 17...f5 était plus sûr. Il est vrai que ce coup semble très laid puisqu'il engendre un horrible pion arriéré en e6 et un trou en e5, mais c'est un concept défensif courant dans les positions avec pion-dame isolé. En contrepartie des affaiblissements, l'attaque adverse sur l'aile roi est définitivement repoussée, d'autant que les Blancs ne peuvent plus

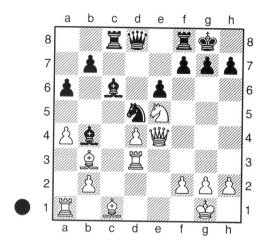

utiliser la case e4, alors que le pion e6 est assez facile à défendre. Les chances seraient alors partagées.

18.♕h4 ♗d5?

En revanche, ceci ne va pas du tout. L'attaque des Blancs va maintenant réussir. Seul 18...♘e4! pouvait justifier le dernier coup.

19.♗g5 ♗e7

Voir le commentaire du 12ᵉ coup. Il s'avère qu'il y a du travail à faire en e7, finalement.

20.♖h3 *(D)*

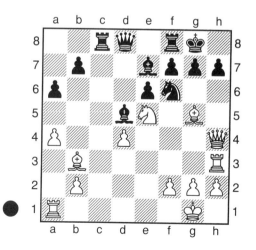

Et soudain, il n'est plus possible de défendre le pion h7 contre la menace ♗xf6. Naturellement, 20...h6? ne ferait que provoquer le sacrifice 21.♗xh6.

20...♖e8 21.♗d1!?

Un choix intéressant : au lieu de s'emparer immédiatement du pion par 21.♗xf6 ♗xf6 22.♕xh7+ ♔f8, qui est certainement très fort, Najdorf préfère amener une pièce à l'attaque pour conclure sur un mat rapide.

21...♕a5

Menace mat en un coup, mais le principal objectif est de libérer la case d8 pour la Tour, qui elle-même doit évacuer e8, dont le Roi a besoin comme case de fuite. En réalité, l'attaque est déjà trop forte.

22.♗h5 ♖ed8

Il n'y a pas de défense. Après 22...♘xh5 23.♕xh5, f7 et h7 sont en l'air, et sur 22...♖f8, alors 23.♗xf6 ♗xf6 24.♗xf7+ ♖xf7 25.♕xh7+ ♔f8 26.♘g6+ ♔e8 27.♕g8+ et rien ne va plus.

23.♗xf7+ ♔f8 *(D)*

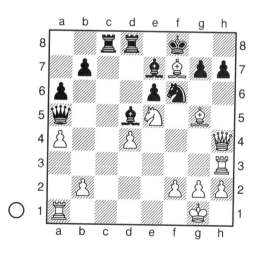

24.♗h6! ♘e8

La menace était 25.♗xg7+ ♔xg7 26.♕h6+ et 27.♘g6#.

25.♕f4

Maintenant la menace est 26.♗xg7+ ♘xg7 27.♘g6+ hxg6 28.♖h8#.

25...♗f6 26.♗xg7+!

Najdorf tient absolument à son sacrifice en g7.

26...♔e7

Si 26...♔xg7, alors 27.♗xe8+ ♔xe8 28.♕f7#, ou 26...♔xg7 27.♕h6+ et 28.♘g6#, tandis que 26...♘xg7 se heurte tout simplement à 27.♕xf6.

27.♗xe8 ♗xg7 28.♖xh7 1-0

Si 28...♖xe8, 29.♖xg7+ ♔d6 30.♖d7#. Une superbe attaque comme on n'en voit que dans les positions avec pion-dame isolé.

Les leçons à retenir

- Le potentiel dynamique du PDI s'exprime parfaitement lors d'une attaque sur l'aile roi, en exploitant l'avant-poste e5 et l'avantage d'espace offert par le pion isolé.
- Il suffit d'un moment d'inattention (18...♗d5?) pour permettre une attaque dévastatrice. C'est pourquoi une défense méticuleuse et précise est indispensable.
- Pour l'attaquant, il est important d'impliquer autant de pièces que possible dans l'assaut (21.♗d1!?).

Partie 20

Karpov - Spassky

Montréal 1979

Gambit Dame Refusé, 5.♗f4

Après deux exemples de pions dame isolés très forts, nous allons maintenant examiner les inconvénients de la structure. Spassky ne va pas réussir à mettre en œuvre un jeu d'attaque dynamique comparable à celui de Smyslov et Najdorf dans nos deux parties précédentes. Une fois que le possesseur du PDI perd l'initiative, il risque de voir les affaiblissements qu'il a concédés pris d'assaut par l'adversaire. Karpov va nous faire une excellente démonstration de l'exploitation des faiblesses d'un pion-dame isolé.

1.d4 ♘f6 2.c4 e6 3.♘f3 d5 4.♘c3 ♗e7 5.♗f4

Dans le Gambit Dame Refusé, ce Fou vient généralement en g5, mais le coup du texte a gagné en popularité ces dernières années. L'idée est surtout d'empêcher les simplifications précoces par ...♘e4. Les Noirs étant généralement plus à l'étroit, les échanges jouent en leur faveur. L'inconvénient de 5.♗f4 est qu'il y aura moins de pression sur le centre, ce qui facilite la poussée libératrice ...c5. Quand le Fou vient en g5, la pression supplémentaire sur le pion d5 force généralement les Noirs à se contenter d'un coup plus solide, ...c6.

5...0-0 6.e3 c5 7.dxc5 ♘c6 8.♕c2 ♕a5 9.a3 ♗xc5 10.♖d1 ♗e7 (D)

11.♘d2

Voilà qui semble un peu maladroit, mais n'oublions pas qu'il s'agit d'empêcher ...♘e4. D'autre part, ♘b3 permettra éventuellement de chasser la Dame noire de son poste actif en a5.

11...♗d7

Les Noirs pouvaient et devaient probablement préférer 11...e5, mais cela entraîne de longues variantes forcées que Karpov connaissait très bien, ayant obtenu la même position avec les Noirs dans un match de championnat du

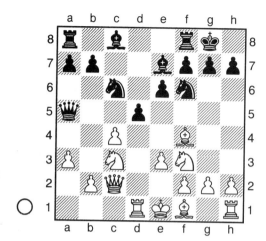

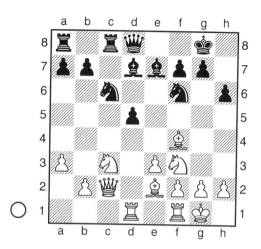

monde contre Kortchnoï l'année précédente. Spassky opte donc pour une ligne moins connue, dans laquelle il propose également à son adversaire un sacrifice de pion.

12.♗e2

Fidèle à son style, Karpov refuse le sacrifice en faveur d'un petit avantage positionnel. S'il avait mordu à l'hameçon par 12.♘b3 ♛b6 13.cxd5 ♘xd5 14.♘xd5 exd5 15.♖xd5, il aurait suivi 15...♗b4+! 16.♘d2 (16.axb4 ♘xb4 17.♛d2 ♘xd5 18.♛xd5 ♗e6 gagne pour les Noirs) 16...♖ac8 avec un jeu peu clair. Les Blancs ont le pion de plus, mais leur aile roi n'est pas développée, et leur Dame est vulnérable sur la colonne c.

12...♖fc8!

Il serait plus naturel de placer cette Tour en d8, mais Spassky réserve cette case à la Dame en cas de ♘b3.

13.0-0 ♛d8 14.cxd5 exd5 15.♘f3! h6 *(D)*

Et nous retrouvons notre structure de pion-dame isolé, avec couleurs inversées cette fois. Mais comparons cette position avec celle que nous avions au sortir de l'ouverture dans Smyslov-Karpov : force est de constater que celle-ci est nettement moins favorable au PDI.

Là où Smyslov avait des pièces très actives, ici les figures noires sont relativement passives : les Fous sont en e7 et d7 au lieu de d6 et g4, les Tours en a8 et c8 et non pas en e8 et d8, et la Dame est revenue sur sa case d'origine. On ne voit pas se profiler contre le Roi blanc de menaces comparables à celles que Smyslov avait su instaurer. On en conclut que les Blancs ont remporté la bataille de l'ouverture et que cette version du PDI favorise le défenseur. Nous connaissons déjà les grandes lignes du plan : échanger quelques pièces et mettre sous pression le pion isolé.

16.♘e5!

Karpov applique immédiatement la bonne recette. Ce coup vise à échanger le Cavalier c6, seule pièce noire à contrôler actuellement la case de blocage d4.

16...♗e6 17.♘xc6 ♖xc6

Il va de soi que les Noirs préféreraient reprendre du pion, éliminant du même coup leur faiblesse. Malheureusement, 17...bxc6 se heurterait à la réfutation tactique 18.♗a6, qui gagne la qualité. Il faut savoir mêler tactique et stratégie à tout moment – c'est sur ces fondations tactiques apparemment insignifiantes que sont construits les plus grands monuments stratégiques.

18.♗f3

Parfaitement logique, puisque ce coup accroît la pression sur le pion d5. Bien entendu, 16.♘e5 comportait aussi l'idée de libérer la case f3 pour le Fou.

18...♛b6 19.♗e5!

Encore un coup qui trahit une compréhension parfaite de la position. La menace est de gagner le pion d5 en prenant en f6 pour éliminer le défenseur. Les Noirs peuvent éviter de perdre un pion en jouant le Cavalier en e4, mais cela signifie que la dernière paire de Cavaliers s'échange, ce qui favorise les Blancs. En effet, les structures de PDI se caractérisent par la présence d'avant-postes (ici e4 et c4) qui conviennent particulièrement aux Cavaliers. Donc, le possesseur du pion-dame isolé a besoin de sa cavalerie. Lorsqu'elle aura disparu, les Noirs plus de mal à valoriser leur pion-dame isolé, mais toujours autant de difficultés à le défendre.

19...♘e4 20.♛e2

On ne peut pas gagner un pion par 20.♗xe4 dxe4 21.♛xe4, à cause de 21...♛xb2. Une telle liquidation n'aurait aucun sens, elle ne ferait que soulager les Noirs de leur principale faiblesse structurelle. En revanche, le déclouage du Cavalier c3 menace vraiment de gagner un pion en prenant deux fois en e4, ce qui incite les Noirs à échanger eux-mêmes les Cavaliers.

20...♘xc3 21.♗xc3 ♖d8 (D)

Si 21...♗xa3, attention au coup de desperado 22.♗xg7!. D'après Karpov, les Noirs devaient envisager le sacrifice de qualité 21...♖xc3!? 22.bxc3 ♛a5, qui leur permet de récolter un pion en compensation, évitant le type de défense

passive et le manque de perspectives qui sera leur lot dans cette partie. Ce sont des sacrifices bien utiles dans l'arsenal du défenseur.

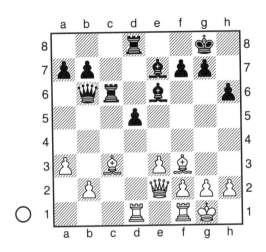

22.♖d3!

Animé d'une impitoyable logique, Karpov met en œuvre le plan classique contre le pion isolé. Ayant échangé tous les Cavaliers et obtenu le contrôle total de la case d4, il va maintenant braquer ses pièces lourdes sur le pion faible. Examinons attentivement la formation qu'il adopte : les Tours vont venir en d3 et d2, et la Dame va compléter le dispositif en d1. D'une façon générale, l'idéal est de placer la Dame derrière les Tours dans ce genre de cas. On retrouve cette formation dans plusieurs parties d'Alekhine, ce qui lui a valu le surnom de « Canon d'Alekhine » (« *Alekhine's Gun* », expression surtout répandue dans le monde anglo-saxon). Nous retrouverons ce thème dans la partie 29.

22...♖cd6 23.♖fd1 ♖6d7

Les Noirs ne peuvent qu'attendre, sans aucun contre-jeu.

24.♖1d2! ♛b5 25.♛d1 b6 26.g3

Encore un coup caractéristique de ce type de position. Quand l'adversaire est réduit à l'attentisme, on peut se permettre ce genre de petit coup de consolidation avant de passer à l'action. 26.g3 donne simplement un peu d'air au Roi blanc, qui ne risque plus de tomber dans un mat du couloir. Il n'y a pas dans la position de variantes allant spécifiquement en ce sens, il s'agit donc d'une précaution peut-être inutile mais fondée sur des considérations générales. Comme on dit, « si cela ne fait pas de bien, cela ne peut pas faire de mal », surtout si l'adversaire ne peut rien entreprendre d'actif. D'autre part, il ne faut pas négliger l'impact psychologique d'un tel coup. Pour le défenseur privé de jeu et qui ne peut qu'attendre pour savoir quel sort lui sera réservé, ce genre de coup tranquille qui « ne fait rien » est extrêmement frustrant et peut même provoquer une réaction de panique qui facilitera la tâche des Blancs.

26...♗f8 27.♗g2 ♗e7 28.♕h5!

Spassky refuse de se laisser aller à des affaiblissements inutiles, ce qui oblige Karpov à trouver un moyen d'augmenter la pression. Le coup du texte menace 29.e4, qui gagnerait un pion, en instaurant un clouage sur la cinquième rangée. Spassky réplique en défendant sa Dame pour se déclouer.

28...a6 29.h3 ♕c6 30.♔h2 a5 *(D)*

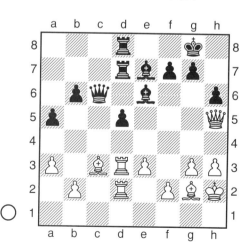

31.f4

Karpov découvre enfin son jeu : l'action décisive prendra la forme d'une poussée de pion sur l'aile roi. Comme nous l'avons vu précédemment, l'attaquant est presque toujours obligé d'ouvrir (ou de menacer d'ouvrir) un second front pour faire craquer la défense.

31...f6

Il fallait faire quelque chose contre la menace de gain d'une pièce par 32.f5. L'alternative était 31...f5, après quoi Karpov avait envisagé 32.♕g6 ♗f8 33.♗e5, suivi de g4.

32.♕d1 ♕b5 33.g4

La menace est maintenant 34.f5 : après 34...♗f7, le Fou ne défendrait plus la Tour d7 et il n'y aurait plus qu'à exploiter le clouage sur la colonne d par 35.e4.

33...g5 34.♔h1!

Précis jusqu'au bout sur le plan tactique. L'idée du dernier coup noir était de contrer 34.f5 ♗f7 35.e4 au moyen de 35...d4!, après quoi l'échec de Dame en e5 empêcherait les Blancs de prendre en d4. Karpov met donc son Roi à l'abri et il n'y a plus de défense.

34...♕c6 35.f5 ♗f7 36.e4! ♔g7 37.exd5

Le siège du pion d5 fut long, mais il a porté ses fruits et les Noirs sont perdus.

37...♕c7 38.♗e2 b5

Accélère la défaite en autorisant un sacrifice, mais les dés étaient jetés de toute façon. Tôt ou tard, les Blancs auraient offert la qualité par ♖e6 pour créer une brèche.

39.♖xe7! ♖xe7 40.d6 ♕c4

Ou 40...♖ed7 41.dxc7 ♖xd3 42.cxd8♕ et les Blancs gagnent.

41.b3 1-0

La suite serait 42.dxe7.

Les leçons à retenir

- Quand le camp possédant le PDI ne peut pas trouver de contre-jeu actif, le pion isolé devient une faiblesse.
- Pour combattre le pion-dame isolé, il faut rechercher les échanges et mettre le pion faible sous pression.

- Le pion-dame isolé met particulièrement en valeur les Cavaliers, il faut donc les échanger tous si possible.
- Souvenez-vous du canon d'Alekhine : quand les pièces lourdes sont triplées, la place de la Dame est derrière les Tours.

Partie 21

Gligorić - Keres

Match URSS-Yougoslavie, Zagreb 1958
Défense Nimzo-indienne, 4.e3

La structure du pion-dame isolé aboutit fréquemment à une autre formation très répandue : les « pions pendants ». Il s'agit d'un couple de pions situés sur des colonnes ouvertes, généralement d4 et c4. À l'instar du PDI lui-même, ils peuvent s'avérer forts ou faibles selon les circonstances. Nous allons découvrir ici leur potentiel dynamique.

1.d4 ♘f6 2.c4 e6 3.♘c3 ♗b4 4.e3 c5 5.♗d3 b6 6.♘f3 ♗b7 7.0-0 0-0 8.♗d2

Ce coup peu ambitieux ne permet pas aux Blancs de prétendre à un avantage contre un jeu précis. On préfère aujourd'hui 8.♘a4.

8...cxd4 9.exd4 d5 10.cxd5 ♗xc3 11.bxc3 ♕xd5 12.c4 ♕d6 *(D)*

Nous avons ici une autre structure de pions très fréquente dans les débuts du pion-dame. Le duo c4 et d4 est connu sous le nom de « pions pendants ». Comme le pion-dame isolé, structure dont ils proviennent souvent, ils sont à la fois forts et faibles, en fonction du contexte. En tant que cible statique, ils constituent une faiblesse que les pièces adverses pourront attaquer

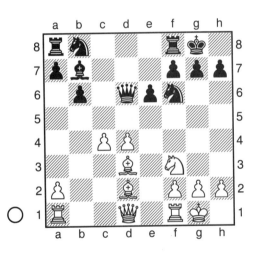

sur les colonnes c et d. Mais voilà : les pions pendants recèlent un énorme potentiel dynamique. D'une part, ils contrôlent de nombreuses cases centrales – en l'occurrence les cases b5, c5, d5 et e5. En outre, ils donnent aux Blancs un avantage d'espace qui va leur permettre de regrouper les pièces en vue d'une attaque sur le roque. En conséquence, tout comme dans les positions avec PDI, le joueur possédant les pions pendants se doit de proposer un jeu dynamique, d'éviter les échanges de pièces et de rester à l'affût pour ne surtout pas laisser filer l'opportunité de « booster » ses pièces au moyen d'une poussée centrale, notamment d4-d5. Inversement, le défenseur espère neutraliser toutes ces velléités agressives, puis simplifier la position en vue d'exploiter la faiblesse statique des pions pendants en finale.

13.♗c3

La paire de Fous vient occuper les diagonales b1-h7 et a1-h8, une disposition fréquente dans ces structures. On voit bien que la percée d4-d5, en dégageant l'horizon du Fou-dame, pourrait faire peser de graves menaces sur le Roi noir, ce que le défenseur doit constamment garder à l'esprit.

13...♘bd7 14.♖e1 ♖ac8 15.h3

Une mesure prophylactique dirigée contre l'idée ...♘g4, qui menacerait ...♗xf3 suivi d'une pénétration de la Dame en h2. La menace n'était peut-être pas encore tout à fait réelle, mais les Blancs souhaitent amener une Tour en e3 afin de la transférer sur l'aile roi pour participer à l'attaque.

15...♖fd8 16.♖e3 *(D)*

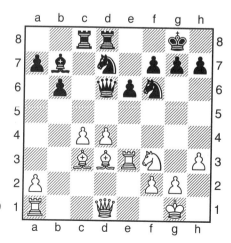

Chacun s'est développé de manière logique. Les Blancs ont pointé leur Fou sur le Roi adverse et commencé à transférer l'artillerie lourde, mais ils n'ont pas encore de menaces concrètes. Les Noirs, de leur côté, ont renforcé la défense de l'aile roi par ...♘bd7 et amené les Tours sur les colonnes semi-ouvertes c et d en vue de faire pression sur les pions pendants. Le jeu est équilibré, mais les Noirs vont commettre une erreur décisive. Nous l'avons dit, cette structure recèle un fort potentiel dynamique pour les Blancs, tant et si bien qu'un seul moment d'inattention peut s'avérer fatal. Il fallait se défendre par 16...h6 pour anticiper la manœuvre ♘g5. De fait, deux jours auparavant dans ce même tournoi, Keres avait atteint la même position face au même Gligorić et avait annulé de cette manière. Cette fois, le sens du danger lui fait défaut et il choisit une suite plus ambitieuse. Malheureusement, il a sous-estimé le potentiel dynamique du dispositif adverse – une erreur qu'il va payer très cher. Notons au passage qu'ici, les Noirs aimeraient en principe pouvoir jouer un coup comme 16...b5, pour inciter les Blancs à fixer leurs pions et concéder la case d5 en jouant 17.c5. Nous verrons dans la partie 24 qu'il s'agit d'une des méthodes classiques de lutte contre les pions pendants, mais ici, c'est tactiquement impossible : les Blancs répondraient 17.♗a5, déclouant le pion c avec tempo, puis prendraient en b5, conservant un solide pion de plus.

16...♘h5?

Les Noirs seraient ravis de pouvoir placer ce Cavalier en f4, d'où il menacerait de s'échanger contre le Fou-roi, qui serait obligé d'occuper une position passive en f1 (et non pas c2 ou b1, car le pion c4 a besoin de soutien). Le problème, c'est que ce Cavalier est provisoirement

« en l'air », donc exposé, et comme l'a finement résumé John Nunn dans son livre *Les secrets de l'efficacité aux échecs*, « Les Pièces Exposées Tombent » (LPET) !

17.d5! *(D)*

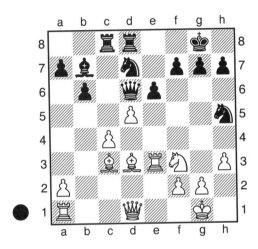

Comme dans la partie Smyslov-Karpov (18), nous retrouvons la percée classique des structures avec pions pendants.

17...♘c5

Première justification tactique : après 17... exd5 18.♘d4!, le Cavalier h5 est en l'air (LPET !) et les Blancs menacent ♘f5-e7+.

18.♘g5 g6

Forcé, sans quoi les deux Cavaliers, h5 et h7, restent sans protection.

19.♗e2!

Tout s'enchaîne à merveille : le Fou évite la prise en d3, attaque le Cavalier h5 et libère le passage à la Dame blanche, qui va venir instaurer de terribles menaces en d4.

19...♘g7

19...♕f4 perd sur 20.♘xf7! (plus clair que la ligne de Gligorić 20.♗xh5 ♕xg5 21.♕d4, car après 21...f6, rien n'est clair au vu de 22.♖g3 e5!) 20...♕xf7 21.♗xh5, après quoi 22.♕d4 est

une menace, et 21...gxh5 perd sur 22.♖g3+ ♔f8 23.♖f3.

20.♕d4 ♕f8 21.♕h4! *(D)*

On pouvait gagner un pion par 21.♕xg7+, mais les Noirs conservaient des chances de nulle en finale.

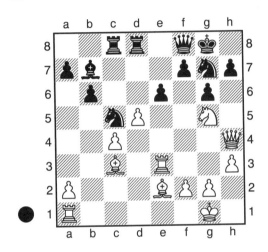

21...h5 22.♗g4!

Nouveau coup de massue. À première vue, 22.g4 semble plus fort, mais on ne menace pas vraiment 23.gxh5 à cause de la réplique 23... ♘f5. Le coup du texte empêche le Cavalier noir de venir en f5 et attaque à nouveau e6. Il est clair que le Fou est imprenable à cause du mat en h7.

22...f5?

Cet affaiblissement ne fait que précipiter les choses. Gligorić estime que 22...♗xd5 23.cxd5 ♖xd5 offrait une meilleure résistance, mais après 24.♗f3, l'avantage matériel devrait suffire. Renforcer la case e6 par 22...♖d6 était vain également, par exemple 23.♖ae1 ♖e8 et maintenant, entre autres, 24.♗xg7 ♕xg7 25.♕g3! décide.

23.♘xe6 ♘gxe6 24.dxe6 ♖e8 25.♗xh5

Le rempart s'écroule. Les Blancs gagnent

après 25...gxh5 26.♖g3+.

25...♕h6 26.♕f6 f4

Une gaffe en crise de temps, mais la messe était dite.

27.♕f7# (1-0)

Une attaque dynamique bien dans l'esprit des pions pendants.

Les leçons à retenir

- Les pions pendants ressemblent au PDI – même potentiel dynamique, même faiblesse en finale ou en cas de manque d'activité.
- La percée d4-d5 est une idée centrale qu'il faut toujours garder à l'esprit.
- LPET ! Toute pièce non défendue (en l'air) est une faiblesse tactique. Ici, la percée blanche reposait intégralement sur la vulnérabilité du Cavalier h5.

Partie 22

Sokolsky - Botvinnik

Demi-finale du Ch d'URSS, Leningrad 1938
Défense Grünfeld

Voici un exemple quelque peu différent des avantages que confèrent les pions pendants lorsque l'adversaire ne les met pas sous pression. Les pions noirs contrôlent beaucoup d'espace central, et la passivité adverse va permettre à Botvinnik de monter petit à petit une attaque sur l'aile roi. Finalement, la poussée ...d4 aboutit à la création d'un pion passé.

1.c4 ♘f6 2.♘c3 d5 3.d4 g6

Par des chemins détournés, nous avons atteint la défense Grünfeld, que jouaient notamment Fischer et Kasparov. Les Noirs acceptent de laisser leur adversaire construire un imposant centre de pions par 4.cxd5 ♘xd5 5.e4 ♘xc3 6.bxc3, afin de pouvoir l'attaquer à distance au moyen de ...♗g7, ...c5, ...♘c6, etc. Cette approche est particulièrement tranchante, mais certains, comme Sokolsky, préfèrent des schémas plus tranquilles.

4.♘f3 ♗g7 5.e3 0-0 6.♗e2 e6

À solide, solide et demi. On estime généralement que la poussée 6...c5 est le moyen le plus simple d'égaliser.

7.0-0 b6 *(D)*

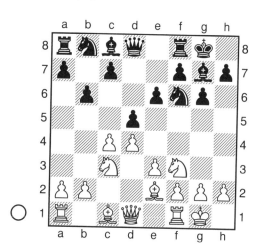

8.cxd5

Cet échange n'était pas nécessaire dans l'immédiat. Il y avait plus vigoureux : 8.b4 permettait une prise d'espace à l'aile dame. Les Blancs, en se développant de façon routinière, vont tomber dans la passivité.

8...exd5 9.b3 ♗b7 10.♗b2 ♘bd7 11.♕c2 a6 12.♖ac1 ♖c8

Chacun se développe, mais il apparaît très vite que le développement des Noirs, nettement plus pragmatique, va leur donner l'initiative.

13.♖fd1 ♕e7 14.♕b1 ♖fd8 15.♗f1 c5 16.dxc5 bxc5 *(D)*

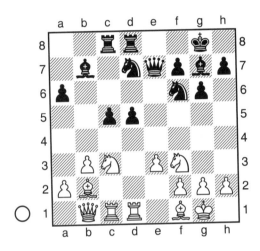

Revoici donc notre chère structure de pions pendants. Celle-ci présente des différences avec la précédente, les pièces noires étant disposées autrement – le Fou-roi, en particulier, est en fianchetto, et non pas en d6, ce qui réduit les chances d'une attaque immédiate à l'aile roi, mais n'en donne pas moins l'avantage aux Noirs. Comme toujours, le duo de pions contrôle de nombreuses cases centrales importantes et confère un avantage d'espace. Les pièces blanches, passives, ne pèsent pas réellement sur les pions pendants. Le plan des Noirs est similaire à celui de Gligorić dans la partie précédente, à savoir une attaque à l'aile roi, qui prendra toutefois plus de temps dans une telle position.

17.♘e2

Libère la diagonale en espérant peut-être

s'installer en f4, mais Botvinnik ne l'entend pas de cette oreille.

17...♗h6

Maintenant, 18.♘f4? se heurterait à 18...d4 – encore ce coup ! La menace est d'ailleurs déjà d'actualité, et reviendra souvent.

18.♗a3

Le clouage sur le pion c5 signifie que 18...d4?! perd désormais un pion sur 19.♘exd4, mais les Noirs continuent à construire leur initiative sur l'aile roi.

18...♘g4 19.♕d3

Les Noirs menaçaient 19...♗xe3.

19...♘de5 20.♘xe5 ♕xe5 21.♘g3 ♕f6 22.♘h1 *(D)*

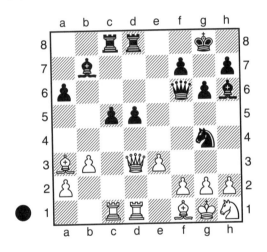

Une bien triste case, mais on ne peut pas défendre la case f2 par 22.♖c2 sous peine de perdre un pion par 22...♕h4 23.h3 ♘xf2!.

22...d4!

Cette fois, le moment est bien choisi. Dans ce cas précis, c'est moins la percée à l'aile roi que le pion passé qui va faire la décision.

23.♕e2 ♘e5 24.exd4

Botvinnik note qu'après 24.♗xc5, les Noirs disposent du spectaculaire 24...♗f3!, avec l'idée

25.gxf3 d3! et il faut au minimum céder la qualité par 26.♖xd3.

24...cxd4 25.♖xc8 ♗xc8!

La meilleure façon de reprendre : l'autre Tour doit rester derrière le pion d. Ce pion est si fort que les Blancs sont déjà perdus.

26.♖e1 d3 27.♕d1

Si 27.♕xe5, alors 27...♕xe5 28.♖xe5 d2 et c'est un mat du couloir qui attend les Blancs s'ils essaient empêcher la promotion.

27...♗g4 28.♕a1

28.f3 serait catastrophique : 28...♘xf3+ 29.gxf3 ♗xf3 et les menaces sont décisives.

28...d2 29.♖xe5 d1♕

Le courageux fantassin est allé jusqu'au bout. Bien sûr, la nouvelle Dame va disparaître, mais au prix d'une qualité.

30.♖e8+ ♖xe8 31.♕xf6 ♗e2 32.♘g3 ♗g7

33.♕c6 ♗b5 34.♕c1 ♕xc1 35.♗xc1 ♖e1

Sokolsky pouvait abandonner ici, mais il joue jusqu'au contrôle de temps.

36.♗e3 ♖a1 37.a4 ♗d3 38.f4 ♖b1 39.♔f2 ♗xf1 40.♘xf1 ♖xb3 0-1

Les leçons à retenir

- On ne le répétera jamais assez : pour valoriser les pions pendants, il faut avoir l'initiative.
- Là encore, la cible privilégiée était le Roi adverse, attaqué progressivement grâce à l'espace central et à la mobilité conférée par les pions pendants.
- La poussée décisive était à nouveau ...d4, mais cette fois il s'agissait de créer un pion passé sur la colonne d.

Partie 23

Euwe - Reshevsky

Tournoi des Candidats, Zürich 1953
Défense Nimzo-indienne, 4.e3

Dans cette partie, les Blancs obtiennent une structure avec pions pendants, mais sans parvenir à développer une initiative conséquente. Au contraire, les pions sont de plus en plus menacés, tant et si bien que la position finit par s'écrouler.

1.d4 ♘f6 2.c4 e6 3.♘c3 ♗b4 4.e3 c5 5.♗d3 0-0 6.a3 ♗xc3+ 7.bxc3 b6 8.♘e2 ♗b7 (D)

Pour l'instant, nous sommes dans une structure de Nimzo-indienne fermée, mais les pions pendants ne vont pas tarder à faire leur apparition.

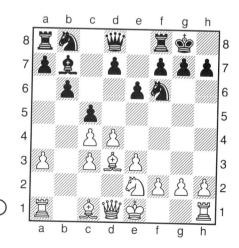

9.0-0 d6 10.♕c2 d5

On est en droit de s'interroger sur cette poussée en deux temps. Il est probable que la relative passivité du dernier coup des Blancs n'est pas étrangère à cette décision. 10.♘g3 était plus énergique, avec l'idée de poursuivre par f3, e4, etc. Dans la structure qui va survenir, la Dame blanche n'est pas si bien placée en c2.

11.cxd5 ♕xd5 12.♘f4 ♕c6 13.c4 cxd4

Il n'y a pas de gain de pièce par 13...g5 à cause du coup intermédiaire 14.d5!, qui ferait regretter aux Noirs l'affaiblissement de leur aile roi.

4.exd4 (D)

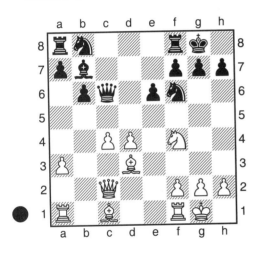

Toujours cette même structure avec pions pendants, mais cette fois, en y regardant de plus près, on constate que la position est moins favorable à leur possesseur que dans les deux cas précédents. Le Cavalier est mal placé en f4, et la batterie Dame-Fou adverse complique la tâche des Blancs. Il n'empêche que le premier souci des Noirs doit être de se mettre à l'abri d'une attaque directe, et c'est dans cet esprit que Reshevsky termine son développement.

14...♘bd7 15.♗b2 ♖fe8 16.♖fe1 ♖ac8 17.♖ac1 ♘f8

Direction l'aile roi. Le positionnement actif de la Dame noire en c6 est très utile : elle soutient notamment le Cavalier f6, ce qui perturbe la mécanique de la percée d4-d5, qui serait très forte si elle menaçait de doubler les pions par ♗xf6.

18.♗f1 ♘g6 19.♘xg6?!

Un coup pas très heureux en apparence, mais les Blancs n'étaient sans doute plus très à l'aise, ayant déjà compris que les pions pendants risquaient de devenir un fardeau. Pour autant, ne serait-ce que par principe – les échanges favorisent le défenseur dans ce type de position – il était sans doute préférable de conserver les Cavaliers par 19.♘d3, même si la disposition des pièces blanches est alors beaucoup moins harmonieuse que dans nos deux exemples précédents.

19...hxg6 20.♖e3

Cette manœuvre rappelle vaguement Gligorić-Keres (partie 21), mais en réalité, les Blancs n'ont aucune chance de monter une attaque sur l'aile roi. L'initiative va bientôt changer de mains.

20...♖ed8 21.♕e2 ♕d6 22.♖h3 ♕f4 23.♖d1 ♗a6 (D)

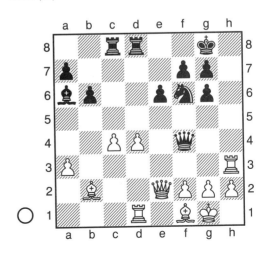

On voit bien que les Noirs ont saisi l'initiative et prennent les pions pendants sous un feu nourri.

24.♖f3 ♕e4 25.♖e3 ♕g4

Les Noirs ne demandent pas mieux qu'un échange de Dames.

26.f3

Évite l'échange, mais affaiblit la position.

26...♕f4 27.g3

La présence de la Dame noire en f4 est certes très pénible, mais ce coup affaiblit davantage encore la position des Blancs. Le problème, c'est que Euwe n'a rien de constructif à faire, et chacun sait qu'il est très difficile d'éviter de s'affaiblir dans de telles conditions.

27...♕h6 28.♖c3 ♕g5 29.♕f2 ♖d7

Les Noirs peuvent faire monter la pression à loisir, par exemple en doublant les Tours contre le pion c4.

30.♖dc1 ♖dc7 31.♖1c2 ♕a5 32.♗c1 *(D)*

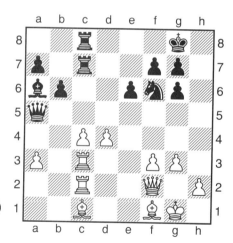

Les Blancs craquent, ne voyant pas une astuce tactique qui amène la ruine de leur position. Cela dit, les problèmes étaient sans doute déjà insurmontables et les pions pendants condamnés.

32...♘d5!

Gagne très simplement du matériel. Si 33.♖b3, le pion c4 tombe. Euwe préfère sacrifier la qualité dans l'espoir de compliquer les choses. En vain.

33.cxd5 ♖xc3 34.♖xc3 ♕xc3 35.♗b2 ♕b3 36.♗xa6

Les Blancs semblent avoir gagné une pièce pour la Tour, mais c'est illusoire.

36...♖c2 37.d6 ♖xf2 38.d7 ♕d5 39.♔xf2 0-1

Les leçons à retenir

- Si le possesseur des pions pendants ne parvient pas à développer une initiative, les pions deviennent un handicap.
- Une fois que le défenseur a paré les menaces directes, il peut se mettre à attaquer les pions avec ses pièces.
- Les simplifications favorisent la défense.

Partie 24
Larsen - Radulov
Interzonal, Leningrad 1973
Défense Ouest-indienne

Dans la partie précédente, ce sont les pièces qui ont attaqué et finalement détruit les pions pendants. Mais il existe d'autres méthodes, notamment la poussée des pions b et e. L'idéal, pour les pions pendants, est de rester côte à côte. Si l'un d'eux est forcé d'avancer à mauvais escient, c'est toute la position qui peut s'écrouler, comme nous allons le voir.

1.c4 ♘f6 2.♘f3 e6 3.b3

Les Blancs évitent dans un premier temps d'occuper le centre avec les pions, mais la partie va rapidement transposer dans la défense Ouest-indienne.

3...♗e7 4.♗b2 0-0 5.♘c3 d5 6.e3 b6 7.d4 ♗b7 8.♗d3 c5 9.0-0 ♘bd7 10.♕e2 ♘e4 11.cxd5 exd5 *(D)*

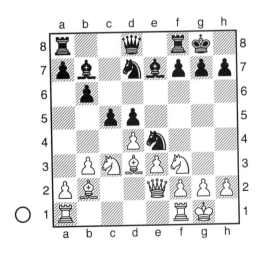

L'ordre de coups habituel est plutôt 1.d4 ♘f6 2.c4 e6 3.♘f3 b6 4.e3. Malgré un développement sans prétention, la position des Blancs

reste dangereuse et les Noirs doivent veiller au grain. Après cet échange de pions, de nombreuses structures sont possibles. Si les Blancs prennent par la suite en c5, les Noirs auront le choix entre accepter des pions pendants par ...bxc5 d'une part, et jouer pour le pion-dame isolé en reprenant avec une pièce d'autre part. De même, les Noirs peuvent prendre en d4, auquel cas les Blancs reprendront vraisemblablement avec une pièce, et on retrouve le pion-dame isolé. La structure centrale est donc loin d'être déterminée pour l'instant, mais les Blancs semblent avoir plus de flexibilité (les Noirs auront rarement intérêt à jouer...cxd4 sans raison tactique particulière).

12.♖fd1

Le pion d adverse étant déjà affaibli, ce coup de Tour est logique, d'autant que l'alignement Dame-Tour sur la colonne d crée des possibilités tactiques.

12...♘xc3

Les Noirs auraient sans doute préféré conserver ce Cavalier très bien placé en le soutenant par 12...f5, mais Radulov n'aimait sans doute pas 13.♗a6, qui échange le Fou et affaiblit les cases blanches en général, y compris le pion d5.

13.♗xc3 ♖c8 14.♖ac1

Les Blancs restent un peu mieux, et la Dame noire a du mal à trouver une case stable. Sur les colonnes d ou c, face aux Tours adverses, elle ne sera jamais vraiment à son aise. Radulov décide de la placer en a8, où elle est effectivement hors de portée des Tours, mais également quelque peu éloignée du centre et de l'aile roi.

14...♖c7 15.dxc5 bxc5 *(D)*

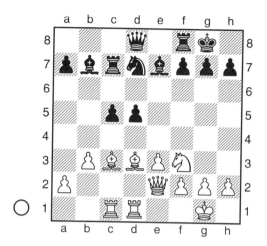

Ce sont donc finalement les pions pendants qui se matérialisent. Mais les Noirs ne disposent pas du jeu dynamique, axé sur la recherche de l'initiative, qui justifie cette structure. Au contraire, les pièces sont plutôt passives et l'initiative est aux mains de Larsen, qui la convertit d'ailleurs immédiatement en assaut contre les pions passés. Les Noirs pouvaient bien sûr reprendre avec une pièce en c5, mais les structures de pion-dame isolé étaient encore moins favorables.

16.♕c2!

Force un affaiblissement de l'aile roi, puisque 16...♘f6? 17.♗a5 perd la qualité.

16...g6?

Larsen préfère 16...h6, mais la position reste difficile pour les Noirs après 17.e4.

17.e4!

Une manœuvre essentielle à connaître contre les pions pendants. D'une façon générale, ces pions sont plus forts lorsqu'ils sont côte à côte, car ils contrôlent énormément de cases centrales. Mais sitôt que l'un des deux est forcé d'avancer, il se crée en d4 ou en c4 un trou qui constitue un magnifique avant-poste pour les pièces adverses. En conséquence, il est logique pour l'adversaire de chercher à provoquer cette avance ou à échanger l'un des pions (pour ne laisser qu'un pion isolé). Dans cet exemple, les leviers qui vont permettre aux Blancs de détruire le duo de pions pendants sont les poussées e4 et b4. On observe que dans cette position précise, les Noirs n'ont pas 17...d4 (un moindre mal positionnellement) à cause de 18.♗xd4, qui exploite le clouage sur la colonne c.

17...♕a8 18.♕d2

Ou simplement 18.exd5 avec clair avantage blanc. Mais les pièces noires sont si loin du Roi et si emberlificotées que Larsen pense pouvoir obtenir davantage en combinant l'assaut sur les pions pendants et les menaces contre le Roi.

18...♗f6

La justification tactique se trouve dans la variante 18...dxe4 19.♕h6 ♘f6 20.♘g5 ♖e8 21.♘xh7!, avec des menaces dévastatrices.

19.♕f4 ♕d8 20.♗a5 ♘b6 21.b4! *(D)*

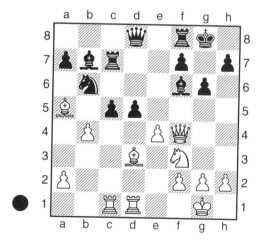

On ne pouvait rêver meilleure illustration de cette stratégie de lutte contre les pions pendants. Il faut avouer qu'on voit rarement les deux coups de levier e4 et b4 dans la même partie. La position noire ne va pas tarder à s'effondrer.

21...♗e7

Si 21...c4, alors 22.♗xc4, après quoi le sacrifice de Dame 22...♖xc4 23.♖xc4 dxc4 24.♖xd8 ♖xd8 permet tout juste de prolonger l'agonie.

22.exd5 ♗d6

Il faut céder un pion, car 22...♗xd5 23.♗e4 ♗d6 24.♕h6 gagne pour les Blancs.

23.♕h6 cxb4

23...f6 résistait un peu mieux, mais les Noirs sont perdus de toute façon et Radulov manque de temps de réflexion.

24.♘g5 f5 25.♘e6 ♕d7 26.♖xc7 1-0

Les leçons à retenir

- On constate à nouveau que les pions pendants sont très handicapants lorsqu'on perd initiative.
- En plus de la pression mise par les pièces, les poussées e4 et/ou b4 sont d'excellentes armes contre le duo de pions pendants.

Partie 25

Speelman - Agdestein

Hastings 1991/2

Défense Nimzo-indienne, 4.e3

Dans la partie 9, nous avons vu comment les Blancs parvenaient à exploiter la paire de Fous dans une structure de Nimzo-indienne. Les Noirs avaient échangé en c3, ce qui avait créé des pions doublés, mais les Blancs étaient parvenus à ouvrir la position pour les Fous. Nous allons voir maintenant le revers de la médaille. Quand les Noirs parviennent à maintenir la position fermée et à limiter l'activité des Fous, ils finissent par mettre sous pression les pions faibles et activer les Cavaliers au maximum.

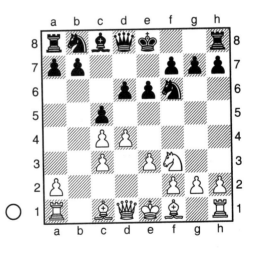

1.d4 ♘f6 2.c4 e6 3.♘c3 ♗b4 4.e3 c5 5.♘f3 ♗xc3+!? 6.bxc3 d6 *(D)*

Dans cette partie, les pions doublés constituent l'élément-clé de la structure de pions. Nous avons déjà rencontré cette structure dans la partie 9, où nous avons pu admirer l'efficacité de la paire de Fous quand les Blancs ouvraient la position en

poussant c5. Ici, les Noirs ont immédiatement pris des mesures énergiques pour éviter cela, en jouant eux-mêmes ...c5 et en soutenant le pion c grâce à son collègue en d6. La tâche des Blancs est d'autant plus difficile : nous allons être témoins de l'horrible sort qui guette le joueur incapable d'ouvrir de lignes. Si la position reste bloquée, les Fous ont un médiocre rayon d'action et les pions doublés s'avèrent très faibles.

7.♗e2

7.♗d3 ♘c6 transposerait dans la variante Hübner, plus répandue. Speelman cherche à l'éviter, mais va tout de même obtenir des positions similaires. Le plan des Noirs reste identique – pousser ...e5 pour inciter les Blancs à fermer le centre.

7...♕e7

Dans la variante Hübner, on jouerait 7... ♘c6, mais Agdestein a autre chose en tête. Son Cavalier-dame va venir en d7.

8.0-0 e5 *(D)*

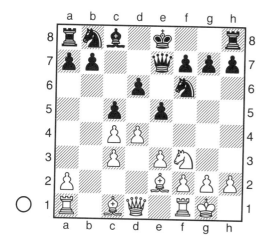

9.♘e1?!

Sans qu'on puisse vraiment considérer tel ou tel coup comme une erreur, il est certain que les Blancs ne vont pas obtenir le type de position qu'ils désiraient, et vers le 15e coup, on verra clairement que les choses ont très mal tourné. Tout de même, ce coup ne semble pas très bon, il fait certainement partie des suspects. Les Noirs comptent pousser leur pion jusqu'en e4 et l'y

maintenir. S'ils parviennent à prendre le contrôle de cette case, les Blancs auront des ennuis, il faut donc la contester. Dans cet esprit, 9.♘d2 serait plus thématique. Les Blancs vont devoir sacrifier du matériel après 9...e4 10.f3 exf3 11.♗xf3 ♕xe3+ 12.♔h1 ♕xc3 13.♖e1+, avec un jeu peu clair. Speelman a peut-être eu le sentiment de n'avoir pas assez pour ses pions dans cette ligne, mais il fallait jouer dans cet esprit, car dans la partie, les Blancs vont tout simplement se faire étrangler.

9...e4 10.f3 ♗f5!

La clé de voûte de la stratégie noire est le contrôle absolu de la case e4. Échanger en f3 n'aurait aucun sens, car les Blancs reprendraient probablement du pion, avec un fort centre à la clé. C'est exactement le genre de position qui leur conviendrait, car la paire de Fous pourrait alors s'exprimer.

11.fxe4 ♗xe4 12.♘d3 ♘bd7 13.♘f2 0-0 14.a4

On pouvait aussi échanger en e4, mais la position restait peu enviable : les Blancs n'ont aucun moyen de faire sauter le verrou e4, ce qui empêche toute activation des Fous, notamment de celui qui se trouve en c1.

14...♗g6 15.♕b3 ♖ab8 16.♖a2 ♘e4 17.♘h3 f5 *(D)*

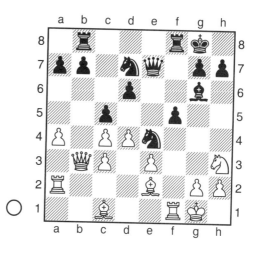

On voit très bien sur le diagramme que les Noirs ont remporté la bataille de l'ouverture : la position est fermée et les Blancs ne peuvent s'activer en jouant c5 ou en poussant e4. La paire de Fous est passive, les pions c4 et e3 sont faibles, et il n'y a pas de contre-jeu actif. Les Noirs vont progressivement resserrer l'étau et priver la position adverse de toute vie.

18.♗d3 ♘df6 19.♘f4 ♖bc8

La case e4 étant fermement sous contrôle, l'étape suivante consiste à priver les pièces blanches de la seule case correcte dont elles disposent, à savoir d5. L'idéal serait d'obliger les Blancs à pousser d5, c'est pourquoi la pression s'accumule sur le pion c. Au bout du compte, la menace ...cxd4 suivi de la prise en c4 va forcer la fermeture de la position.

20.g3

On ne peut pas venir en d5 tout de suite à cause de la variante 20.♘d5 ♘xd5 21.cxd5 cxd4 et maintenant les lignes 22.exd4 ♖xc3 et 22.cxd4 ♘g3! (menace ...♖xc1) sont excellentes pour les Noirs.

20...♗f7 21.♖g2 ♖c7 22.♗b2 ♖fc8 (D)

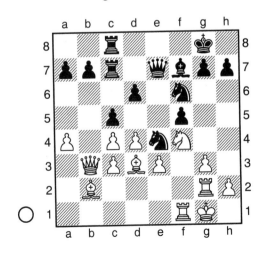

23.d5

Mission accomplie pour les Noirs. La menace 23...cxd4 24.cxd4 ♗xc4 ne laissait pas le choix, mais le dernier espoir de contre-jeu s'envole. Les Noirs ont maintenant les mains libres pour attaquer sur l'aile roi.

23...g5 24.♘h3 ♗g6 25.♗c1

Remarquez l'impuissance absolue de la paire de Fous dans cette position, et surtout du Fou-dame, dont la seule fonction est de soutenir les pions faibles c3 et e3, sans aucun avenir. Si l'on compare avec l'activité des Fous dans la partie 9, Gligorić-Larsen, le triomphe de la stratégie noire ne fait aucun doute. Si les Blancs s'avisent d'échanger un Fou pour un Cavalier par ♗xe4, les Noirs pourraient carrément reprendre du pion et jouer ...♘e5 pour aller investir les cases d3 ou f3.

25...♘g4 26.♗e2 h5 27.♔h1 ♕e5 28.a5 ♖h7

Les Noirs ont tout le temps d'amener des renforts sur l'aile roi pour préparer la percée décisive.

29.♘g1

Ce pauvre Cavalier a maintenant joué 8 coups, tout cela pour revenir à la case départ. Et ce n'est pas terminé...

29...h4 30.♘f3 ♕e7 31.gxh4

Si 31.♔g1, 31...h3 enferme la Tour. Il y a des jours comme ça...

31...gxh4 32.♗d1 h3 33.♖a2 ♖g7 34.♘e1 ♕h4 35.♘d3

Si 35.♘f3, alors 35...♘gf2+ 36.♔g1 ♕g4#.

35...♔h7 36.♕b2 ♖cg8

Tout le monde est maintenant sur le pont.

37.♘f4 ♗h5 38.♘d3

Cette pauvre bête de somme a maintenant joué 13 fois, soit plus d'un tiers de tous les coups blancs dans cette partie, en vain.

38...♕g5 0-1

Il n'y a pas de défense contre 39...♘gf2+ et

mat sur la colonne g. Un exemple assez drastique du plan idéal des Noirs dans ces structures avec pions doublés, et un véritable cauchemar pour les Blancs.

Les leçons à retenir

- Dans ces structures avec pions doublés, les Blancs doivent ouvrir la position pour les Fous, alors que les Noirs cherchent à la maintenir fermée au bénéfice des Cavaliers.
- Si les Noirs parviennent à mettre la main sur une case centrale comme ils l'ont fait ici avec e4, les Blancs peuvent se retrouver totalement privés d'activité, victimes d'une mort lente.

- Comparer l'inutilité de la paire de Fous des Blancs dans cette partie avec leur activité féroce dans la partie 9. Les Fous ont besoin de lignes ouvertes, sans quoi ils sont handicapés.
- Notez les étapes logiques de l'exploitation de l'avantage – contrôler et occuper e4 (coups 7-14), forcer d4-d5 (coups 19-22), préparer l'attaque à l'aile roi (coups 23-38). Ce sont des mini-plans stratégiques de ce type qu'il convient de mettre en œuvre pour progresser pas à pas dans ce genre de position bloquée, surtout quand l'adversaire n'a pas de contre-jeu.

Partie 26
Furman - Lilienthal
Ch d'URSS, Moscou 1949
Défense Nimzo-indienne, 4.e3

Cette fois encore, les Noirs s'appuient sur le plan qui consiste à doubler les pions blancs par ...♗xc3+ dans la Nimzo-indienne, mais avec une autre idée par la suite. Au lieu de bloquer le centre comme dans la partie précédente, Lilienthal joue ...d5, qui permet aux Blancs de dédoubler les pions et d'obtenir une majorité de pions centrale. Les Noirs doivent donc absolument réussir à contenir cette majorité, sans quoi c'est un véritable rouleau compresseur qui va déferler sur le centre et jeter les bases d'une attaque gagnante sur l'aile roi.

1.d4 ♞f6 2.c4 e6 3.♞c3 ♝b4 4.e3 0-0 5.♝d3 c5 6.a3 ♝xc3+ 7.bxc3 d5

Jusqu'ici, l'ouverture ressemblait à celle de la partie précédente, mais ce coup change fondamentalement le caractère de la position. Au lieu de lui conserver son caractère fermé en jouant ...d6 et ...e5 comme Agdestein, Lilienthal pousse un pion en d5.

8.cxd5 exd5 (D)

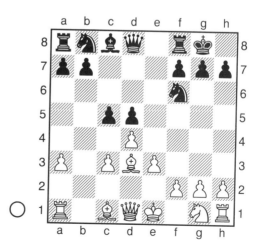

On voit bien sur le diagramme les consé-quences de ce nouveau plan : les Noirs contrôlent la case e4 avec un pion et disposent d'une majo-rité sur l'aile dame. L'inconvénient, c'est que les Blancs ont pu dédoubler leurs pions c, et qu'eux-mêmes ont une majorité au centre. Ces indices suffisent pour connaître les plans respectifs en milieu de jeu : les Blancs vont tenter de mettre en marche leur majorité centrale par e4 et de monter un assaut sur l'aile roi sur cette base ; les Noirs vont chercher à s'opposer à cette conquête du centre, tout en jouant sur l'aile dame. L'expérience a montré que l'initiative centrale des Blancs pèse généralement plus lourd, c'est pourquoi 7...d5 est souvent considéré comme suspect – d'où la popularité du plan avec ...d6 vu dans la partie Speelman-Agdestein (25).

9.♘e2

Cohérent : les Blancs souhaitent jouer f3 et ♘g3 pour soutenir la poussée e4.

9...b6 10.0-0 ♗a6

N'oublions pas que les Blancs disposent de la paire de Fous. Échanger l'un d'entre eux constitue un objectif stratégique pour le défen-seur.

11.f3 *(D)*

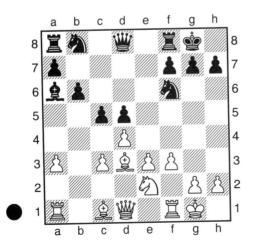

Pourquoi les Blancs ne jouent-ils pas 11.♗c2 afin de conserver la paire de Fous ? Parce que le Fou adverse exercerait une pression désa-gréable depuis la case a6. Les Blancs souhaitent jouer ♘g3 en vue de pousser au centre, mais il faudrait pour cela déclouer le Cavalier avec ♖e1. Or, comme nous le verrons par la suite, cette Tour a une mission à accomplir sur la colonne f. Furman accepte donc de céder la paire de Fous pour accélérer son jeu central – après tout, les Noirs viennent d'utiliser trois temps pour échanger un Fou qui n'avait joué qu'une fois.

11...♗xd3 12.♕xd3 ♖e8

13.e4 était déjà une menace.

13.♘g3 ♘c6 14.♗b2

Il est trop tôt pour la poussée 14.e4, car le pion d4 serait en l'air après les échanges au centre. Le Fou b2 paraît affreusement inactif, et c'est bien le cas pour le moment, mais il se rend utile en soutenant d4, et donc il participe à la lutte pour la poussée e4. Par la suite, il retrou-vera peut-être un rôle plus actif. La différence avec la partie précédente, c'est que les Fous de Speelman n'ont jamais eu la moindre chance de revoir la lumière du jour, alors que celui-ci n'est que provisoirement inactif.

14...♖c8 15.♖ae1 ♘a5

La poussée e4 ne pouvant plus être empê-chée, le Cavalier se dirige vers une case appa-remment active, c4. Toutefois, il n'y génère pas vraiment de contre-jeu, alors qu'en face tout le monde est paré à l'abordage.

16.e4

Les Blancs ont atteint leur premier objectif stratégique.

16...♘c4 17.♗c1 *(D)*

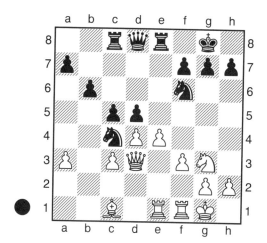

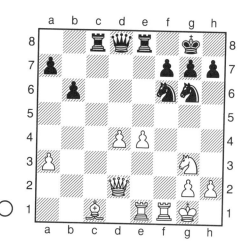

Mission accomplie. Le Fou obtient sa mutation sur le front de l'Est.

17...cxd4

Dans ces structures, dès que les Blancs réussissent à pousser e4, le défenseur doit prendre une décision : faut-il échanger au centre, comme le fait Lilienthal, ou chercher à tenir ? Dans ce dernier cas, les Blancs poursuivent généralement par e5, suivi de f4-f5 pour essayer de tout balayer au passage. De fait, si les pions parviennent sans encombre en e5 et f5, les Noirs ont du souci à se faire. C'est pourquoi on cherche généralement à bloquer la position en poussant ...f5 dès que le pion adverse arrive en f4. Dans le cas présent, les Noirs ne contrôlent pas suffisamment f5, mais si 17...g6 avec l'idée 18.e5 ♘d7 19.f4 f5, l'aile roi devient très faible : 20.exf6 ♘xf6 21.f5. On notera au passage que le Fou-dame des Blancs est devenu très fort : avec les cases g5 et h6, il risque de faire un carnage. Lilienthal se rabat donc sur l'autre stratégie – échanger au centre en espérant pouvoir agresser les pions blancs.

18.cxd4 dxe4 19.fxe4 ♘e5 20.♕d2 ♘g6 *(D)*

C'est la position envisagée par Lilienthal. Bien sûr, le duo e4 et d4 constitue une paire de pions pendants. Comme nous le savons maintenant, il s'agit d'une cible facile si leur possesseur ne possède pas l'initiative, mais ils peuvent contribuer à générer un jeu dynamique. Lilienthal a sans doute considéré que dans cette position, les Noirs pouvaient compter sur le fait qu'ils allaient récupérer une belle case de Cavalier en d5 ou e5 à la moindre poussée – or, si les pions ne peuvent pas avancer efficacement, ils finiront par constituer une cible statique. En réalité, Lilienthal avait sous-estimé le jeu blanc sur l'aile roi, et notamment sur la colonne f. Furman va maintenant démontrer qu'il a dans cette position un avantage important, peut-être même décisif.

21.e5! ♘d5 22.♘f5

Le Cavalier noir dispose certes d'un bel avant-poste en d5, mais son collègue n'est pas mécontent non plus avec la case d6.

22...♖e6 23.♕f2

La pression commence à monter sur la colonne f. On comprend maintenant pourquoi Furman tenait à maintenir sa Tour en f1 (voir le commentaire du 11e coup).

23...♕d7 24.h4!

Les Noirs ont couvert la case f7, mais ce coup leur rappelle qu'il y a aussi un problème en g7. La menace est ♕g3 suivi de h5.

24...f6 25.♕g3 fxe5 26.dxe5 ♘de7

26...♖c3 27.♕g4 n'apporte rien, car le pion e5 est imprenable à cause de 27...♘xe5? 28.♖xe5 ♖xe5 29.♘h6+ et le mat suit.

27.♘d6 (D)

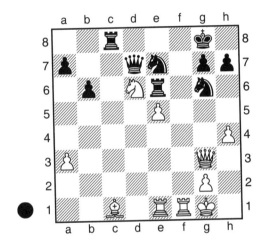

27...♖xc1

Après 27...♖d8, le Fou soi-disant inactif se déchaîne par 28.♗g5! ♘xe5 29.♗f6 avec des menaces gagnantes, et la défense naturelle 27...♖f8 n'apporte aucun soulagement car il suffit de jouer 28.♖xf8+ ♘xf8 29.♖f1. Lilienthal tente un sacrifice de qualité désespéré pour enrayer

l'attaque, ce que Furman réfute par un jeu précis.

28.♖xc1 ♘xe5 29.♕f2!

La colonne f reste le talon d'Achille de la position noire.

29...h6

29...♖f6 30.♕a2+ ne change rien.

30.♕f8+ ♔h7 31.♘f5 ♘xf5 32.♕xf5+ g6 33.♕f8 ♖e8 34.♕f4

Les Noirs ont un pion pour la qualité, mais le Roi est trop exposé.

34...h5 35.♖c3 ♖e7 36.♖e3 1-0

Les Blancs vont simplement doubler les Tours sur la colonne e.

Les leçons à retenir

- C'est souvent la structure de pions qui détermine les plans respectifs. Ici, la majorité de pions centrale des Blancs doit être mobilisée pour créer les conditions d'une attaque sur l'aile roi.
- Le plan à base de 7...d5 ne fonctionne que si l'on parvient à ralentir la prise de contrôle du centre. À défaut, les Noirs sont stratégiquement perdus.
- Les facteurs dynamiques l'emportent souvent sur les facteurs statiques. Ici, la faiblesse statique potentielle des pions pendants après 21.e5 avait moins d'importance que la colonne f et le jeu d'attaque sur l'aile roi.

Partie 27

Reshevsky - Fine

Tournoi AVRO, La Haye 1938

Partie Catalane

Dans les structures de pions asymétriques, où l'un des deux camps possède une majorité sur l'aile roi et l'autre sur l'aile dame, cette dernière prend souvent le dessus. En effet, les pions de l'aile dame peuvent se permettre d'avancer dès le milieu de jeu sans mettre le Roi en danger. L'objectif, naturellement, est de se créer un pion passé éloigné, qui peut s'avérer décisif. C'est ce qui va se produire ici.

1.d4 ♘f6 2.c4 e6 3.♘f3 d5 4.g3

Le coup constitutif de la partie Catalane. Le Fou-roi va se développer sur la grande diagonale, dans l'optique de faire pression sur les cases blanches du centre et sur l'aile dame adverse.

4...dxc4 *(D)*

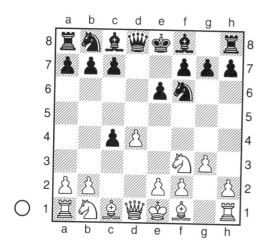

L'une des deux grandes approches défensives. En faisant le ménage au centre, ce coup offre une certaine liberté de mouvement aux pièces noires, mais il ouvre la grande diagonale au profit du Fou catalan. Si les Noirs parviennent à développer correctement leur aile dame (et notamment le Fou c8), ils devraient avoir une bonne partie, mais dans le cas contraire, le Fou g2 risque de paralyser ce secteur. L'autre plan consiste à soutenir le pion d5 contre vents et marées pour faire obstacle au Fou catalan, même au prix d'un désavantage d'espace. Les deux fonctionnent, c'est surtout une question de goût.

5.♕a4+

À l'époque, la théorie de la Catalane était encore balbutiante. On sait aujourd'hui que cette manière de regagner le pion ne pose pas de problème à la défense. Les Blancs continuent donc généralement par 5.♗g2, dans l'esprit d'un gambit. Les Noirs peuvent certes conserver le pion c4 en jouant ...b5, mais en compensation, les Blancs se développent et peuvent prendre le contrôle du centre par e4.

5...♘bd7 6.♗g2 a6 7.♘c3

Empêche 7...b5 grâce à une astuce tactique, mais le Cavalier n'est pas très bien placé. 7.♕xc4 b5 8.♕c2 est plus courant de nos jours, sans qu'on puisse parler d'avantage pour les Blancs.

7...♗e7

Bien sûr, 7...b5? est impossible à cause de 8.♘xb5, mais tôt ou tard, il va falloir reprendre en c4, et les Noirs vont activer leur aile dame par ...b5.

8.♘e5 ♖b8 9.♕xc4 b5 10.♕b3 ♘xe5 11.dxe5 ♘d7 *(D)*

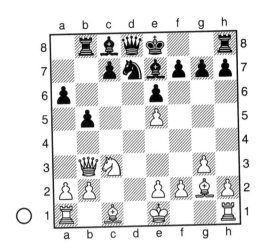

Comme souvent, c'est la structure de pions qui nous dit ce qui se passe. Les Noirs ont une majorité trois contre deux sur l'aile dame, tandis que les Blancs ont un pion de plus à l'aile roi – mais il est doublé. Chacun va jouer du côté de l'échiquier où il possède une majorité. Les Noirs vont pousser les pions de l'aile dame dans l'espoir de se créer un pion passé ; les Blancs doivent utiliser leur majorité pour essayer de trouver du jeu contre le monarque adverse. Ce qui est certain, c'est que Reshevsky ne peut pas se permettre d'être passif, sous peine de se faire déborder à l'Ouest. La majorité à l'aile dame constitue souvent un avantage lorsque les deux Rois ont roqué de l'autre côté, car en finale, le pion passé sera éloigné du Roi ennemi, et donc d'autant plus dangereux.

12.♗f4?

Un premier pas dans la mauvaise direction. Oui, il faut défendre le pion e5, mais sur cette case, le Fou ne fait que gêner. Il fallait entamer les manœuvres d'infanterie par 12.f4. Les Noirs restaient un peu mieux, car il est très difficile de créer de réelles menaces sur l'aile roi, mais cette suite était tout de même plus prometteuse.

12...c5

Fine commence à abattre ses cartes. Attention à ne pas se montrer trop gourmand : 12...g5? est une erreur, car après 13.♗e3, la menace 14.♗a7 gagne la qualité sans laisser le temps de prendre en e5. Les Noirs auraient donc simplement affaibli leur aile dame pour rien.

13.0-0 ♕c7 (D)

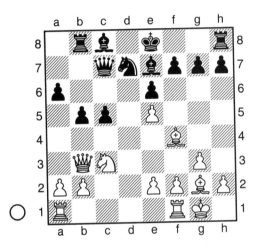

Cette fois, par contre, le gain d'un pion semble bien réel. Les Blancs vont parvenir à l'éviter tactiquement, mais les problèmes stratégiques demeurent.

14.a4! 0-0!

Les Noirs refusent de dévier du droit chemin. Si 14...b4 15.♘e4 ♘xe5, les Blancs regagnent le pion par 16.♖ac1 0-0 17.♕e3 et prennent même une légère initiative. Les Noirs n'ont nul besoin de pêcher dans des eaux si troubles.

15.axb5 axb5 16.♘e4

Durant la partie, les deux joueurs ont dû considérer que 16.♘xb5 perdait simplement une pièce après 16...♕b6, mais les choses ne sont pas si claires : les Blancs peuvent sauver la pièce par 17.♖fd1 grâce à des astuces tactiques à base de ♗c6 après la prise en b5. Mais même

ainsi, les Noirs conservent l'avantage après 17...
♖d8 18.♖a7 ♛xb5 19.♛xb5 ♖xb5 20.♗c6 ♖xb2.

16...♗b7 17.♖a7

Emportés par la dynamique de leur initiative temporaire, les Blancs ne font que simplifier la position au bénéfice de l'adversaire. Fine
lui-même recommandait 17.♛e3 pour essayer
de trouver du contre-jeu à l'aile roi.

17...♛b6 18.♖fa1 ♖a8

Sachant la finale gagnante pour les Noirs
grâce à la majorité de pions sur l'aile dame, Fine
simplifie volontiers la position.

19.♖xa8 ♖xa8 20.♖xa8+ ♗xa8 21.♛d3 ♗c6
(D)

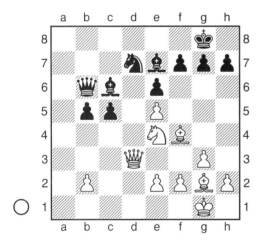

22.♘g5

Il y avait bien 22.♘d6, mais cela ne chan-
geait pas grand-chose après 22...c4.

22...♗xg5 23.♗xg5 ♛b7

Surtout pas 23...♘xe5? 24.♛d6 et les Blancs
n'ont plus aucun problème, par exemple 24...h6
25.♗e3 ♛b7 26.♗xc6 ♘xc6 27.♗xc5, etc.

24.f3?

Perd tout bêtement un pion et la partie. Il
fallait sans doute essayer 24.♗xc6, même si Fine
évalue la position comme perdante de toute

façon. Ce n'est pas clair à 100 %, mais il va falloir lutter âprement pour la nulle. En pratique,
compte tenu des pions doublés, les Blancs ont
un pion de moins.

24...h6 25.♗e7 c4 26.♛c3 ♘xe5!

Le pion e5, qui ne tenait qu'à un fil depuis
12.♗f4?, a fini par tomber.

27.♗c5 ♘d7 28.♗d4 e5!

Les Noirs rendent le pion de plus pour lever
le blocage de leur majorité à l'aile dame.

29.♗xe5 b4 30.♛d4 ♘xe5 31.♛xe5 c3!

En effet, après 32.bxc3 b3, le pion va au bout.
32.b3 *(D)*

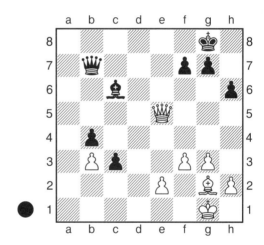

La majorité a accouché d'un monstrueux
pion passé protégé très avancé qui fait très vite
la décision.

32...♛b6+ 33.♔f1 c2 34.♛b2 ♛c5 35.♛c1
♗d5 36.f4 ♗xg2+ 37.♔xg2 ♛d5+ 0-1

Suivi de 38...♛d1.

Les leçons à retenir

• Toutes choses égales par ailleurs, une majorité de pions sur l'aile dame constitue un
avantage positionnel à cause de la possibilité de créer un pion passé éloigné.

- Lorsque chacun dispose d'une majorité sur des ailes opposées, il est essentiel d'utiliser sa propre majorité pour trouver du contre-jeu. Ici, c'est l'attitude passive des Blancs face à la majorité adverse qui leur a coûté la partie.

- Le joueur en possession d'une majorité sur l'aile dame a généralement intérêt à simplifier la position, car c'est un gros atout positionnel en finale.

Partie 28
Gligorić - Szabó
Olympiades, Helsinki 1952
Défense Nimzo-indienne, 4.e3

Nous retrouvons dans cette partie la lutte des deux majorités de pions sur les ailes opposées, mais cette fois, la majorité à l'aile dame étant tenue en respect, ce sont les pions centraux mobiles qui l'emportent.

1.d4 ♘f6 2.c4 e6 3.♘c3 ♗b4 4.e3 c5 5.♘e2 *(D)*

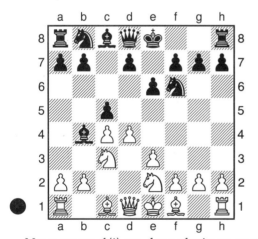

Nous avons déjà vu dans plusieurs parties que l'une des grandes idées stratégiques pour les Noirs est d'échanger en c3, puis de construire une chaîne de pions par ...c5, ...d6 et ...e5 en essayant de maintenir la position fermée et d'exploiter les pions doublés adverses. Le dernier coup de Gligorić sert à empêcher tout cela :

les Blancs comptent reprendre en c3 avec le Cavalier, évitant les pions doublés avec l'espoir de pouvoir exploiter la paire de Fous par la suite. L'inconvénient de ce coup est qu'il gêne le développement de l'aile roi, ce qui permet aux Noirs de contester le centre plus facilement et donc d'égaliser.

5...d5 6.a3 cxd4!?

On peut également jouer 6...♗xc3+ 7.♘xc3 cxd4 8.exd4 dxc4 9.♗xc4, qui concède la paire de Fous mais inflige aux Blancs un pion-dame isolé. Affaire de goût.

7.exd4

Si les Blancs tiennent vraiment à la paire de Fous, il y a 7.axb4, mais la structure est alors endommagée et les Blancs n'ont pas nécessairement l'avantage.

7...♗e7

7...♗xc3+ transposerait dans la lignée évoquée au sixième coup noir, mais Szabó préfère conserver ses deux Fous. Il menace maintenant d'isoler le pion d par 8...dxc4.

8.c5 *(D)*

La variante critique. Évitant le pion isolé, les Blancs s'octroient sur l'aile dame une majorité de pions potentiellement très forte. En milieu de jeu, le plan sera simplement de pousser les

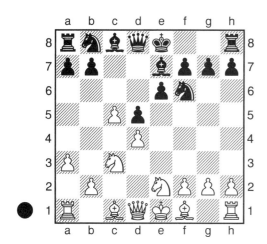

pions par b4-b5 en vue de créer un pion passé. Les Noirs doivent faire quelque chose, ils ne peuvent pas se contenter d'attendre passivement.

8...0-0 9.b4 b6

Szabó met en œuvre son plan de contre-jeu. Normalement, il est conseillé de ne pas jouer les pions du côté de l'échiquier où l'on est en infériorité, mais les Noirs ont une conception ambitieuse en tête. L'idée est d'offrir aux Blancs une majorité encore plus conséquente, mais en échange d'une majorité centrale pour les Noirs. Au final, il s'agira de déterminer quelle majorité de pions est la plus forte.

10.g3 bxc5 11.dxc5

Les Blancs relèvent le gant ! Le tranquille 11.bxc5 était jouable, mais alors les Noirs se développaient facilement par ...♘c6 et ...♗a6. Le pion passé en c5 serait facile à bloquer et les Noirs n'auraient pas de problème particulier. Le coup de Gligorić, plus ambitieux, vise à mettre l'idée noire à l'épreuve. Chacun doit maintenant chercher à faire progresser sa propre majorité tout en empêchant celle de l'adversaire de s'exprimer.

11...a5 12.♖b1 axb4 13.axb4 ♘c6 14.♗g2 ♖b8 (D)

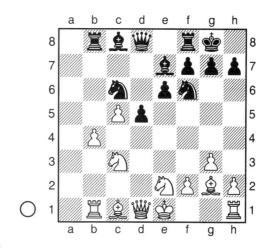

15.♗a3

Le jeu noir s'appuie sur une finesse tactique essentielle, à savoir que le coup évident 15.b5 provoque un retour de bâton : 15...♗xc5! 16.bxc6 ♖xb1 17.♘xb1 ♕b6, attaquant à la fois b1 et f2. Les Noirs auront plus qu'assez pour la pièce après 18.♗e3 ♗xe3 19.fxe3 ♘g4!, avec une forte attaque. Il faut donc défendre passivement le pion b4.

15...♗d7

Les Noirs poursuivent leur plan de blocage des pions passés adverses et se proposent de jouer ...♘a7-b5.

16.0-0

Curieusement, après ce coup, les pions blancs vont rester fixés en b4 et c5 jusqu'à la fin de la partie. 16.b5 était la dernière chance de leur permettre d'avancer, mais après 16...♘e5 17.b6 ♘c4, suivi de ...♕c8, ils sont de nouveau tenus en respect et nettement plus vulnérables.

16...♘a7! 17.♖e1 ♘e8 18.♗c1 ♗f6 (D)

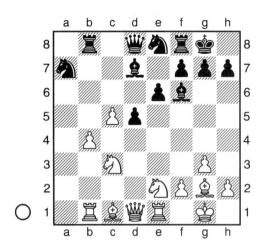

Ayant au moins temporairement freiné la progression des pions adverses, les Noirs s'emploient à mobiliser leur propre majorité au centre.

19.♗f4

Ce drôle de coup dissimule en fait une idée assez profonde. Gligorić a très bien compris que les rôles sont inversés : ce sont les Blancs maintenant qui doivent trouver comment bloquer les pions adverses. Son dernier coup vise délibérément à provoquer leur avancée jusqu'en d4 et e5, après quoi il espère pouvoir les arrêter sur cases blanches. Le problème, c'est que ce plan implique l'échange des Fous de cases blanches, après quoi le Roi de Gligorić se retrouvera au beau milieu d'un réseau de cases affaiblies. Szabó lui-même recommande le simple 19.♗e3, suivi de ♕d2 et ♖ec1.

19...e5 20.♗d2 d4 21.♘d5 ♗c6 22.♘xf6+ ♕xf6 23.♗xc6 ♕xc6!

C'est bien ainsi qu'il faut reprendre, afin de contrôler la case b5 et d'activer la Dame noire sur les cases blanches affaiblies.

14.f4

Ce coup fait partie intégrante du plan de blo-

cage des pions noirs. Pour l'instant, il suffirait aux Noirs de jouer ...f5 pour prendre le contrôle de e4, mais une fois que les Blancs auront euxmêmes installé un pion en f5, voire échangé par fxe5 (suivi de ...fxe5), cela ne sera plus possible et les Blancs seront en mesure de contrôler la case e4 avec des pièces. L'ennui, c'est que 24.f4 affaiblit l'aile roi des Blancs, et que le Cavalier n'est toujours pas très bien placé en e2. Le rêve serait de pouvoir l'amener en e4, mais on ne voit pas bien comment y parvenir.

24...f6 25.♕b3+ ♔h8 26.♖f1 ♘c7 27.♕c4 ♘ab5 28.♖be1 *(D)*

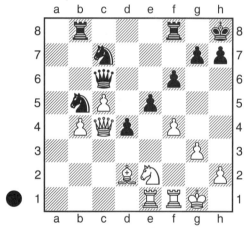

28...h6?

Une imprécision qui gâche en grande partie l'avantage noir. 28...♕d5 était meilleur.

29.g4!

Libère la case g3 pour le Cavalier. En route vers e4 !

29...♖be8 30.f5 ♕d5 31.♕c1?

Les Blancs rendent la politesse, après quoi les Noirs ne vont plus rien lâcher. On se demande bien pourquoi Gligorić refuse l'échange des Dames alors qu'il vient d'affaiblir très sensiblement la position de son Roi. Après 31.♕xd5 ♘xd5 32.♘g3, nous aurions une position à peu près égale où chacun a réussi à bloquer la majorité de pions ennemie.

31...♔h7 32.♘g3

Ayant perdu le contrôle de la case e4, les Blancs ne peuvent plus arrêter les pions.

32...e4 33.♗f4 e3 34.♕d1 ♕c4 35.h4

Une dernière tentative, bien futile à vrai dire, pour trouver du contre-jeu sur le Roi.

35...♘d5

En défendant le pion e3, les Noirs préparent la poussée du pion d.

36.g5 d3 37.♕g4 ♖g8!

Couvre g6, ce qui pare la menace 38.gxh6 et met fin aux derniers espoirs adverses.

38.♘h5 ♖e4 39.g6+ ♔h8 40.♕g3 0-1

Et dans cette position sans espoir, les Blancs perdirent au temps.

Les leçons à retenir

- Avec des majorités de pions mobiles dans différents secteurs de l'échiquier, chacun cherche à faire progresser la sienne tout en bloquant celle de l'autre.
- Souvenez-vous du 14e coup : les Noirs ont utilisé la tactique pour atteindre un objectif stratégique. La manœuvre commençant par 14...♖b8 visait à établir un blocage sur la case b5, mais sa justification tactique se trouvait dans une variante à sacrifice après 15.b5.
- Une fois le blocage levé, une paire de pions passés liés peut faire des dégâts considérables et tout emporter sur son passage.

Partie 29

Smyslov - Denker

Match radio URSS-USA 1946

Sicilienne fermée

Chacun sait que le pion arriéré est une faiblesse potentielle. Non seulement il peut se faire attaquer, mais la case qui se trouve devant lui est généralement un trou que les pièces ennemies se feront une joie d'occuper. Dans cette partie, les Noirs émergent de l'ouverture avec un pion arriéré, et Smyslov démontre avec brio comment exploiter cette faiblesse.

1.e4 c5 2.♘c3 ♘c6 3.g3 g6 4.♗g2 ♗g7 5.d3 e6 6.♗e3 ♘d4?!

À l'époque, cette ligne était à la mode, mais le coup du texte l'a reléguée aux oubliettes. 6...d6 est meilleur.

7.♘ce2! *(D)*

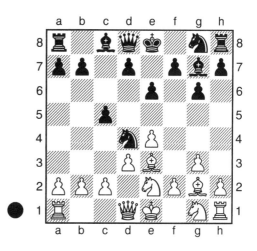

Voilà le problème : les Blancs vont chasser le

Cavalier par c3.

7...d6

La ligne 7...♞xe2 8.♞xe2 ♝xb2 9.♖b1 est défavorable parce que les Blancs regagnent tactiquement le pion c5 : 9...♛a5+? 10.♝d2 ♛xa2 11.♖xb2 ♛xb2 12.♝c3 avec fourchette sur Dame et Tour.

8.c3 ♞c6 9.d4 cxd4 10.♞xd4!

Meilleur que 10.cxd4. Les Blancs veulent s'en prendre le pion faible d6, plus exposé que d'habitude parce que le Fou est en g7 et non pas e7.

10...♞xd4 11.♝xd4 e5?

Une grosse concession positionnelle dont les Noirs ne se remettront pas. 11...♞f6 était préférable : le pion d6 restait faible, mais au moins il n'y avait pas de trou en d5.

12.♝e3 *(D)*

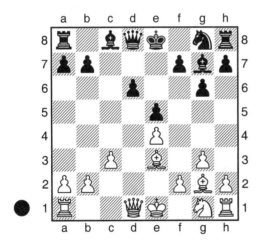

Les Blancs sortent de l'ouverture avec un clair avantage positionnel, grâce au pion arriéré d6 et au trou en d5. Si les Noirs parvenaient à pousser ...d5, tout irait bien, mais cela va s'avérer impossible face au jeu précis de Smyslov.

12...♞e7

Avec le Roi resté au centre, impossible de pousser tout de suite ...d5. Par exemple, après 12...♞f6 13.♞e2 ♝e6 14.0-0 d5 15.exd5, il est très compliqué de reprendre en d5 – 15...♞xd5 16.♝c5 et le Roi est piégé au centre. 15...♝xd5 16.♛a4+ ♛d7 17.♛xd7+ ♚xd7 18.♖ad1 ne vaut pas mieux.

13.♞e2 0-0 14.0-0 ♝e6 15.♛d2 ♛c7

15...d5? est toujours impossible à cause de 16.♝c5, qui gagne un pion.

16.♖fc1! *(D)*

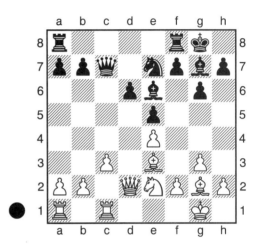

Un coup très profond. On voit bien l'intention première : les Blancs veulent jouer 17.c4 et mettre une fois pour toutes la main sur la case d5. Ce qu'il y a de profond, c'est la réaction tactique si les Noirs cherchent à l'empêcher par 16...b5. La suite serait alors 17.a4! a6 (17...bxa4 18.♖xa4 a5 19.♖ca1 laisse une nouvelle faiblesse en a5) 18.♖d1!, et on ne peut pas défendre le pion d6 de manière satisfaisante. Si 18...♖fd8, alors 19.axb5 axb5 20.♖xa8 ♖xa8 21.♛xd6, et sur 18...♖ad8, c'est 19.axb5 axb5 20.♖a7 qui gagne une pièce. On retrouve en fait le thème des « deux faiblesses » vu précédemment : dans ces variantes, les Noirs ne peuvent défendre à la fois la faiblesse d6 et celle qui vient d'apparaître sur la colonne a.

16...f5 17.c4 fxe4 18.♘c3! ♘f5

La maîtrise tactique de Smyslov lui permet d'atteindre tous ses objectifs stratégiques : 18...♗xc4 est injouable à cause du clouage sur la colonne c après 19.♘d1, qui menace 20.b3.

19.♘xe4 ♘xe3 20.♕xe3 h6 21.♖d1 ♖fd8

Une fois de plus, 21...♗xc4 s'expose au clouage 22.♖ac1.

22.♖ac1 ♖ac8 23.b3

Fin des escarmouches tactiques. Puisque les Noirs n'ont pas réussi à se débarrasser du pion arriéré en d6, les Blancs ont consolidé leur avantage positionnel. L'étape suivante est de trouver un plan pour l'accroître.

23...b6 24.♘c3! ♕e7 25.♗d5!

Excellent exemple d'échange justifié positionnellement. Les pions centraux adverses étant fixés sur cases noires, les cases blanches sont faibles. Le Fou e6 est la seule pièce en mesure de les défendre, il faut donc l'échanger. Lorsque les Fous de cases blanches auront disparu, il restera un bon Cavalier contre un mauvais Fou et les cases blanches centrales (notamment le trou en d5) seront indéfendables. Nombreux sont ceux qui hésiteraient à échanger leur Fou en fianchetto avec les Blancs, mais le coup de Smyslov illustre à merveille une maxime essentielle pour évaluer un échange : ce qui compte, ce n'est pas ce qui sort de l'échiquier, mais ce qui reste. Il est clair que la position après l'échange favorise les Blancs.

25...♔h7 26.♗xe6 ♕xe6 27.♘d3

Le siège du pion faible d6 commence.

27...♖c7 28.♖cd1 ♖f7 29.♘e4 ♗f8 30.♖d5 ♕g4 *(D)*

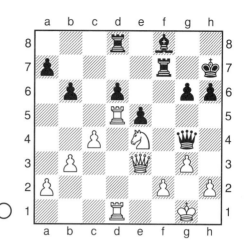

31.♖1d3!

Smyslov reste aux aguets. Même dans une telle position, la défense conserve des ressources tactiques et un moment d'inattention suffit à tout gâcher. Ne pas se jeter sur le pion, surtout : 31.♘xd6 ♗xd6 32.♖xd6 ♕xd1+! 33.♖xd1 ♖xd1+. Deux Tours pour la Dame : les Noirs ne sont pas en infériorité. Smyslov ne tombe pas dans le panneau : il accroît la pression en préparant le triplement de ses pièces lourdes sur la colonne d. Comme nous le savons depuis la partie 20, la meilleure formation dans ce cas est le canon d'Alekhine : la Dame derrière les Tours !

31...♗e7

Si les Noirs cherchent à s'accrocher au pion d par 31...♕e6 32.♕d2 (le canon est chargé !) 32...♖fd7, tout s'écroule après 33.c5 bxc5 34.♘xc5. Denker préfère renoncer au pion, mais en échangeant son mauvais Fou pour le Cavalier, ce qui lui donne quelques chances de nulle en finale.

32.♘xd6

Les pièces blanches étant toutes idéalement placées, il n'y a rien de mieux à faire.

32...♗xd6 33.♖xd6 ♖df8 *(D)*

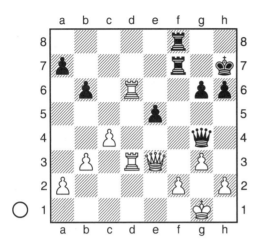

Un moment important qui mérite que l'on s'y arrête. Grâce un jeu superbe à la fois stratégiquement et tactiquement, les Blancs ont mené leur plan de gain du pion arriéré à bien. Ils ont maintenant une finale avec un pion de plus, mais comme souvent dans ce genre de cas, le gain de matériel a eu pour contrepartie de relâcher quelque peu la pression sur la position adverse. Les Noirs n'ont maintenant ni mauvais Fou ni pion faible à défendre. Au contraire même, on voit se profiler une amorce de contre-jeu sur le pion f2. Dans un tel cas, il est important pour le conducteur des Blancs de prendre le temps de s'adapter à la nouvelle situation et de reformuler un plan précis pour la suite de la partie. Smyslov y parvient admirablement. En finale de pièces lourdes, l'un des facteurs cruciaux est la sécurité respective des Rois. Il est parfois plus important d'avoir le Roi le moins exposé que d'avoir un pion de plus. En outre, la question de l'initiative est essentielle : hors de question de s'accrocher à un avantage matériel si cela doit conduire à la passivité. Les prochains coups de Smyslov montrent qu'il

maîtrise parfaitement cet aspect du jeu.

34.♕xe5!

34.♖d2 serait trop passif.

34...♖xf2 35.♖d7+ ♖8f7 36.♖xf7+ ♖xf7 37.♖d8!

Voilà où les Blancs voulaient en venir : prendre l'initiative, agresser le Roi adverse avant que l'adversaire puisse en faire autant. Détail crucial : les Noirs ne peuvent donner aucun échec.

37...♔g7 38.♕e8 g5 39.♕h8+ ♔g6 40.♖d6+ ♔f7 41.♕xh6

Les Blancs ont gagné un second pion et forcé le Roi à venir à découvert, mais les Noirs n'ont toujours aucun échec.

41...♕f5 42.♖d1 ♕c5+ 43.♔g2 ♕e7

Impossible d'activer la Tour pour nourrir le petit regain d'initiative des Noirs.

44.♖f1+ ♔g8 45.♕f6 ♕e8 46.♕f5

La touche finale : s'emparer de la colonne e.

46...g4 47.♖f2 ♕e7 48.♕d3 g5 49.♖e2 ♕f8 50.♕e4 ♖g7 51.♕d5+ ♕f7 52.♖e6! 1-0

Les Noirs, avec deux pions de moins, n'ont strictement rien à entreprendre.

Les leçons à retenir

- Le pion arriéré sera un sérieux handicap si l'adversaire parvient à le fixer et à le pilonner.
- Il est souvent vital de trouver des ressources tactiques pour maintenir et valoriser un avantage positionnel (16.♖fc1!, 18.♘c3!, etc.).
- Quand vous évaluez l'opportunité d'un échange, regardez ce qui reste sur l'échiquier, et non pas ce qui en sort (25.♗d5!).
- Souvenez-vous du canon d'Alekhine !
- En finale de pièces lourdes, la sécurité des Rois et l'initiative ont bien plus d'importance que l'avantage matériel.

Partie 30
Matulović - Fischer
Vinkovci 1968
Défense Sicilienne, variante Najdorf

Dans la partie précédente, les Noirs ont payé le prix fort pour avoir accepté un pion arriéré en d6 dans la Sicilienne. Cette fois, pourtant, c'est Bobby Fischer lui-même qui va le faire – et il va gagner sans problème. La grande différence, c'est la possession de l'initiative, que Fischer se débrouille pour saisir et entretenir de telle sorte que son adversaire ne soit jamais en mesure d'exploiter les faiblesses statiques en d5 et d6. Au lieu de cela, on constate que la formation centrale d6-e5 contrôle des cases vitales. Quant au pion arriéré mis sous pression, il se trouve en c2.

1.e4 c5 2.♘f3 d6 3.d4 cxd4 4.♘xd4 ♘f6 5.♘c3 a6 6.g3 e5 7.♘de2 *(D)*

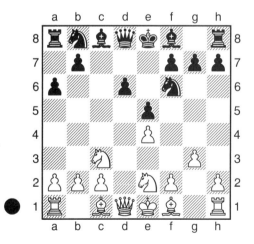

Après avoir vu la précédente partie, vous vous demandez peut-être pourquoi Bobby Fischer, l'un des plus grands joueurs de tous les temps, s'inflige volontairement le pion arriéré

d6 et le trou en d5 qui ont coûté si cher à Denker. À vrai dire, jusqu'à la fin de la Seconde Guerre mondiale, la plupart des maîtres auraient partagé cet étonnement, mais à partir de la fin des années quarante, on a vu surgir toute une famille de variantes de la Sicilienne dans lesquelles les Noirs jouent très tôt le coup ...e5. À l'origine de tous ces systèmes, on trouve le grand maître soviétique Isaac Boleslavsky, qui a rapidement fait des émules. Le point culminant de ce bouillonnement théorique est la fameuse variante Najdorf, que nous avons sous les yeux. Comme souvent, on retrouve ici la fameuse opposition entre avantages statiques et avantages dynamiques. Ainsi que nous venons de le voir, le pion arriéré constituera un handicap s'il devient une cible. Il n'empêche que le pion e5 permet aux Noirs de prendre pied au centre, privant notamment les Blancs de l'usage de la case d4. Si le joueur en second parvient à développer un jeu actif – par exemple sur la colonne c, en conjonction avec la poussée ...b5 – alors les Blancs n'auront généralement pas le loisir d'exploiter les faiblesses théoriques présentes sur la colonne d. Dans ce cas, la position noire sera tout à fait viable, comme nous allons le constater.

7...♗e7 8.♗g5 ♘bd7 9.♗h3 *(D)*

Un peu étrange à première vue, mais parfaitement logique. Nous savons déjà que l'échange de certaines pièces essentielles pour la défense est un concept stratégique de base. Dans cette position, la faiblesse en d5 est couverte pour l'instant par le Cavalier f6. Avec

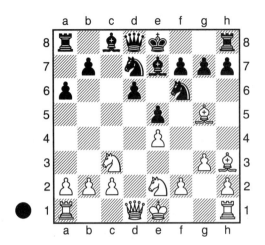

leur huitième coup, les Blancs se préparent à échanger cette pièce. D'autre part, comme nous l'avons vu dans la partie Smyslov-Denker, avec les pions centraux fixés sur cases noires, les Fous de cases blanches prennent une importance particulière – leur échange devrait favoriser les Blancs. Matulović se propose donc de jouer ♗xf6 puis, une fois que les Noirs auront repris par ...♘xf6, ce qui semble être l'intention de Fischer, d'échanger par ♗xc8. Les Noirs doivent réagir de manière active s'ils ne veulent pas se faire étouffer comme Denker dans la partie précédente.

9...b5

Fischer prépare sans attendre son contre-jeu sur l'aile dame. Maintenant, après 10.♗xf6 ♘xf6 11.♗xc8 ♖xc8, les Blancs auront certes réussi des échanges favorables, mais les Noirs auront déjà du jeu, grâce à la menace 12...b4, qui gagne le pion e4, et après 12.♕d3, ils pourront envisager quelque chose comme ...♕b6 suivi d'un doublement des Tours sur la colonne c. La grande différence avec la partie précédente, c'est que les Noirs ont un contre-jeu qui compense les affaiblissements de la colonne d – ce

que Denker n'a jamais pu obtenir.

10.a4

Ce coup s'inscrit dans le plan de mise sous pression de la colonne d, mais il a aussi l'inconvénient de créer un pion arriéré dans le camp des Blancs, en c2. Pour l'instant, cela ne semble pas porter à conséquence, mais il n'en sera pas toujours ainsi.

10...b4 11.♘d5 ♘xd5 12.♕xd5 ♖b8 13.♗xe7 *(D)*

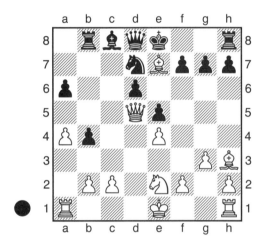

13...♔xe7!!

Un coup vraiment exceptionnel, et qui a fait la renommée de cette partie. Matulović escomptait vraisemblablement le coup bien plus naturel 13...♕xe7, qui lui aurait permis de commencer à mettre le pion arriéré sous pression par 14.♖d1. Cette variante n'est d'ailleurs pas très claire, mais le coup de Fischer tue dans l'œuf ces beaux projets. En effet, d6 a maintenant un défenseur supplémentaire, et 14.♖d1?? perdrait une pièce sur 14...♘f6, une menace si forte que la Dame blanche est forcée de battre en retraite immédiatement. Quant au Roi noir, il n'est absolument pas en danger au centre, car les Blancs ne vont pas pouvoir ouvrir de lignes pour l'atteindre –

du moins pas dans l'immédiat.

14.♕d2 ♘f6 15.♗g2

On ne peut pas dire que ce Fou ait un grand avenir, tant son horizon est bouché, mais après l'échange, les cases blanches seraient horriblement faibles – chez les Blancs cette fois.

15...♗b7 16.♕d3 ♕b6 17.0-0 a5 18.♖fd1 ♗a6 19.♕d2 ♖hc8

Ce coup menace 20...♖c4, après quoi le pion e4 serait indéfendable. Les Blancs essaient de sacrifier un pion pour trouver un peu de jeu, mais Fischer refuse de mordre à l'hameçon.

20.h3 h5!

Les Blancs comptaient sur 20...♖c4 21.g4 ♘xe4 22.♗xe4 ♖xe4 23.♘g3, suivi de ♘f5+. Fischer préfère maintenir son emprise sur la position, et en l'absence de tout contre-jeu, les Blancs sont dans l'obligation d'empêcher 21...♖c4 en jouant le hideux…

21.b3 *(D)*

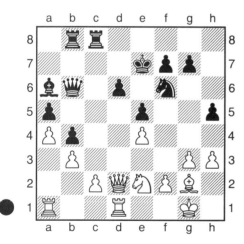

Désormais, à chacun son pion passé : les Noirs en d6, les Blancs en c2. Mais très vite, on voit clairement que la faiblesse des Noirs est facile à défendre et n'empêche pas le développement d'un jeu harmonieux, tandis que le pion c2 est une véritable épine dans le pied des Blancs. C'est l'activité qui fait toute la différence, d'autant que les Noirs ont l'initiative, ce qui leur permet de peser sur la faiblesse adverse, tandis que les pièces blanches, trop passives, ne peuvent pas vraiment s'en prendre au pion d6.

21...♗xe2!

Encore un très bel exemple du thème évoqué dans la partie précédente. Cet échange semble illogique parce que le Fou est bien plus fort que le Cavalier e2, dont les perspectives sont limitées. Mais Fischer veut installer une Tour en c3, de manière à doubler sur la colonne c. D'autre part, il sait que son Cavalier sera bien supérieur au mauvais Fou g2. En d'autres termes, c'est toujours la même histoire : ce qui compte, c'est le matériel qui reste sur l'échiquier et non pas celui qui en sort.

22.♕xe2 ♖c3

Menace accessoirement 23...♖xg3.

23.♖d3 ♖bc8 24.♖xc3 ♖xc3 25.♔h2 ♕c5 26.♖a2

Quelle horreur… mais 26.♖c1 perd un pion sur 26...♖xb3.

26...g6 27.♗f1

Privés de toute activité, les Blancs ne peuvent qu'attendre leur exécution.

27...♕d4 28.f3

Un affaiblissement de plus. À strictement parler, 28.♗g2 était préférable, mais Matulović espérait peut-être une fin rapide. Sur 28.♗g2, il y avait entre autres 28...h4, pour essayer d'offrir la case f4 au Cavalier.

28...♖e3 29.♕g2 ♕d1 30.♗c4

Le pion f3 est attaqué, mais les Noirs menacent aussi …♕b1, qui s'en va cueillir la pauvre Tour égarée en a2. Plus d'un aurait déjà abandonné à ce stade, mais Matulović était connu pour lutter bec et ongles jusqu'au bout.

30...♕xf3 31.♕xf3 ♖xf3 32.♔g2 ♖e3 33.♗d3 ♞xe4 34.♗xe4 ♖xe4 35.♔f2 d5 36.♖a1 d4 37.♖d1 ♖e3 38.h4 ♖c3 39.♖d2 ♔e6 40.♔g2 f5! 0-1

N'en jetez plus, la coupe est pleine.

Les leçons à retenir

- À l'instar du pion isolé et des pions pendants, le pion arriéré sera une grosse faiblesse si son possesseur n'a pas d'activité, mais ne gênera pas du tout s'il y a suffisamment de contre-jeu pour empêcher l'adversaire de l'attaquer.

- Le jeu d'échecs est très concret, il y a toujours des exceptions à la règle. Ici, Fischer n'a pas craint de laisser son Roi au centre parce qu'il a vu que dans cette position précise, il était inattaquable et jouait un rôle précieux en défendant d6.

- On ne le répétera jamais assez : ce qui compte, c'est le matériel qui reste sur l'échiquier et non pas celui qui en sort.

Partie 31

Filip - Szabó

Bucarest 1953

Gambit Dame Refusé, variante d'échange

Nous allons maintenant nous pencher sur la structure « Carlsbad », qui survient fréquemment à partir du Gambit Dame Refusé. Le plan classique pour les Blancs est l'attaque de minorité : attaquer sur l'aile dame avec seulement deux pions contre trois. Filip va dérouler ce plan comme à la parade.

1.d4 d5 2.c4 e6 3.♞c3 ♞f6 4.cxd5 exd5 *(D)*

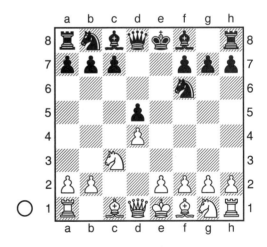

Avec cet échange, nous obtenons la structure dite de Carlsbad. Les Blancs offrent au Fou c8 une plus grande liberté qu'il n'en obtient habituellement dans le Gambit Dame Refusé, mais en échange, la structure de pions centrale est désormais figée. Les Blancs obtiennent une colonne semi-ouverte et une majorité de pions au centre, avec essentiellement trois plans de milieu de jeu distincts. L'un consiste à faire le grand roque avant de déclencher une marée de pions sur le Roi ennemi – cf. partie 1. L'autre idée est de mobiliser la majorité centrale comme dans Furman-Lilienthal (partie 26). Dans ce cas, les Blancs vont généralement se développer par ♗d3 et ♞ge2. Enfin, le troisième plan est l'attaque de minorité, un grand classique dont le héros est le pion b, qui avance vaillamment afin de créer des affaiblissements dans la structure de l'aile dame adverse. L'attaque de minorité est en quelque sorte une exception à la règle générale qui veut que l'on attaque de préférence dans le secteur où l'on dispose d'une majorité de pions. Mais la structure Carlsbad a ceci de particulier que, si la majorité est effectivement aux mains des Noirs, ce sont en fait les Blancs qui sont le mieux placés pour s'emparer de l'initiative sur l'aile dame, grâce au contrôle de la colonne c semi-ouverte. De leur côté, les Noirs vont généralement chercher du contre-jeu sur le Roi blanc, parfois d'ailleurs grâce à une autre attaque de minorité à base de ...f5-f4.

5.♗g5 ♗e7 6.e3 0-0 7.♕c2 ♖e8 8.♘f3

Dès lors que ce Cavalier vient en f3, on sait que les Blancs n'ont pas l'intention de mobiliser la majorité centrale.

8...♘bd7 9.♗d3 c6 10.0-0

Et maintenant, en roquant à l'aile roi, les Blancs renoncent également au plan d'attaque de la partie 1.

10...♘f8 11.♖ab1 g6 12.b4 *(D)*

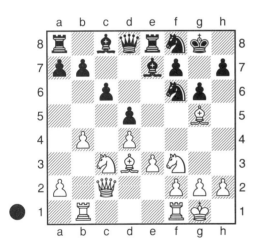

C'est parti pour l'attaque de minorité. L'idée est de pousser le pion jusqu'en b5 pour éventuellement échanger en c6. Si les Noirs reprennent du pion, celui-ci sera arriéré en c6. Mais en cas de reprise avec une pièce en c6, le pion d5 sera faible, et le pion b7 aussi. Même chose si les Noirs prennent en b5. Si les Blancs laissent faire, la réponse à la poussée b5 sera généralement ...c5, car même si cela donne naissance à un pion-dame isolé, ces positions ne posent pas trop de problèmes aux Noirs lorsque le pion blanc est en b5. Avec un avant-poste en c4, par exemple, les Noirs ont plus de jeu que ce n'est généralement le cas dans les positions avec PDI. Toutefois, les Blancs se débrouillent souvent pour jouer b5 à un moment où la réaction ...c5 n'est pas possible.

12...♗e6 13.♗h4 ♘h5 14.♗xe7 ♖xe7 15.♘a4

Cf. le dernier commentaire. La poussée 15.b5 ne fonctionnerait pas ici à cause de 15...c5. Filip prend donc le temps de la préparer, notamment en postant son Cavalier en c5. Les Noirs ne peuvent pas vraiment se permettre de jouer ...b6, sous peine d'affaiblir gravement le pion c6.

15...♖c7

Le dernier coup des Blancs ayant pris le contrôle de c5, 16.b5 était une menace.

16.♖fc1 ♗d7 17.♕b2 ♘hg7 18.♘c5 ♗e8

En cas de prise du Cavalier c5, les Blancs auraient un choix intéressant à faire. Le plus évident semble être de prendre du pion b, de manière à fixer le pion arriéré en b7. Seulement, ce pion ne serait pas si difficile à défendre, et il y a fort à parier que dans cette position précise, Filip aurait repris de la Tour en c5, préparant toujours la poussée b5.

19.♖c3 ♖ac8 20.♖bc1

Chacun anticipe l'ouverture de la colonne c lorsque les Blancs joueront enfin b5, ce qui explique le placement des Tours.

20...♘g5 21.♘xg5 ♕xg5 *(D)*

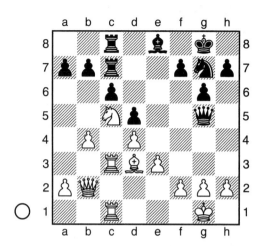

22.b5

La percée thématique se produit enfin et il faut se décider : permettre aux Blancs de prendre en c6, ou prendre soi-même ? Dans tous les cas, la situation est problématique car les Noirs vont se retrouver avec une aile dame affaiblie sans avoir réussi à trouver le moindre contre-jeu sur le Roi adverse.

22...cxb5 23.♘xb7!

Cette finesse tactique accroît l'avantage blanc. Après l'échange des Tours, les pions noirs de l'aile dame seront très faibles face aux pièces adverses.

23...♖xc3 24.♖xc3 ♖xc3 25.♕xc3 ♕g4 26.♘d6 ♗d7

Maintenant le pion b5 tombe, mais 26...a6 27.♕a5 ne valait pas mieux. Dans ces positions d'attaque de minorité, la défense passive de l'aile dame fonctionne rarement – il est indispensable de créer du contre-jeu sur le Roi adverse, sans quoi les carottes sont cuites.

27.♕c7 ♘h5 28.♗xb5

Les Blancs ont gagné un pion et le reste ne présente pas de difficultés particulières.

28...♕d1+ 29.♗f1 ♕a4 30.♕d8+ ♔g7 31.♕e7

Dame et Cavalier collaborent toujours merveilleusement en attaque, ce qui va permettre aux Blancs d'engranger encore du matériel.

31...♗e6 32.♘e8+ ♔g8 33.♕d8 ♔f8 34.♘c7+ ♔g7 35.♘xe6+ fxe6 36.♕e7+ ♔h6 37.g4!

Encore plus fort que la prise en e6.

37...♘g7 38.♕h4+

Gagne une pièce et la partie, mais on pouvait forcer le mat par 38.♗e2.

38...♘h5 39.gxh5 g5 40.♕g4 ♕xa2 41.♕xe6+ ♔xh5 42.♕h3+ ♔g6 43.♗d3+ 1-0

Un bel exemple d'attaque de minorité réussie. Il est difficile de trouver dans le jeu des Noirs un coup que l'on pourrait qualifier de perdant. En fait, Szabó a surtout joué trop passivement entre le 10ᵉ et le 20ᵉ coup, sans générer sur l'aile roi le contre-jeu indispensable pour compenser la pression adverse de l'autre côté.

Les leçons à retenir

- Dans la structure Carlsbad, les Blancs parviennent à attaquer sur l'aile dame alors qu'ils sont en minorité de ce côté – une exception à la règle générale.
- Dans ce type de position, une fois que le pion blanc arrive en b5, les Noirs doivent choisir entre la peste et le choléra.
- Ne jamais se contenter d'un jeu passif contre l'attaque de minorité. La meilleure défense, c'est la contre-attaque à l'aile roi.

Partie 32
Portisch - Kasparov
Coupe du Monde, Skellefteå 1989
Gambit Dame Refusé, variante d'échange

Nous avons vu que l'attaque de minorités est très forte contre un jeu passif. C'est maintenant Kasparov lui-même qui va nous montrer exactement comment se défendre face au plan des Blancs, d'une part en neutralisant l'attaque de minorité, et de l'autre en montant une contre-attaque sur l'aile opposée.

1.d4 d5 2.♘f3 ♘f6 3.c4 e6 4.cxd5 exd5 5.♘c3 c6! *(D)*

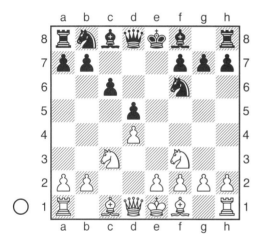

Via un ordre de coups quelque peu différent, nous retrouvons la structure Carlsbad. En réalité, cet ordre de coups est *très* différent, car le développement précoce du Cavalier en f3 est beaucoup moins favorable pour les Blancs, et Kasparov va montrer clairement pourquoi. L'échange rapide des Fous de cases blanches est une des meilleures armes pour se défendre contre l'attaque de minorité. Il y a deux raisons à cela. Premièrement, dans le gambit Dame

refusé, d'une manière générale, ce n'est pas une très bonne pièce pour les Noirs, dont les pions sont fixés sur cases blanches. Deuxièmement, l'un des défauts de l'attaque de minorité est que la poussée b4 affaiblit la case c4 : si les Noirs parviennent à y installer un Cavalier, l'attaque de minorité perdra beaucoup de son mordant. En effet, on pourra par exemple autoriser l'échange bxc6 bxc6, puisque le pion arriéré c6 peut se cacher derrière le Cavalier c4. Pour toutes ces raisons, les Noirs aimeraient développer rapidement le Fou en f5 dans cette ouverture, et c'est justement ce que permet l'ordre de coups adopté dans cette partie. Le dernier coup de Kasparov prépare justement 6...♗f5, qui dans l'immédiat se serait heurté à 6.♕b3.

6.♕c2

Empêche provisoirement ...♗f5, mais les Noirs ont les moyens de l'imposer.

6...♘a6 7.a3 ♘c7 8.♗g5 g6!

Cette fois, le Fou est sûr de pouvoir venir en f5. Le léger affaiblissement des cases noires ne prête pas à conséquence.

9.e3 ♗f5 10.♗d3 ♗xd3 11.♕xd3 ♗e7 12.0-0 0-0 *(D)*

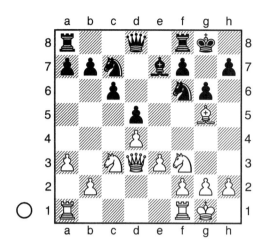

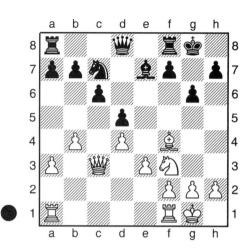

13.b4

Portisch lance son attaque de minorité, mais les Noirs sont bien mieux placés pour y réagir que dans la précédente partie.

13...♘e4!

D'emblée, l'attaque est enrayée. Impossible de continuer par 14.♗xe7 ♕xe7 15.b5? à cause de 15...♘xc3 suivi de 16...♘xb5, qui gagne un pion. On observe que l'absence du Fou de cases blanches est préjudiciable aux Blancs : s'il était en d3, comme c'est habituellement le cas, il soutiendrait la poussée b5.

14.♗f4 ♘xc3 15.♕xc3? *(D)*

Ce coup naturel en apparence est en fait une grave erreur positionnelle. Il fallait intercaler le coup intermédiaire 15.♗xc7! pour éliminer le Cavalier. L'occasion ne se représentera plus.

15...♗d6! 16.♗xd6 ♘b5!

Joli. Les Noirs veulent installer le Cavalier en d6, mais avec gain de temps.

17.♕b3 ♘xd6

Les Noirs ont obtenu à peu près ce qu'ils peuvent espérer de mieux dans une attaque de minorité. En échangeant les Fous de cases blanches, Kasparov a réduit le contrôle adverse sur les cases c4 et b5, diminuant d'autant le potentiel d'attaque. Le Cavalier est idéalement placé en d6, d'où il garde un œil sur ces cases blanches si importantes, tout en ayant la possibilité de bondir en e4 pour contribuer à l'assaut sur le Roi blanc. La différence avec le scénario de la partie Filip-Szabó (31) saute aux yeux : l'attaque de minorité est totalement émoussée, les Noirs prennent l'initiative sur l'aile roi.

18.a4 a6

Les Blancs menaçaient à nouveau 19.b5, mais il n'en sera plus question désormais.

19.♘e5 ♖e8 20.♖fe1 ♕g5 21.h3?!

Affaiblit gratuitement l'aile roi.

21...♔g7 22.♕c2 ♖e6 23.♖ac1 ♖ae8 24.♕b1 ♕h5 25.♕b3

On voit bien que les Blancs n'ont pas de plan constructif : la Dame en est réduite à des allées et venues stériles, dans l'attente des prochains développements. En face, les Noirs montent progressivement à l'assaut, sans s'inquiéter d'un contre-jeu inexistant.

25...f6 26.♘d3 g5! *(D)*

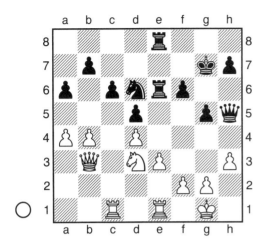

Il est temps de passer aux choses sérieuses. Nul doute que les Blancs regrettent leur 21e coup, qui facilite l'ouverture de lignes au profit de l'adversaire. La situation est un peu exceptionnelle, puisque les Noirs parviennent à déclencher une marée de pions devant leur propre Roi. La chose est possible parce que le centre est stabilisé : impossible pour les Blancs d'ouvrir des lignes pour trouver du contre-jeu sur le Roi noir exposé.

27.♕d1 ♕g6 28.♕c2 ♖6e7 29.♖ed1 h5 30.♕b1 h4

Surtout pas 30...g4 31.h4. Maintenant que le pion h3 est fixé, 31...g4 est une vraie menace.

31.♕c2 g4 32.♘f4 ♕xc2!

Un choix intéressant. Il paraît curieux de la part des Noirs d'échanger les Dames au beau milieu d'une attaque sur l'aile roi, mais comme nous l'avons dit et répété, aux échecs, il faut savoir faire preuve de souplesse. Kasparov a vu que la finale lui serait très favorable en raison de son prochain coup. Il n'a aucun état d'âme à transformer son attaque en finale gagnante. Un gain est un gain, et on ne marque pas plus de points en gagnant en milieu de jeu

plutôt qu'en finale !

33.♖xc2 g3!

La pointe. Kasparov sape la base de la chaîne de pions adverse ; une faiblesse chronique va bientôt apparaître en e3.

34.♖d3 ♔h6 35.♔f1 ♔g5 36.♘e2 ♘c4 *(D)*

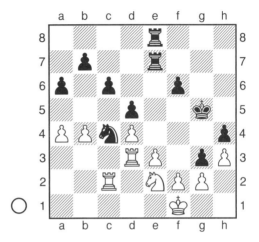

La pression sur e3 monte inexorablement. La menace est désormais 37...gxf2, suivi de la prise en e3.

37.♖cc3

Sauve le soldat e3, mais perd a4.

37...♘b2 38.♖d2 ♘xa4 39.♖b3 ♘b6

Le Cavalier prépare sereinement son retour sur la sublime case c4. Remarquons bien le rôle essentiel qu'a joué cette case, justifiant totalement l'échange précoce des Fous de cases blanches en prévision de la faiblesse de c4, corollaire inévitable de la poussée b4 dans l'attaque de minorité.

40.♘g1 ♘c4 41.♘f3+ ♔h5 42.♖dd3

Les Blancs trouvent d'admirables ressources pour retarder la chute de la case e3, mais ce sont maintenant les pions noirs qui s'agitent sur l'aile dame.

42...a5 43.bxa5 ♖a8 44.♖d1 ♖xa5 45.♖e1 b5

46.♖e2 ♖a1+ 47.♖e1 ♖ea7 48.fxg3

Les Blancs finissent par accepter de prendre, puisque 48...♖7a2 devenait une menace.

48...♖xe1+ 49.♔xe1 ♖a1+ 50.♔e2 hxg3

Les Blancs pouvaient abandonner, la position est sans espoir.

51.♘e1 ♖a2+ 52.♔d1 ♖d2+ 53.♔c1 ♖e2

Le pion e3 tombe enfin, mais son destin était scellé depuis le 33ᵉ coup de Kasparov.

54.♔d1 ♖xe3 55.♖xe3 ♘xe3+ 56.♔e2 ♘f5 57.♘c2 ♘h4 58.♘b4 ♘xg2 59.♔f3 ♘h4+ 60.♔xg3 ♘f5+ 61.♔f4 ♘xd4 62.♔e3 ♘f5+ 0-1

Une véritable démonstration du jeu idéal contre l'attaque de minorité.

Les leçons à retenir

- Dans l'attaque de minorité, l'échange des Fous de cases blanches est un objectif stratégique des Noirs.
- La case d6 est parfaite pour un Cavalier dans ces positions : il y surveille les cases c4, b5... et e4.
- À long terme, les Noirs doivent attaquer sur l'aile roi.
- Ne craignez jamais d'échanger un avantage pour un autre – ici, Kasparov a échangé son attaque à l'aile roi contre une finale gagnante.

Partie 33

Portisch - Radulov

Budapest 1969

Défense Hollandaise, variante Stonewall

La structure Stonewall compte également parmi les grands classiques des échecs. Les Noirs placent leurs pions en d5, e6 et f5, ce qui leur permet de prendre de l'espace, mais en affaiblissant les cases noires. Voyons comment Portisch exploite les inconvénients de cette formation.

1.c4 f5 2.♘f3 ♘f6 3.g3 e6 4.♗g2 ♗e7 5.0-0 0-0 6.d4

La défense Hollandaise est une des réactions les plus agressives contre 1.d4. Les Noirs prennent immédiatement de l'espace sur l'aile roi, avec un très fort contrôle de la case e4. De nombreuses variantes débouchent sur une attaque à l'aile roi, avec notamment la manœuvre typique ...♕e8-h5. Le principal inconvénient de cette structure est de boucher l'horizon du Fou-dame, qui sera souvent le talon d'Achille des Noirs.

6...c6

Dans cette ouverture, les Noirs doivent rapidement choisir une case pour leur pion d. Il vient parfois en d6, de manière à soutenir la poussée ...e5 ultérieurement. Inconvénient : les Blancs ont plus de facilité à pousser eux-mêmes e4, après quoi le défenseur reste avec une faiblesse en e6 – nous y reviendrons dans la partie suivante. L'autre plan est le Stonewall : le pion, comme ce sera le cas ici, vient en d5.

7.♕c2 b6 8.♘bd2 d5 *(D)*

C'est ce coup qui caractérise la formation Stonewall. On voit que les Noirs ont un meilleur contrôle de la case e4, de telle sorte que les

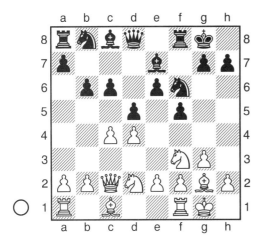

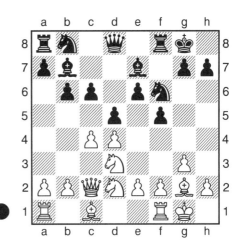

Blancs vont avoir du mal à y pousser un pion. En revanche, la case e5 est très sérieusement affaiblie, et le Fou de cases blanches se sent très à l'étroit. Il n'empêche que cette ouverture, sans être réellement populaire à haut niveau, a tout de même figuré au répertoire de quelques très grands joueurs, dont Botvinnik, qui lui doit de nombreuses victoires.

9.♘e5 ♗b7

Au tout début du Stonewall, et durant une grande partie de l'ère Botvinnik, les Noirs jouaient très tôt ...♕e8-h5 pour une attaque à l'aile roi. Mais au fil du temps, l'expérience a montré que cette attaque, bien que dangereuse face à un joueur inexpérimenté, pouvait être réfutée par un jeu précis. En conséquence, l'interprétation moderne de ce système est plus axée sur le centre, et c'est dans cet esprit que le Fou se développe en b7, même si on rencontre également la manœuvre ...♗d7-e8-h5. Par ailleurs, le Fou-roi vient souvent en d6 au lieu de e7.

10.♘d3! *(D)*

Un plan classique : les Blancs vont placer leurs Cavaliers en d3 et f3, tenant d'une main de fer l'importante case e5.

10...♘bd7 11.b4

Les Blancs annoncent leurs intentions : attaquer sur l'aile dame.

11...♖e8?!

Curieux. 11...♗d6 semblait plus raisonnable, ou même 11...♘e4, avec la possibilité de revenir en d6, puis f7 pour couvrir e5.

12.a4 ♗d6 13.♘f3 ♘e4 14.c5! bxc5

L'ouverture de la colonne b ne peut avantager que les Blancs, mais sur le repli 14...♗c7, alors 15.b5! faisait très mal.

15.bxc5 ♗c7 *(D)*

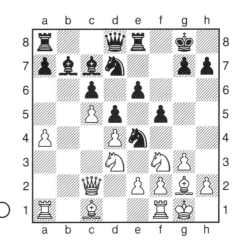

16.♗f4!

Un concept positionnel désormais familier : dans le Stonewall, les cases noires constituent une faiblesse chronique, et donc les Blancs ont généralement intérêt à échanger le Fou correspondant.

16...♗xf4 17.gxf4!

Également thématique dans ces positions de Stonewall. Le Roi blanc semble exposé, les pions sont doublés, mais cela n'a guère d'importance. Ce qui compte, c'est l'emprise croissante des Blancs sur les cases noires.

17...♕c7 18.♘fe5 ♘ef6 19.♖fb1 a5?

Une faute positionnelle qui va s'avérer décisive. Les Noirs veulent activer le Fou par ...♗a6 sans autoriser ♘b4. Malheureusement, ce coup affaiblit case b6, ce dont les Blancs profitent immédiatement. Malgré les erreurs précédentes, Portisch aurait eu beaucoup plus de mal à progresser sur 19...♖eb8, par exemple.

20.♘xd7!

Toujours la même idée : échanger les pièces qui protègent le point faible – ici, les deux Cavaliers et la case b6, respectivement.

20...♘xd7 *(D)*

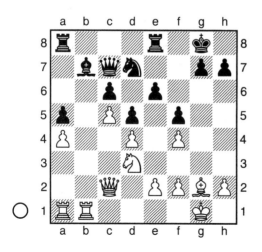

21.♘e5! ♘xe5 22.fxe5

La cavalerie ayant été intégralement décimée, plus rien n'empêche les Blancs d'occuper la case b6.

22...♖eb8 23.♖b6 ♗a6 24.♖ab1 ♖b7 25.♕d2!

Dans cette position précise, il est inutile de recourir au canon d'Alekhine par 25.♖1b3 suivi de ♕b2, car les Noirs tiennent facilement la case b7. Portisch préfère donc forcer l'échange sur b6 (sans quoi le pion a5 tombe), de manière à se créer un pion passé.

25...♖xb6 26.cxb6 ♕b7 27.♕xa5 ♗b5

Radulov regagne son pion, mais la pénétration de la Dame blanche sur les cases noires centrales est décisive. L'alternative était 27...♗xe2, après quoi Portisch donne 28.♕xa8+ ♕xa8 29.b7 ♕b8 30.♗f1, estimant que les Noirs sont sans défense contre l'irruption du pion en a7. Mais il semblerait que ce ne soit pas le cas après 30...♗b5 (même 30...♗c4 n'est pas si clair), et donc sur 27...♗xe2, les Blancs doivent se contenter de 28.♕d2 suivi de 29.a5 avec tout de même un avantage positionnel décisif.

28.♕b4 ♖xa4 29.♕d6 ♔f7 *(D)*

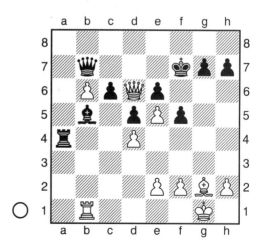

Apparemment, les Blancs ont tout gâché :

le pion e est parfaitement défendu, mais le pion b6, lui, est attaqué. 30.♕c7+? n'apporte rien à cause de 30...♕xc7 31.bxc7 ♖a8, mais Portisch avait préparé une superbe percée combinatoire.

30.e4!!

La position des Noirs cède précisément là où elle semble mieux défendue.

30...♕xb6

30...fxe4 perd sur le champ à cause de 31.♗h3, mais 30...dxe4 est plus compliqué. Les Blancs s'imposent en grand style : 31.d5! exd5 32.♗h3 g6 33.♕f6+ ♔g8 34.♗xf5! gxf5 35.♔h1 ♗e2 36.♖g1+ ♗g4 37.♕xf5.

31.exf5 ♕a7

31...exf5 32.e6+ gagne pour les Blancs.

32.♕xe6+ ♔f8 33.♗xd5! cxd5 34.♖xb5 ♖xd4 35.♕c8+ 1-0

Une très belle finition de Portisch.

Les leçons à retenir

- La formation Stonewall permet de prendre de l'espace au centre et de trouver du jeu sur l'aile roi, mais en affaiblissant les cases noires centrales, notamment e5.
- Le Fou de cases noires est la pièce mineure la plus précieuse du défenseur, les Blancs ont presque toujours intérêt à l'échanger.
- Retenez la prise 17.gxf4!, qui permet d'accentuer le contrôle central sur cases noires.
- Même avec un grand avantage positionnel, il faut toujours recourir à la tactique pour conclure une partie. Ici, on voit bien que Portisch, au moment de jouer 27.♕xa5, devait avoir calculé pratiquement jusqu'au bout.

Partie 34

Hodgson - Short

Ch de Grande-Bretagne, Swansea 1987

Ouverture Bird

Nous allons maintenant examiner la formation dite de la Hollandaise classique, dans laquelle les Noirs (ici les Blancs, qui jouent une Hollandaise avec couleurs inversées) ne poussent le pion d que d'une case, ce qui évite d'affaiblir tout un complexe de cases comme dans le Stonewall, mais permet à l'adversaire de percer plus facilement au centre. Bien aidé par le jeu médiocre de son adversaire en début de milieu de partie, Short prend et conserve l'ascendant de manière thématique.

1.f4 ♘f6 2.♘f3 d5 3.b3 g6 4.♗b2 ♗g7 5.e3 0-0 6.♗e2 c5 7.0-0

À partir de l'ouverture Bird, nous obtenons finalement une structure de Hollandaise avec couleurs inversées. Au lieu du Stonewall vu dans la partie précédente, les Blancs optent pour la formation Hollandaise classique en plaçant leur pion en d3. On constate une autre différence avec la Hollandaise normale : les Blancs ont mis le Fou-dame en fianchetto, ce qui résout le problème de développement inhérent à cette pièce. Évidemment, avec les Blancs, on dispose d'un temps de plus : si les Noirs tentent la même chose dans une Hollandaise, ils s'exposent généralement à un rapide d5, comme par exemple dans la séquence 1.d4 f5 2.c4 e6 3.♘f3

♘f6 4.g3 b6? 5.♗g2 ♗b7 6.0-0 ♗e7 7.d5!, avec avantage blanc.

7...b6 8.♕e1 ♘c6 9.♘e5 ♗b7 10.♗f3 ♖c8 11.d3 (D)

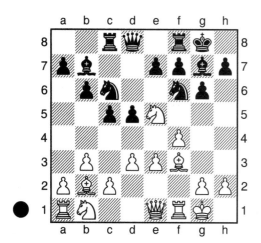

Les Blancs jouent vraiment comme dans une Hollandaise : la Dame se prépare à venir en h4 pour attaquer le Roi, tandis que la manœuvre ♘e5 et ♗f3 accroît le contrôle central en vue de préparer la poussée e4. Comme nous l'avons dit précédemment, avec le pion blanc en d3, les Noirs ont en particulier le plan de préparer la poussée ...e5, qui permettra, si elle est réalisée dans de bonnes conditions, d'exposer des faiblesses sur la colonne e, en particulier e3.

11...e6 12.♘d2

Il est trop tôt pour 12.♘xc6 ♗xc6 13.e4?, à cause de la suite tactique 13...dxe4 14.dxe4 ♘xe4! et l'échec en d4 gagne un pion.

12...♘b4 13.♗d1 ♘d7!

Exploite le clouage sur la grande diagonale pour évincer le Cavalier de e5.

14.♘df3 f6 15.♘xd7 ♕xd7 (D)

Par un jeu précis, les Noirs ont pris le contrôle d'une case vitale, e5. Le plan naturel consiste maintenant à préparer ...e5.

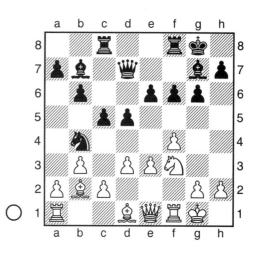

16.h4?

Ce coup impatient ne fait qu'affaiblir la position. Il est vrai qu'il est difficile de trouver une suite vraiment constructive. 16.e4? échoue encore et toujours tactiquement à cause de 16...dxe4! 17.dxe4 ♗xe4! (18.♕xe4 f5), et donc il faut peut-être se contenter de l'égalité après 16.a3 ♘c6 17.e4.

16...♘c6 17.♕g3

Hogdson veut absolument attaquer sur l'aile roi, mais ce plan n'est pas justifié dans le cas présent. Il fallait préférer un jeu central par 17.e4.

17...♘e7!

En route vers f5.

18.♕h3 ♘f5 19.♗c1 h5 20.♗e2

Maintenant les Noirs prennent le contrôle de g4, mais 20.g4 hxg4 21.♕xg4 ♔f7! exposait davantage le Roi blanc que son homologue.

20...♘h6 21.♗d2 ♘g4

Les Blancs regrettent amèrement leur impulsif 16e coup.

22.♖ad1 ♖ce8 23.♖de1

Une indécision compréhensible en l'absence de tout plan constructif.

23...♗c6 24.♗d1 (D)

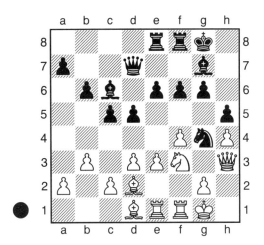

24...e5

La poussée thématique.

25.fxe5

Maintenant le pion e3 sera faible, mais si on ne fait rien, les Noirs ont le choix entre pousser ...e4 et jouer ...exf4 suivi de ...d4, auquel cas e3 devient un avant-poste. Dans les deux cas, les Blancs ont de gros problèmes à résoudre.

25...♘xe5!

Bien meilleur que 25...fxe5. Il faut maintenir la colonne ouverte pour faire pression sur la faiblesse en e3.

26.♕xd7 ♘xd7

Désormais, le thème de la partie est la faiblesse du pion arriéré. Les Blancs sont rivés à la défense du pion e3, pilonné méthodiquement par les forces noires. C'est le cauchemar de tout joueur de Hollandaise.

27.♘h2 f5 (D)

Empêche 28.g4 et fixe encore davantage la faiblesse e3. Le Cavalier blanc obtient la case g5, mais Short estime que ce facteur est moins significatif, car aucune autre pièce ne peut le soutenir dans son action. Les Russes ont une

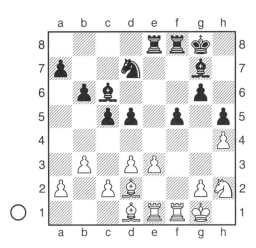

expression pour cela : « Un homme seul ne fait pas une armée ! ».

28.♘f3 ♖e7 29.♘g5 ♗e5

Short pouvait très bien doubler les Tours immédiatement, mais il préfère procéder à un regroupement pour désorganiser encore un peu les pièces adverses. La menace est 30...♗g3.

30.♖f3 ♘f6

Le Cavalier revient à son poste idéal, d'où il contrôle e4 et menace de venir en g4.

31.♖ef1 ♔g7 32.d4 ♗d6

Et non pas 32...cxd4? 33.♗b4.

33.♗c3

Les Blancs ont encore affaibli e3 et e4, mais au moins le Fou dispose d'une diagonale active. Pas pour longtemps.

33...♖fe8 34.♖e1 cxd4 35.♗xd4 ♗e5

Échange sans ménagement le Fou désormais bien placé.

36.♗xe5 ♖xe5 (D)

Le sort du pion e3 est scellé : les Noirs menacent de s'en emparer par ...♘g4 ou ...d4.

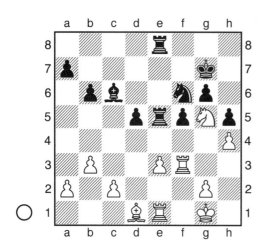

37.♖f4 ♖xe3 38.♖xe3 ♖xe3 39.♔f2 ♖c3!

Une activité constante qui permet de garder l'emprise sur la position. Depuis c3, la Tour fixe le Fou en d1.

40.♖f3 ♘g4+ 41.♔e2 d4 42.♖f4

La finale de pièces mineures est sans espoir également, par ex. 42.♖xc3 dxc3 43.g3 ♔f6 et si 44.♔d3? ♘f2+ 45.♔e2 ♘h1, les Noirs gagnent encore un pion.

42...♔f6 43.♖xd4 ♔e5 44.♖d8 ♗xg2

Les pions passés de l'aile roi vont faire la décision.

45.♔d2 ♖c6 46.♖d3 ♘f2 47.♖e3+ ♘e4+ 48.♘xe4 ♗xe4 49.♖g3 ♖d6+ 50.♔e1 ♔f4

Les Noirs ont un pion d'avance, mais aussi des pièces plus actives, notamment le Roi.

51.♖g1 ♗f3

Le plus simple. « Les finales de Tours sont toujours nulles », dit-on. Voici une exception !

52.♗xf3 ♔xf3 53.c4 ♖e6+ 54.♔d2 f4 55.b4 ♔f2 56.♖g5 f3 57.c5 bxc5 58.bxc5 ♔f1 59.♖d5 f2 60.♖d6 ♖e2+ 61.♔d1 ♖e5 62.c6 g5 0-1

Les Noirs se créent un second pion passé, tandis que la Tour contrôle facilement le pion adverse en c5. Une partie très maîtrisée de la part de Short, belle illustration du plan standard contre la Hollandaise avec un pion en d6 (ou d3, dans le cas présent).

Les leçons à retenir

- Par rapport au Stonewall, la structure de Hollandaise classique évite le trou en e5, mais facilite la percée e4 pour l'adversaire.
- Une fois la poussée e4 (ou ...e5, comme ici) réalisée, le joueur de Hollandaise aura sans doute une faiblesse en e6 (ici, e3) qui constituera une gêne considérable.
- Dans ces positions, c'est au joueur de Hollandaise lui-même de réussir la poussée ...e5 (ici, e4). Dans cette partie, Hogdson a perdu parce qu'il a omis de le faire entre le 16e et le 20e coup.

Partie 35

Golombek - Fuderer

Zonal, Munich 1954

Défense Est-indienne, variante Classique

L'Est-indienne est une des défenses les plus populaires contre 1.d4. Elle peut déboucher sur de nombreuses structures différentes, et nous allons en étudier quelques-unes. Ici, les Blancs commettent l'erreur d'échanger les pions en e5 dans des conditions défavorables. Il en résulte une faiblesse en d4 que Fuderer va exploiter dans les règles de l'art.

1.d4 ♘f6 2.c4 d6 3.♘c3 e5 4.♘f3 ♘bd7 5.e4 g6 6.♗e2 ♗g7 7.0-0 0-0 8.♖e1 c6 9.dxe5? dxe5 *(D)*

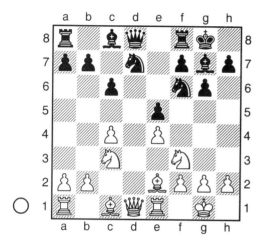

La défense Est-indienne fait partie de ces systèmes qui ont connu une immense popularité juste après la Seconde Guerre mondiale et ont su la conserver. Au lieu de chercher à égaliser progressivement en simplifiant, comme c'est le cas par exemple dans le Gambit Dame Refusé, l'Est-indienne permet en quelque sorte de jouer dans son coin. Les Noirs concèdent de l'espace, mais évitent les simplifications précoces et construisent une position solide permettant de préparer une vigoureuse contre-attaque. De nombreuses structures de pions sont possibles, en fonction notamment des choix opérés par les Blancs. Dans la position après le huitième coup des Noirs, les Blancs ont essentiellement trois options : fermer le jeu en poussant d5, échanger en e5, ou maintenir la tension. Dans cette partie, les Blancs choisissent la deuxième option, mais c'est souvent la moins bonne. Elle peut paraître séduisante, puisque les Blancs fixent le pion noir en e5, où il gêne le Fou est-indien, et qu'une

faiblesse potentielle apparaît en d6. Il suffirait de pouvoir installer un Cavalier sur cette case pour obtenir une domination écrasante. Le plan semble tout simple : b4, c5, et ♘d2-c4-d6. En réalité, sur un jeu précis des Noirs, on a rarement le temps de le mener à bien. Pire encore : l'échange en e5 a laissé un trou en d4, et les Noirs, eux, n'ont aucun mal à l'occuper. On comprend dès lors pourquoi la variante d'échange en e5 se produit rarement dans le jeu moderne. Démonstration.

10.♗e3 ♕a5 11.♗d2 ♕c7 12.b4 ♖d8 13.♕c1 ♘f8!

Un coup typique de ce genre de position : le Cavalier se dirige vers la case d4 via e6.

14.♗h6?

Nouvelle erreur positionnelle, qui fait le jeu des Noirs. A priori, l'échange du Fou en fianchetto peut sembler favorable aux Blancs, mais en réalité c'est tout le contraire. Avec le pion fixé en e5, le Fou g7 est presque mauvais, alors que son homologue est indispensable pour défendre la case faible en d4. Par conséquent, dans cette structure, les Noirs sont très contents de cet échange.

14...♗g4!

Encore un coup standard qui s'inscrit dans le plan d'occupation de la case d4. Le Fou entend s'échanger contre le Cavalier f3, autre défenseur de d4.

15.♗xg7 ♔xg7 16.♕b2 ♗xf3 17.♗xf3 ♖d4 *(D)*

On voit clairement que la stratégie des Noirs est un succès indiscutable. Les Blancs n'ont fait aucun progrès dans le sens d'une occupation de d6, alors qu'une pièce adverse occupe déjà la case d4. Pour couronner le tout, le Fou blanc, gêné par le pion e4, est inefficace, et les Blancs n'ont aucune cible dans la position adverse.

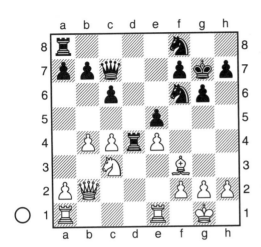

18.c5 ♘e6 19.♖ad1 ♖ad8 20.♖xd4 ♖xd4
21.♘e2 ♖d7 22.♘g3

Certes, les Blancs ont du mal à trouver des coups constructifs, mais le Cavalier n'est tout de même pas très bien placé en g3.

22...h5!

Menace ...h4-h3 pour affaiblir l'aile roi des Blancs.

23.h4

Le pion noir n'ira pas plus loin, mais l'affaiblissement est créé.

23...♘d4 24.♗d1 ♕d8

Renforce le contrôle de la colonne ouverte tout en lorgnant sur le pion faible h4.

25.♘f1 ♘g4 26.f3 ♘h6 27.♕f2 a5!

Profitant du départ de la Dame blanche sur le front de l'Est, les Noirs frappent immédiatement de l'autre côté – le principe des deux faiblesses. Les pions c5 et b4 sont une cible de choix.

28.a3 ♘b5 29.♗b3 axb4

Inutile de compliquer par 29...♘xa3 30.♕b2. Les Noirs prendront le pion b4 seulement après s'être assurés que les Blancs n'ont aucun contre-jeu.

30.axb4 ♖d4 (D)

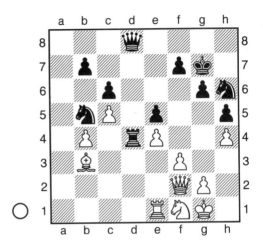

Le pion b4 est condamné, et son camarade en c5 ne va pas tarder à subir le même sort. Remarquez bien le passage de témoin des pièces noires sur la case d4. C'est d'abord la Tour qui est venue l'occuper, puis le Cavalier, et à nouveau la Tour. Tout ceci découle de la décision erronée d'échanger les pions en e5 au 9ᵉ coup.

31.♕g3 ♕e7 32.♘e3 ♖xb4 33.♗c4 ♘d4

Voir le commentaire du 30ᵉ coup. C'est maintenant le Cavalier qui revient occuper l'avant-poste d4.

34.♔h1 ♕xc5 35.♗d3 b5 36.♔h2 ♔h7 37.♔h3 ♘e6 38.♗f1 ♖b3 39.♕f2 ♕d4

Et pour finir, la Dame s'offre aussi un petit séjour en d4.

40.g3 c5 0-1

Les leçons à retenir

• Les Blancs peuvent échanger en e5 s'ils ont la possibilité d'exploiter la case d6, mais sinon, ce sont les Noirs qui obtiennent un avant-poste en d4. En pratique, les Noirs ont moins de mal à exploiter d4 que les Blancs à utiliser d6, ce qui fait que l'échange est discutable dans son principe.

- Comme toujours, l'exploitation d'une faiblesse se fait en échangeant les pièces ennemies qui la défendent. C'était le sens de ...♗g4xf3, et les Blancs se sont montrés coopératifs en échangeant eux-mêmes les Fous de cases noires.

- Une fois que les Noirs ont eu le contrôle de d4, ils ont pu l'utiliser comme tremplin pour différentes pièces avant d'aller cueillir les pions blancs sur l'aile dame.

Partie 36
Shamkovich - Nezhmetdinov
Ch d'URSS, Bakou 1961
Défense Est-indienne, variante Classique

Contre l'Est-indienne, les Blancs ont aussi la possibilité de fermer le centre en poussant d5. Dans ce cas, la partie se transforme généralement en une sorte de course de vitesse, les Blancs attaquant sur l'aile dame et les Noirs sur l'aile roi. Ici, c'est le joueur en second qui aura le dernier mot.

1.d4 ♘f6 2.c4 g6 3.♘c3 ♗g7 4.e4 0-0 5.♘f3 d6 6.♗e2 e5 7.0-0 ♘c6 8.d5

Contrairement à ce qui s'est passé dans la partie précédente, les Blancs ferment le centre. Dans cette position précise, c'est de loin le plan le plus répandu, mais on peut aussi maintenir la tension par 8.♗e3.

8...♘e7 9.♘d2 ♘e8 10.b4

Les plans respectifs sont clairs. Les Blancs, qui ont davantage d'espace sur l'aile dame, comptent s'en servir pour attaquer la chaîne de pions adverse en préparant la poussée c5. Cela leur permettra d'ouvrir la colonne c en vue de pénétrer. De leur côté, les Noirs vont attaquer sur l'aile roi par ...f5.

10...f5 *(D)*

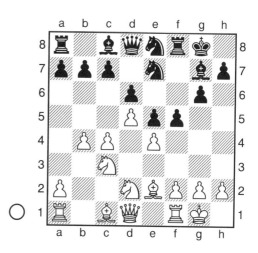

Un des grands carrefours de l'Est-indienne avec les Blancs. Dans les positions où l'on ferme le centre par d5, il faut ensuite décider de la manière dont on va répondre à la poussée ...f5. Il y a deux grandes options – a) prendre en f5, ou b) ne rien faire et laisser les Noirs choisir entre prendre en e4 et pousser ...f4 pour lancer une marée de pions. Bien souvent, c'est une question de goût, mais en général, il faut un bon jugement et des nerfs solides pour autoriser ...f4, car l'attaque peut s'avérer extrêmement dangereuse. Objectivement, les chances des Blancs sur l'aile dame sont souvent au moins égales à celle des Noirs de l'autre côté ; en pratique, la position des Blancs est très difficile à jouer. La moindre erreur peut avoir des conséquences désastreuses : là où les Noirs risquent tout au plus de perdre un pion ou deux sur l'aile dame, les Blancs, eux, sont constamment menacés de mat. C'est pourquoi, concrètement, la position noire est séduisante, et c'est aussi pourquoi nombreux sont ceux qui préfèrent éviter les positions à double tranchant avec les Blancs. Démonstration.

11.f3

Superflu, puisque le pion e4 n'était pas menacé. 11.c5 est plus cohérent.

11...f4 12.c5 g5 13.♘c4 ♖f7 *(D)*

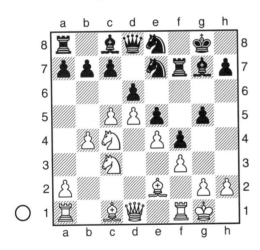

Un coup fréquent dans ce type de position. La Tour défend c7 et libère la case f8 pour le Fou, qui va venir défendre le pion d6, potentiellement vulnérable, tout en cédant sa place à la Tour en g7, en soutien de la marée de pions.

14.♗d2?

Une manœuvre un peu lente. Il était plus logique de continuer par 14.a4, après quoi le Fou pouvait venir en a3 pour augmenter la pression sur d6.

14...♘g6 15.♗e1 ♗f8 16.♗f2

Les Blancs espéraient que depuis la case f2, le Fou pourrait contribuer à la défense de l'aile roi tout en visant l'aile dame. Le principe a du bon, mais dans des positions aussi tendues, trois temps, c'est trop cher payé.

16...h5 17.♖c1 ♘f6 18.cxd6 cxd6 19.♘b5 *(D)*

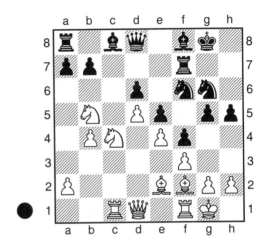

19...g4!

Au diable le pion a, l'attaque avant tout ! De toute façon, 19...a6 serait une erreur à cause de l'affaiblissement de b6, autorisant 20.♗b6 ou 20.♘b6. Il faut bien garder à l'esprit que dans ces positions, les Noirs doivent absolument éviter l'échange de leur Fou de cases blanches, qui est essentiel pour leur attaque. Les Blancs résisteront beaucoup mieux à la marée de pions sur l'aile roi s'ils parviennent à l'éliminer. C'est pourquoi l'un des plans de base dans ces structures consiste à provoquer la poussée ...a6, puis occuper la case b6 avec un Cavalier pour s'emparer du Fou. Une autre méthode consiste à jouer ♘b5-c7-e6, de manière à forcer ...♗xe6. On comprend dès lors le rôle crucial de la Tour noire en f7 : en surveillant la case c7, elle complique sérieusement la vie du Cavalier blanc.

20.♘xa7 ♗d7

Cf. le commentaire précédent. Les Noirs conservent leur « précieux ».

21.a4

Permet au Cavalier de ressortir en b5, mais c'est encore un tempo de perdu, et à l'Est, la tempête fait rage.

21...g3 22.♗b6

Impossible de prendre deux fois en g3, le Cavalier a7 serait en l'air.

22...♕e7 23.♔h1

Libère la case g1 au bénéfice du Fou, mais l'immédiat 23.♘b5 est peut-être plus fort.

23...♖h7! 24.♘b5 *(D)*

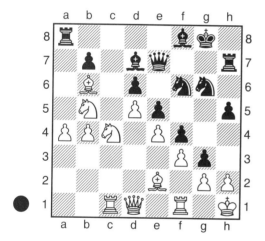

24...♘g4!!

Pour permettre à la Dame de venir en h4. Le Cavalier est tabou : si 25.fxg4 hxg4 26.♗g1, alors 26...♖xh2+! 27.♗xh2 ♕h4 suivi du mat au coup suivant.

25.h3 ♕h4 26.♕d2

Sur 26.♔g1, le tarif serait le même.

26...♘e3!

Bien plus précis que l'évident 26...♘f2+, qui achoppe sur 27.♔g1 ♗xh3 28.gxh3 ♕xh3 29.♖xf2.

27.♗d3

En cas de prise en e3 (avec Fou le Cavalier), 27...♗xh3 est décisif.

27...♗xh3!

Les forces noires s'engouffrent dans la brèche. Notez bien le rôle vital joué par le Fou de cases blanches : sans lui, le rempart h3-g2-f3 tiendrait encore.

28.gxh3 g2+ 29.♔g1 gxf1♕+ 30.♗xf1 ♕g3+ 31.♗g2 ♘h4 32.♕f2

32...♘xf3+ était dans l'air.

32...♘exg2 33.♕xg3+ fxg3 0-1

Les Blancs ont une Tour de moins. Un exemple typique des attaques dévastatrices qu'obtiennent les Noirs quand on les laisse pousser ...f4 dans ces structures.

Les leçons à retenir

- Quand les Blancs ferment le centre par d5 dans les structures Est-indiennes, le squelette de pions induit une attaque des Blancs sur l'aile dame et un assaut des Noirs à l'aile roi.
- Quand les Noirs poussent ...f5, les Blancs ont le choix entre prendre en f5 ou autoriser la poussée ...f4.
- Une fois que le pion est en f4, les Noirs ont un plan naturel, et souvent très dangereux, de marée de pions commençant par ...g5.
- Dans ces structures avec ...f4, le Fou de cases blanches des Noirs joue un rôle central, et les Blancs ont donc pour objectif de l'échanger.

Partie 37

Flohr - Suetin

Ch d'URSS, Moscou 1950
Défense Est-indienne, variante Classique

Dans cette partie, les Blancs ferment à nouveau le centre, mais cette fois, sur la poussée ...f5, Flohr décide de prendre. La partie prend alors un Tour plus positionnel. Après ...gxf5, les Blancs poussent à leur tour f4, avec une formation de pions qui fait également partie des grands classiques de l'Est indienne. Ici, les Noirs vont se tromper de méthode au moment de clarifier la situation au centre, avec à la clé une défaite instructive.

1.♘f3 ♘f6 2.c4 g6 3.♘c3 ♗g7 4.e4 d6 5.d4 0-0 6.♗e2 e5 7.0-0 ♘bd7 8.d5

Les Blancs ferment le centre, mais la situation diffère quelque peu de la précédente, les Noirs ayant déjà développé leur Cavalier en d7.

8...♘c5 9.♕c2 a5 10.♘e1 ♘fd7 11.♗e3 f5 *(D)*

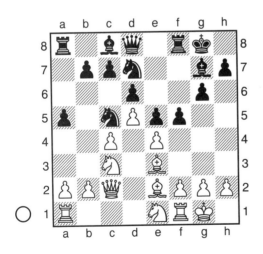

12.exf5

Un moment important. Au lieu d'autoriser le pion à venir en f4, les Blancs préfèrent l'échanger, ce qui entraîne généralement un jeu plus tranquille.

12...gxf5

Le coup normal : il est rarement correct de reprendre avec une pièce dans ce type de position, car cela concède la case e4. Il n'y a réellement qu'un cas de figure où cela peut être considéré comme acceptable : c'est lorsqu'on reprend en f5 avec un Cavalier qui va ensuite pouvoir s'installer en d4. Sinon, le mieux est de reprendre du pion.

13.f4 *(D)*

Ce coup est également dans l'ordre des choses : il empêche radicalement toute progression du pion f adverse et force les Noirs à prendre une décision quant à la tension centrale. Il y a trois grandes possibilités : pousser e4, échanger en f4 ou maintenir la tension, bien que cette troisième option soit rarement disponible – et elle ne l'est pas ici.

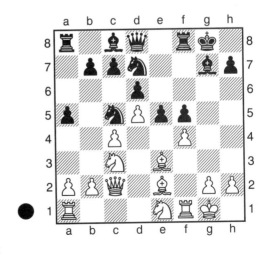

13...e4?

Dans ce cas précis, cette poussée est une grave erreur positionnelle. Évidemment, il n'existe pas de règles toutes faites permettant de gérer tous les cas de figure, mais il y a tout de même des points de repère. La poussée e4 crée certes un pion passé sur la colonne e, mais comme il est bien bloqué, il n'est pas très menaçant. En revanche, les Noirs ont renoncé au contrôle de la case d4, qui pourrait devenir une très belle plaque tournante pour les pièces adverses. De plus, les Blancs ont maintenant la possibilité de préparer la poussée g4, afin de priver le pion e4 de soutien. Ce sont des facteurs à prendre en compte au moment de se décider pour la poussée. Si l'on est en mesure d'empêcher la rupture en g4, c'est un argument positif. Il faut également voir si l'on peut contrôler la case d4, en l'occurrence avec un pion en c5. Dans ce cas, ...e4 est souvent le meilleur coup. L'autre plan consiste à échanger sur f4. À première vue, ce n'est pas très séduisant, car les Noirs se retrouvent avec un pion f5 isolé qui pourrait devenir une cible. L'avantage, c'est que les pièces noires vont pouvoir utiliser la case e5, et peut-être même e4. On voit que l'échange en f4 est fondé sur l'idée de compenser les faiblesses structurelles par un jeu de pièces actif. En l'espèce, 13...exf4 était clairement la meilleure option, car après 14.♗xf4, les Noirs disposent de 14...♘e4!, puisque les Blancs ne peuvent pas prendre deux fois en e4 sans perdre le pion b2. On peut ensuite continuer par ...♛f6, avec un bon jeu de pièces qui compensent effectivement la faiblesse en f5. Après le coup du texte, les Blancs vont se regrouper et utiliser la case d4 pour s'adjuger un bel avantage positionnel.

14.♛d2

La Dame cède immédiatement la case de transit c2 au Cavalier.

14...♘f6 15.♘c2 ♛e8 16.♘b5! *(D)*

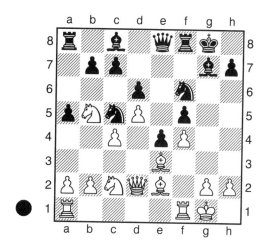

De cette case, le Cavalier force les Noirs à défendre c7, et il est difficile à déloger à cause de la faiblesse en d6.

16...♛f7

La position est très désagréable, mais Suetin aggrave les choses en jouant passivement, sans aucun plan. Il fallait au moins essayer 16...♛e7, qui défend d6, de telle sorte que si les Blancs continuaient par 17.♗d4, comme dans la partie, il pouvait répliquer 17...c6.

17.♗d4

Les pièces mineures des Blancs trouvent toutes d'excellentes cases. En d4, le Fou neutralise son collègue est-indien tout en libérant la case e3 pour l'autre Cavalier, qui va venir faire pression sur le pion f5 et soutenir la poussée g4.

17...♘e8 18.♘e3 ♚h8 19.♖ac1 *(D)*

Flohr envisage de faire coulisser cette Tour sur l'aile roi via la troisième rangée.

Cette position illustre à merveille la valeur de la case d4, que les Noirs ont concédée avec leur 13e coup.

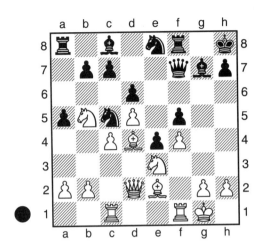

37.bxc5 ♗c8 38.♘c4 *(D)*

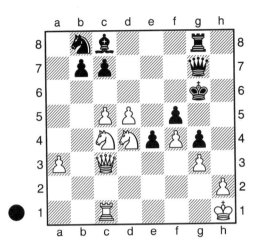

19...♗d7 20.♖c3 ♖d8 21.♔h1 ♘a6 22.♘c2 ♗xd4 23.♘bxd4 ♘f6?

Un oubli tactique qui va coûter un pion. 23...♘g7 était préférable, même si les Blancs restaient maîtres du jeu.

24.♖g3 ♖g8

Le pion a5 ne peut plus être sauvé, car après 24...b6, les Blancs gagnent du matériel par 25.♘e3 ♘e8 26.♘dxf5! ♗xf5 27.♕d4+ ♕f6 (27... ♘g7 perd sur 28.♘xf5) 28.♘xf5.

25.♖xg8+ ♖xg8 26.♘e3 ♕g7 27.g3 ♕g6 28.♕xa5

Les Noirs n'ont strictement aucune compensation pour ce pion.

28...h5 29.♘g2

Empêche tout contre-jeu à base de 29...h4.

29...♘g4 30.♕c3 ♔h7 31.b4

Les Blancs se préparent à percer sur la colonne c en jouant c5.

31...♘b8 32.a3 ♕f7 33.♗xg4 hxg4 34.♘e3 ♕g7 35.♖c1 ♔g6 36.c5 dxc5

On ne peut pas permettre l'échange en d6, car les Blancs pénétreraient sur la colonne c et le pion d6 finirait par tomber. La pénétration sur la colonne c est un plan typique de ces structures.

Les Noirs pouvaient abandonner la conscience tranquille.

38...♖d8 39.d6 cxd6 40.cxd6 ♔h7 41.♕a5 ♕d7 42.♘e5 ♕xd6 43.♘f7 b6 44.♕a7 ♕d7 45.♕xb6 ♕xd4 46.♕xd8 ♕xd8 47.♘xd8 ♗a6 48.♖c7+ ♔g8 49.♘e6 e3 50.♔g1 ♔h8 51.♘c5 1-0

Les leçons à retenir

- Après l'échange exf5, il est généralement conseillé de reprendre du pion, après quoi les Blancs poussent souvent f4.
- Les Noirs ont alors le choix entre échanger en f4 et pousser. Du point de vue structurel, la poussée est préférable, sauf si les Blancs sont en mesure d'exploiter la case d4. Le positionnement du pion c des Noirs revêt alors une importance cruciale. S'il est en c5 et contrôle d4, alors ...e4 est sans doute jouable. Mais s'il est en c7, mieux vaut s'abstenir.
- Certes, la prise en f4 endommage la structure de pions, mais l'activité des pièces noires compense bien souvent l'affaiblissement structurel.

Partie 38

Epishin - Polugaevsky

Tilburg 1993

Défense Ouest-indienne, 4.g3

Comme nous le verrons dans le chapitre sur les finales, le pion passé y joue un rôle essentiel. Mais pour peu qu'il bénéficie du soutien adéquat, il peut aussi – quoique plus rarement – causer de gros dégâts en milieu de jeu. Ici, les Noirs vont perdre le contrôle de la case de blocage d6, après quoi le pion passé adverse va se transformer en arme fatale.

1.d4 ♘f6 2.c4 e6 3.♘f3 b6 4.g3 ♗a6

Un traitement résolument moderne pour une défense déjà ancienne. Traditionnellement, la défense Ouest-indienne vise à contrôler la case e4, et par conséquent le Fou se développe en b7, sa case naturelle. C'est dans les années 1980 qu'est apparu ce nouveau plan : le pion c4 est attaqué, il faut bien le défendre.

5.b3

La méthode la plus naturelle, mais 5.♕a4 et 5.♘bd2 sont possibles également.

5...♗b4+ 6.♗d2 ♗e7

Deuxième étape du plan défensif : techniquement, les Noirs perdent un temps, mais ils tenteront de démontrer que le Fou est mal placé en d2.

7.♗g2 c6

Le dernier maillon de la chaîne se met en place : le prochain coup sera ...d5, renouvelant l'attaque sur le pion c4, dans l'espoir de provoquer un échange en d5 afin d'ouvrir la diagonale f1-a6 pour le Fou des Noirs.

8.♗c3

Anticipant la manœuvre adverse, les Blancs libèrent la case d2 au profit du Cavalier.

8...d5 9.♘e5 ♗b7 10.♘d2 ♘bd7 11.♘xd7

♕xd7 12.0-0 0-0 13.e4 *(D)*

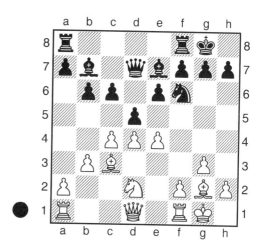

Bilan de ce jeu de manœuvre relativement obscur : les Blancs ont davantage d'espace, mais la position adverse est très solide et exempte de réelles faiblesses.

13...♖fd8 14.♖e1

14.e5 est un autre plan.

14...dxe4?!

Les Noirs passent à côté d'une finesse tactique qui va les conduire à concéder un pion passé. Il fallait jouer tout simplement 14...♖ac8 et les Blancs n'ont qu'un avantage minimal.

15.♘xe4 c5 16.d5! ♘xe4

Les Noirs réalisent seulement maintenant, sans doute, qu'il n'y a pas de gain de pion par 16...exd5 17.♘xf6+ ♗xf6 18.♗xf6 gxf6 19.cxd5 ♗xd5?, à cause de 20.♗xd5 ♕xd5 21.♖e8+! ♔g7 22.♕xd5 ♖xd5 23.♖xa8 et les Blancs gagnent. Une astuce tactique à retenir, car plus fréquente qu'on ne croit.

17.♗xe4 exd5 18.cxd5 ♕d6 (D)

Le pion d est toujours intouchable, car le Fou e7 n'est pas protégé.

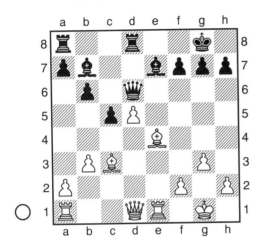

À cause de l'erreur commise par les Noirs au 14ᵉ coup, un fort pion passé est apparu sur la colonne d. S'il parvient à avancer encore, il va totalement perturber le jeu des Noirs, c'est pourquoi il est essentiel de le bloquer.

19.♕c2 ♗f6?

Une erreur fatale : les Blancs vont exploiter sans états d'âme ce relâchement du blocage. Les Noirs étaient déjà moins bien, mais 19...g6 permettait de mieux se défendre (surtout pas 19...h6? 20.♗e5!).

20.♗xf6 ♕xf6 21.♖ad1!

La prise immédiate en h7 perdrait le pion d5, mais maintenant les Blancs ont la double menace 22.♗xh7+ et 22.d6.

21...♖ab8 22.d6!

Le pion passé est si fort que ce coup est encore meilleur que la prise en h7, qui permettrait aux Noirs d'établir un blocage en d6 avec la Tour.

22...g6 23.d7 ♗c6 24.♗xc6 ♕xc6 25.♖e7

Avec ce monstrueux pion passé en d7, les Blancs sont gagnants, mais encore faut-il trou-ver comment faire tomber le dernier rempart. Une fois de plus, c'est le principe des deux faiblesses qui est la clé de tout.

25...♔f8 26.♕e2

Menace 26.♕e5.

26...♕f6 27.♖e5 ♕c6 28.♖ed5 ♔g8 29.♖d6 ♕c7 (D)

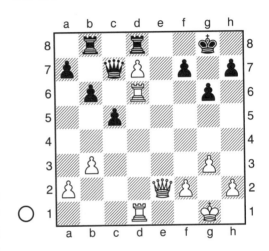

30.h4!

Rideau. Les Blancs utilisent le pion h pour créer des menaces autour du Roi adverse. Les forces noires ne peuvent pas à la fois contrôler le pion passé et défendre le Roi.

30...b5

Si les Noirs essaient d'arrêter le pion h par 30...h5, il suit 31.♕e7, puis g4 et h5 et... le Roi est nu.

31.h5 ♖b6 32.♕e8+ ♔g7 33.♕e5+ ♔f8 34.♕h8+ ♔e7 35.♕f6+ ♔f8 36.♖e1 1-0

La menace était 37.♕h8#, et si 36...♔g8, alors 37.h6 avec mat.

Les leçons à retenir

- Même en milieu de jeu, le pion passé peut s'avérer décisif si l'adversaire ne parvient pas à le bloquer.
- Gardez bien à l'esprit le « principe des deux

faiblesses ». Même avec un pion passé en septième rangée, les Blancs ont dû avoir recours à des menaces contre le Roi pour faire céder la défense.

Partie 39
Levenfish - Lisitsyn
Moscou 1935
Partie Anglaise, Étau de Maróczy

L'étau de Maróczy est une formation centrale bien connue, elle aussi. Comme son nom l'indique, elle donne aux Blancs une forte emprise sur le centre, tant et si bien qu'elle fut longtemps considérée comme très avantageuse. Mais ces dernières années, la défense a trouvé des ressources qui font de l'étau une arme moins redoutable qu'autrefois. Il n'empêche que les Noirs doivent faire preuve de précision pour égaliser, sans quoi... mais n'anticipons pas.

1.c4 ♘f6 2.♘c3 c5 3.♘f3 g6 4.d4 cxd4 5.♘xd4 ♗g7 6.e4 d6 *(D)*

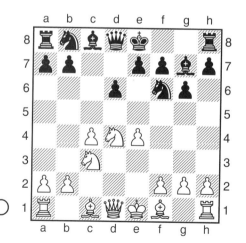

Par le jeu des transpositions, nous avons atteint le fameux étau de Maróczy, formé par les deux pions c4 et e4. Les Blancs tiennent fermement la case d5, ce qui fut considéré pendant des années comme presque gagnant sur le plan stratégique. Mais les joueurs modernes ont découvert des ressources défensives telles que l'étau ne fait plus aussi peur qu'avant. Il faut tout de même se montrer extrêmement précis avec les Noirs pour ne pas se faire étouffer.

7.♗e2 0-0 8.0-0 ♘bd7

Une approche assez passive. De nos jours, ce Cavalier vient plutôt en c6, avec l'idée de s'échanger contre son homologue en d4. Comme les Noirs ont moins d'espace, il est logique d'échanger les pièces. Le Cavalier blanc peut bien sûr reculer, mais c'est une perte de temps.

9.♗e3 ♘c5 10.f3 b6

Là encore, un coup passif. Levenfish recommande 10...♗d7, suivi de ...♘e6. D'une façon générale, les Noirs doivent préparer une rupture de pion : soit ...a6 et ...b5, soit ...f5. Dans les deux cas, la place du Fou est en d7.

11.♕d2 ♗b7 12.♖fd1 ♘e6 13.♖ac1 ♕d7 14.♘db5

Menace 15.e5.

14...♘e8 15.♘d5

La position des Blancs a fière allure, mais les Noirs n'ont aucune faiblesse, donc il sera difficile d'accroître l'avantage sur une défense patiente.

15...♘8c7 16.♘bc3 *(D)*

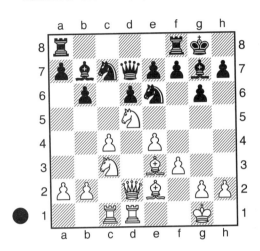

16...♘xd5?

Mais ce coup est une grosse erreur. Il fallait opter pour 16...♖fc8.

17.cxd5

Les Blancs vont se faire un plaisir d'exploiter le trou en c6.

17...♘c7 18.a4 ♗a6

L'échange des Fous de cases blanches ne fait qu'affaiblir un peu plus c6, mais les Blancs ont des idées telles que ♗b5 ou ♘b5-d4.

19.b4 ♗xe2 20.♘xe2

Le Cavalier se dirige vers d4, et de là, c6.

20...♘a6 21.♘d4 ♗xd4

Certainement joué à contrecœur, mais il ne faut pas laisser le Cavalier s'installer en c6, et 21...♛xa4? était impossible à cause de 22.♖a1, qui gagne la pièce.

22.♛xd4 ♖fc8 23.♖c6! *(D)*

Un joli motif d'exploitation d'un avant-poste sur une colonne ouverte. Les Noirs ne peuvent prendre deux fois en c6 à cause de 25.b5, qui perd une pièce. Il faut donc soit concéder un formidable pion passé, soit autorisé le doublement des Tours blanches sur la colonne c.

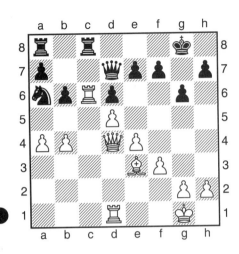

Lisitsyn préfère la première solution, car il espère instaurer un blocage en c7.

23...♖xc6 24.dxc6 ♛e6 25.♛c3 ♘c7 26.♖a1 ♖c8 27.♛d3 d5 28.♖c1 f5

Les Noirs aimeraient poster leur Cavalier en d5.

29.♗f4! dxe4 30.fxe4 ♘e8

30...fxe4? perd une pièce à cause de 31.♛d7, et la finale de Tours après 30...♛xe4 31.♛xe4 fxe4 32.♗xc7 ♖xc7 33.b5 est très mauvaise pour les Noirs.

31.exf5 gxf5 32.b5 *(D)*

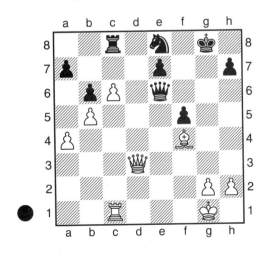

Les Noirs ont réussi à stabiliser la position. Levenfish a encore du pain sur la planche avant de gagner cette partie.

32...♔f7 33.♖f1 ♘g7 34.♗d2

Menace 35.♗c3, qui gagne le pion f5.

34...♖f8 35.♖e1 ♛c8 36.♗b4 ♖e8 37.♛d7!

Force le passage en finale et gagne provisoirement un pion.

37...♛xd7 38.cxd7 ♖d8 39.♖xe7+ ♔f6

Tôt ou tard, les Noirs vont récupérer le pion d7, mais le couple Tour-Fou est bien plus fort que la paire Tour-Cavalier, et avec les pions isolés f5 et h7, la finale est gagnante pour les Blancs.

40.♔f2 h6

Libère le Cavalier.

41.g3 ♘e6 42.♔e2 ♘c7 43.♗a3 ♘d5

Regagne enfin le pion.

44.♖e8 ♖xd7 45.♗b2+ ♔g6 46.♖e6+ ♔h7 (D)

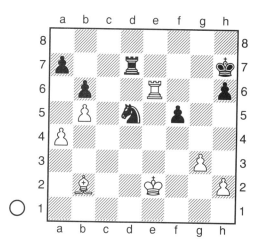

47.♗e5!

Empêche 47...♖e7 à cause de 48.♖xe7+ ♘xe7 49.♗b8 ♘c8 50.♔f3 ♔g6 51.♔f4 : les Noirs perdent un pion à cause du Zugzwang.

47...♘c7 48.♖c6 ♘d5 49.♔f3 ♖e7 50.♗f4 ♘xf4 51.♔xf4

Malgré une résistance acharnée, l'activité des pièces blanches et la faiblesse des pions noirs ne laissent aucun doute sur l'issue du combat.

51...♖f7

51...♖e4+ 52.♔xf5 ♖xa4 53.♖c7+ ♔g8 54.♔g6 gagne pour les Blancs, tout comme 51...♖e2 52.♖c7+ ♔g6 53.♖xa7 ♖xh2 54.♖a6.

52.h4 ♖g7 53.h5

Prive le Roi noir de la case g6, et donc menace ♖e6-e5, qui gagne le pion f.

53...♖g4+ 54.♔xf5 ♖xa4 55.♖c7+ ♔g8 56.♔g6 ♖g4+ 57.♔xh6 ♖xg3 58.♖xa7 ♖b3 59.♖b7!

Une ultime finesse : la Tour noire est renvoyée sur la cinquième rangée, d'où elle ne pourra pas donner d'échecs. 59.♔g6 immédiatement ne fonctionne pas à cause de 59...♖g3+.

59...♖xb5 60.♔g6

Tout est clair maintenant. Le jour de gloire du pion h est arrivé

60...♔f8 61.h6 ♖e5 62.♖b8+ 1-0

Les leçons à retenir

- L'étau de Maróczy donne aux Blancs une forte emprise sur le centre, et même l'avantage si les Noirs jouent sans plan ou de manière imprécise.
- Les Noirs doivent jouer pour les coups de levier ...b5 et/ou ...f5.
- En finale, le couple Tour-Fou est souvent très fort, supérieur en tout cas à Tour-Cavalier.
- Même dans une position en apparence désespérée, le jeu d'échecs offre des ressources défensives considérables.

Malgré tous ses problèmes, Lisitsyn a résisté admirablement, et seul un jeu particulièrement subtil (37.♛d7!, 47.♗e5!, 59.♖b7!) a permis à Levenfish de l'emporter.

Partie 40
Dragomaretsky - D. Maximov
Moscou 2005
Partie Anglaise, Sicilienne inversée

La structure de cette partie est typique de l'ouverture Anglaise. Les pions centraux des Blancs restent en e3 et d3, l'objectif étant plutôt de prendre de l'espace à l'aile dame et de jouer sur les cases blanches centrales. Normalement, le jeu des Noirs est à l'aile roi, mais ici, Maximov va se montrer trop passif et les Blancs vont tout simplement pouvoir « dérouler » sans encombre leur plan standard.

1.c4 ♘c6 2.♘c3 e5 3.g3

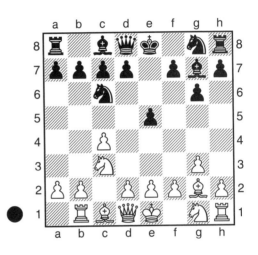

Cette structure de l'ouverture Anglaise peut également se produire, avec couleurs inversées, dans la Sicilienne fermée. Les pions centraux des Blancs restent en retrait, ce sont les pièces qui cherchent à contrôler les cases blanches centrales à distance. On a donc un Fou et un Cavalier qui pèsent sur la case d5, et le développement se poursuit souvent par e3 et ♘ge2, pour ne pas bloquer la diagonale du Fou. Dans un premier temps, le pion d n'ira pas plus loin que d3 dans l'ouverture, ce qui ne l'empêchera pas de venir en d4 plus tard dans la partie.

3...g6 4.♗g2 ♗g7 5.♖b1 *(D)*

À nouveau un coup très caractéristique. Les Blancs envisagent d'attaquer sur l'aile dame en poussant les pions de manière à créer des cibles pour le Fou g2 et en ouvrant des lignes pour permettre aux Tours de pénétrer la position ennemie. On prépare généralement la poussée b4 par ♖b1, comme ici, au lieu de a3, en partie pour des raisons tactiques – avec un Fou adverse en g7, la poussée b4 met la Tour a1 en danger – et en partie pour des

raisons positionnelles : la colonne b a de fortes chances de s'ouvrir, donc la Tour sera bien placée en b1.

5...f5

Les Noirs posent également leurs jalons : le jeu se déroulera sur l'aile roi, avec une poussée de pions destinée à créer des menaces sur le monarque adverse. C'est une stratégie à double tranchant, car le Roi noir risque de se retrouver exposé lui-même, mais il faut bien chercher du contre-jeu pour compenser l'initiative adverse sur l'aile opposée. La grande erreur de Maximov dans la présente partie sera de ne pas avoir mis en œuvre son contre-jeu avec suffisamment d'énergie, laissant les Blancs dicter le rythme de la partie.

6.b4 ♘f6 7.b5 ♘e7 8.♕b3 0-0 9.e3

L'échec à la découverte 9.c5+ n'apporte rien.

9...d6 10.♘ge2 *(D)*

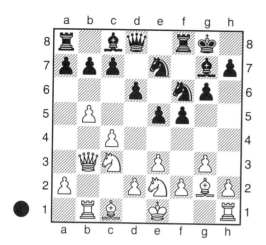

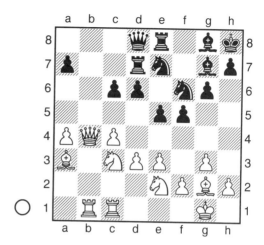

10...c6

Un coup critiquable en ce sens qu'il permet aux Blancs d'ouvrir la colonne b à leur gré, mais il faut bien faire quelque chose contre le puissant Fou g2, qui fait pression sur le pion b7 et gêne le développement de l'aile dame des Noirs.

11.0-0 ♗e6 **12.a4** ♖e8?!

À partir de ce moment, les Noirs vont se mettre à patauger, laissant leur adversaire appliquer sans encombre son plan à l'aile dame. Il fallait absolument envisager 12...d5. Après 13.cxd5 cxd5 14.d4 e4, les Blancs ont un petit avantage, mais rien de décisif. La case faible d5 est bien tenue et le Fou g2 est coupé des opérations actives.

13.♗a3 ♔h8

Là encore, 13...d5 paraît logique.

14.♖fc1 ♗g8

Avec cette manœuvre, le Fou est maintenant protégé, alors qu'en e6, il constituait une faiblesse tactique, mais tout cela est lent. De plus, si telle était l'intention des Noirs, ils auraient pu économiser un tempo en ne jouant pas 12...♖e8.

Une fois de plus, Maximov fait le choix de la passivité. Il faut croire qu'il redoutait le pion faible en c6 après 18...d5 19.cxd5 ♘exd5, mais c'était tout de même préférable au coup du texte. Nous avons ici l'exemple typique d'un joueur qui cherche à jouer « solide » contre un adversaire mieux classé. Il ne faut pas confondre solidité et passivité. Les Noirs ont tellement peur de se créer des faiblesses qu'ils laissent à l'adversaire une liberté d'action beaucoup trop grande.

19.a5!

Pendant ce temps, le jeu blanc sur l'aile dame déroule son implacable logique. Le pion a se dirige vers a6 pour offrir aux Tours un point d'entrée en b7.

19...♗f8 **20.**♕a4 ♖c7 **21.a6** ♕d7 **22.**♗b4!

La pression monte petit à petit. La case b7 étant conquise, le Fou vient maintenant en a5 pour chasser la Tour noire qui garde ce point d'entrée.

22...♖b8

La menace directe était 23.♗a5 et 24.♖b7.

23.♗a5 ♖cc8 24.♕a1 ♗g7 25.♕a4 ♗e6 26.♖b3

Prépare le doublement des Tours et force la pénétration sur la colonne b.

26...♖xb3 27.♕xb3 d5

Les Noirs entreprennent enfin quelque chose de positif, mais à ce stade les Blancs ont énormément progressé sur l'aile dame : leurs pièces s'infiltrent déjà dans la position adverse.

28.♘a4

Direction la case c5 fraîchement affaiblie.

28...♗f7 29.♘c5 ♕d6 30.♗b4 ♕b8 31.♘b7!

Le Cavalier est la première pièce à utiliser la case d'entrée b7. Il est désormais impossible pour les Noirs d'empêcher les pièces adverses de s'insinuer dans leur position.

31...♘fg8

Un coup presque comique, les menaces 32.♗xe7 et 32.♗d6 suivi de 33.♗xe5 sont très difficiles à parer.

32.♗d6 ♕a8 (D)

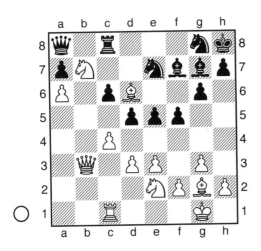

33.♕b4

La position des Blancs est écrasante, mais on pouvait faire la décision encore plus rapidement par 33.♕b2, et curieusement, le pion e

est condamné, car 33...e4 34.♗e5 pose un gros problème sur la grande diagonale.

33...♖e8 34.♕c5 e4 35.dxe4 dxe4 36.♘d4 ♗f6 37.g4

Un basculement soudain sur l'aile opposée extrêmement thématique dans ce type de position. Ayant pénétré via l'aile dame, les Blancs reportent souvent leur attention sur l'aile roi affaiblie, et les coups de boutoir du type g4 sont monnaie courante.

37...♘h6 38.gxf5 gxf5 39.♗e5 ♗g7 40.♗xg7+ ♔xg7 41.♕e5+ ♔g8 42.♘d6

Gagne du matériel, après quoi les Noirs pouvaient déjà abandonner.

42...♘g4 43.♕g3 ♗g6 44.♘xe8 ♕xe8 45.♖b1 ♕f7 46.♖b8+ ♔g7 47.♖b7 ♕f6 48.♕c7 1-0

Les Noirs ont mal joué, mais le plan des Blancs dans ces positions d'Anglaise était particulièrement lisible.

Les leçons à retenir

- Dans les structures d'Anglaise, les pions centraux des Blancs restent souvent en arrière, ce sont les pièces qui mettent sous pression les cases blanches centrales.
- La poussée b4-b5 offre un gain d'espace et permet d'ouvrir des lignes en vue de pénétrer la position adverse.
- Une fois que les Blancs ont percé à l'aile dame, ils ont souvent la possibilité de basculer sur l'aile opposée pour exploiter les affaiblissements créés par l'adversaire lui-même dans sa recherche de contre-jeu.
- Dans ces positions, les Noirs doivent en effet rechercher un jeu actif sur l'aile roi, car la défense passive à l'aile dame laisse trop de latitude aux Blancs.

Partie 41

Uhlmann - Bönsch

Halle 1976

Partie Anglaise, système Hérisson

Dans les années 1970, un groupe de jeunes grands maîtres a développé une structure connue sous le nom de Hérisson : les pions noirs sont alignés sur la sixième rangée et les pièces se développent derrière. L'idée de ce dispositif très souple est d'inciter les Blancs à « pousser le bouchon » un peu trop loin, après quoi les Noirs espèrent contre-attaquer grâce aux poussées ...b5, ...d5 et/ou ...e5. Tout cela était assez révolutionnaire, car on tenait pour acquis que le manque d'espace était nécessairement un désavantage. La présente partie est un excellent exemple des virulentes contre-attaques auxquelles s'exposent les Blancs sur un jeu imprécis.

1.c4 c5 2.♘f3 ♘f6 3.♘c3 e6 4.g3 b6 5.♗g2 ♗b7 6.d4 cxd4 7.♕xd4 d6 *(D)*

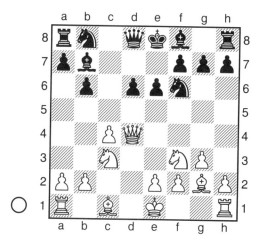

Depuis les années 1970, la popularité du Hérisson ne s'est pas démentie. Les pions noirs ne vont pas dépasser pour l'instant la sixième rangée, et les pièces restent bien sagement derrière. Les Blancs disposent d'un avantage d'espace substantiel, et donc d'un avantage tout court, selon les canons du jeu positionnel classique. Mais attention : le système Hérisson recèle d'innombrables ressources dynamiques. La position des Noirs est un peu comme un ressort compressé qui ne demande qu'à jaillir à la face de l'attaquant au moment opportun. Il s'agit au fond d'un système de contre-attaque. Les Blancs sont invités à pousser leurs pions, notamment sur l'aile roi, mais les Noirs entendent répliquer avec une stratégie de contre basée sur les poussées de pion ...b5 et/ou ...d5.

8.0-0 ♗e7 9.e4 ♘bd7

Tout cela fait partie du Hérisson « de base ». Le Cavalier est mieux placé qu'en c6, où il gênerait l'action du Fou de cases blanches. Depuis d7, il protège son collègue en f6 et a la possibilité de bondir en c5 ou e5 le moment venu.

10.♕e3 0-0 11.♘d4 ♕c7 12.b3 a6 13.♗a3

Apparemment logique, le pion d6 étant la faiblesse la plus criante des Noirs. Pourtant, ce pion étant facilement défendable, ne serait-ce qu'en jouant ...♘c5 si nécessaire, le Fou est sans doute mieux placé en b2.

13...♖fe8

Autre développement caractéristique de la variante : la Tour vient prendre position face à la Dame blanche, anticipant les possibilités tactiques d'une rupture éventuelle par ...d5.

14.h3 ♗f8

Met la Tour en jeu tout en défendant g7. Bien souvent, le Fou va finir par se redéployer sur la grande diagonale après ...g6.

15.♖fe1 *(D)*

Une vraie position de Hérisson. Les deux camps se sont développés d'une manière relativement standard et les Blancs sont à la croisée des chemins. Le plan naturel consiste à pousser les pions de l'aile roi, mais l'assaut doit être bien préparé, car le risque de contre-attaque est réel.

sement. Remarquons que le très naturel 17.f4? serait en fait une grosse faute à cause de la réplique 17...e5!, après quoi le pion e4 serait faible et il faudrait s'attendre à des choses comme ...d5 et ...♝c5, qui gagne du matériel à cause du clouage sur la diagonale g1-a7. Une contre-attaque typique du Hérisson, et qui illustre bien les ressources dynamiques cachées dans la position.

17...g6 18.g4 ♝g7 *(D)*

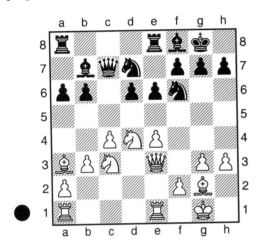

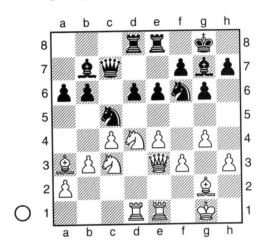

15...♖ad8

Dans cette variante, cette Tour vient plutôt en c8 d'habitude, mais dans ce cas précis, Bönsch a vu qu'elle a plus d'avenir en d8.

16.♖ad1 ♞c5

Fait pression sur le pion e4 tout en bloquant le Fou a3. Les Blancs peuvent évidemment chasser le Cavalier par b4, mais cela affaiblirait considérablement le pion c4... une petite provocation qui est l'essence même du jeu noir dans le système Hérisson.

17.f3

Les Blancs décident de surprotéger le pion e4, mais ce coup limite le rayon d'action du Fou g2, sans compter que c'est un affaiblis-

Les Blancs n'ayant pas vraiment de pression sur le pion d6, ce Fou n'a aucune raison de rester en f8, aussi se met-il en quête d'un poste plus actif sur la grande diagonale. Accessoirement, grâce au coup 17...g6, le Cavalier pourra venir en h5 si jamais les Blancs optent pour 19.g5.

19.♝b2 ♝a8

Les Noirs continuent à jouer au chat et à la souris. Le coup de levier 19...d5 n'était pas possible à cause de 20.g5 suivi de 21.exd5, pour exploiter le clouage sur la colonne e.

20.♖e2 h6

Pour permettre au Cavalier de rester en f6.

21.♖de1 ♛b8

Encore un coup typique du Hérisson. La

Dame soutient une éventuelle poussée ...b5.

22.♕d2?!

Visiblement, les Noirs préparent la rupture ...d5, et donc les Blancs cherchent à s'y opposer. Le regroupement des pièces lourdes a pour but de contrer 22...d5?! au moyen de 23.cxd5 exd5 24.e5!, après quoi les Blancs seraient mieux – le pion d5 est isolé et bouche la vue du Fou a8, alors que les Blancs tiennent fermement la case d4. Mais les Noirs disposent d'une autre percée qui va leur permettre de s'emparer de l'initiative.

22...e5! 23.♘c2

On voit que le 17ᵉ coup des Noirs a aussi pour avantage d'empêcher l'irruption d'un Cavalier blanc en f5.

23...b5! 24.cxb5?! *(D)*

24.♘e3 était plus sûr, car les Noirs vont maintenant utiliser l'autre rupture thématique.

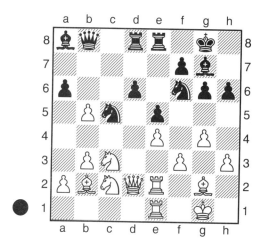

24...d5!!

Les Noirs ouvrent tout grand le centre, et soudain le Roi blanc se retrouve dans les courants d'air.

25.exd5 ♘xd5 26.♘xd5 ♖xd5

En tout juste cinq coups, la position s'est métamorphosée. Les pièces noires se ruent vers l'avant, la contre-attaque est impitoyable.

27.♕e3 ♘d3 28.♖b1 ♘xb2 29.♖xb2 e4!

Une autre pièce noire entre soudain en jeu.

30.♖b1 ♖d3 31.♕f2 exf3 32.♖xe8+ ♕xe8 33.♗f1 ♖c3

En tout juste dix coups, la fière position des Blancs s'est écroulée, alors que les pièces noires font une véritable démonstration de force. La menace immédiate est 34...♖xc2 35.♕xc2 ♗d4+ avec un mat rapide.

34.♖d1 axb5

Au-delà des avantages positionnels, les Noirs ont maintenant un bon pion de plus.

35.♘d4 ♕e4 36.♗xb5

Ou 36.♘xb5 ♖c2.

36...♖c1! 0-1

Le dernier rempart tombe enfin, puisque 37.♖xc1 ♗xd4 gagne la Dame. Un exemple typique des violents jaillissements dont sont capables les Noirs dans cette ligne.

Les leçons à retenir

- Dans le Hérisson, les Noirs s'installent sur trois rangées et incitent les Blancs à s'avancer, dans l'espoir d'une contre-attaque.
- Les ruptures de pion ...b5 et ...d5 sont des idées essentielles pour les Noirs
- Les Blancs doivent constamment être aux aguets sur le plan tactique, pour éviter que l'adversaire ne sorte de sa position étriquée.

Partie 42
Alatortsev - Khavin
Ch d'URSS, demi-finale, Moscou 1949
Gambit Dame Refusé, variante Orthodoxe

Nous venons de voir qu'une position resserrée n'est pas nécessairement mauvaise, à condition de disposer d'un contre-jeu dynamique. Il n'empêche que, toutes choses égales par ailleurs, mieux vaut plus d'espace que moins, comme nous allons le voir. Les Noirs adoptent un schéma classique, mais plutôt passif, et se retrouvent très à l'étroit, sans aucune contre chance dynamique. Finalement, les Blancs parviennent à resserrer davantage encore leur étreinte, et n'ont plus qu'à préparer tranquillement la percée décisive.

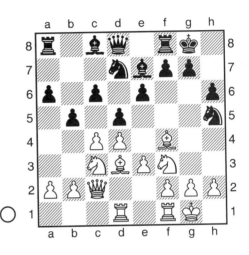

1.d4 ♘f6 2.c4 e6 3.♘c3 d5 4.♗g5 ♗e7 5.e3 0-0 6.♕c2 ♘bd7 7.♖d1 a6 8.♘f3 c6

Ce schéma avec ...a6 et ...c6 trahit déjà une passivité de principe : les Noirs refusent de lutter pour l'espace au prix d'éventuelles faiblesses. Dans le Gambit Dame Refusé, quand la Dame blanche vient très tôt en c2, il faut généralement chercher à se libérer en poussant rapidement ...c5.

9.♗d3 h6 10.♗f4 ♘h5 11.0-0

Les Blancs n'ont rien contre l'échange 11...♘xf4 12.exf4, car la paire de Fous serait compensée par un superbe avant-poste en e5 et la possibilité de pousser f5.

11...b5 (D)

12.c5

Les Blancs disposent déjà d'un bel avantage d'espace, mais la position adverse reste solide et exempte de faiblesses. Inutile d'échanger les pions en d5, car la colonne c n'est pas exploitable.

12...♖a7 13.♘e2 ♔h8 14.h3 g5

L'idée du 10e coup des Noirs apparaît maintenant. Il ne s'agissait pas d'échanger en f4, mais d'essayer de générer une initiative sur l'aile roi au moyen d'une marée de pions. Puisque l'aile dame est fermée, il n'est pas illogique de penser que les Blancs risquent de manquer de contre-jeu. Mais Khavin a évalué la position trop superficiellement, et c'est un énorme grain de sable qui va venir enrayer sa petite machine.

15.♗h2 f5 16.♘e5 ♘xe5 17.dxe5!

Tout est là. Les Noirs s'attendaient certainement à 17.♗xe5+, et il est vrai qu'après 17...♗f6, la Tour a7 serait en mesure de basculer sur l'aile roi et les Blancs manqueraient de contre-jeu. Le coup du texte paraît bizarre, surtout du point de vue du pauvre Fou h2, enterré derrière le pion e5. Mais le plus important, c'est que le Cavalier dispose désormais de la case d4, d'où il rayonne sur tout le centre de l'échiquier, attaquant notamment les deux pions faibles c6 et e6. D'autre part, le pion e5 prend le contrôle de f6 et le Cavalier h5 se retrouve passablement esseulé.

17...♕e8 18.♘d4 ♗d8 *(D)*

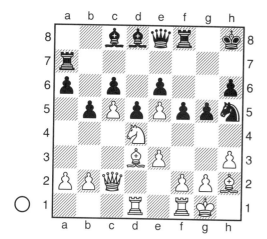

19.g4!

Par ce coup, Alatortsev montre que c'est bien lui qui dispose de l'initiative à l'aile roi, et même sur tout l'échiquier.

19...♘g7 20.f4 ♖af7?!

Sans doute désorienté par la tournure des événements, Khavin commet une erreur imperceptible mais lourde de conséquences. Comme nous le savons maintenant, le principe des deux faiblesses nous donne à penser que les Blancs ne pourront pas s'imposer uniquement sur l'aile roi : tôt ou tard, il faudra ouvrir un second front. Ce front pourrait bien être la colonne a, en poussant b4, puis a4. Il fallait donc anticiper ce problème en jouant un coup prophylactique : 20...a5!, pour maintenir le jeu fermé en répondant respectivement ...a4 sur b4, et ...b4 sur a4.

21.b4!

Les Blancs sautent sur l'occasion.

21...♖g8 22.♔h1 *(D)*

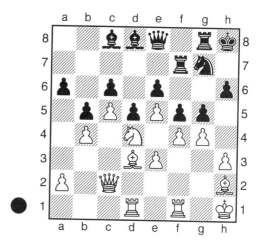

Les Noirs essaient en vain de créer des menaces tactiques contre le Roi blanc. Le manque d'espace constitue maintenant un sérieux handicap. On remarque en particulier que le Cavalier g7 est pour ainsi dire « dominé » par le pion g4. Pour l'instant, il n'a aucune case ; au mieux, tant que le pion reste en g4, il pourra venir en e8, où il ne sert à rien. On retrouve parfois un scénario comparable dans l'Espagnole fermée, quand le Cavalier-dame des Noirs, après être venu en a5, se retrouve en b7, tenu en respect par un pion blanc en b4. En comparaison avec la partie précédente, on comprend pourquoi le manque d'espace est un problème ici, mais ne l'était pas dans Uhlmann-Bönsch (partie 41). En effet, cette position est fermée, et les Noirs ne menacent pas constamment de se libérer par une percée dynamique comme les ruptures ...b5 et ...d5 vues précédemment. Aucun dynamisme ici, les Blancs ont tout le temps de resserrer leur étreinte, la position ne risque pas de leur « sauter au visage ».

22...♗d7 23.a4 ♕e7 24.axb5 axb5 25.♖g1 ♕f8

Les Noirs sont toujours à la recherche de

contre-jeu : peut-être un sacrifice de qualité en f4 ? Mais les Blancs ne l'entendent pas de cette oreille.

26.♖df1 ♕e8 27.♕b2! *(D)*

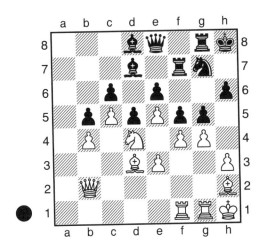

La Dame prend position sur la grande diagonale, louchant avec insistance sur le Roi noir en h8. La diagonale semble bien fermée pour le moment, mais cela va changer et la Dame va jouer les premiers rôles.

27...♖ff8 28.♖a1

La menace de sacrifice en f4 définitivement écartée, la Tour est libre d'occuper la colonne ouverte en menaçant de pénétrer l'aile dame adverse.

28...gxf4

Comme souvent dans ce genre de position, le défenseur perd patience. Ce double échange de pions ne fait qu'aider les Blancs à ouvrir le jeu de manière décisive, mais les Noirs étaient fatigués d'avoir à calculer en permanence les conséquences des prises en f5 et/ou g5. Et puis, si on ne fait rien, la Tour va s'infiltrer sur la colonne a et la pression cumulée sur les colonnes f et g, sur la grande diagonale de cases noires et sur la septième rangée fera la décision.

29.exf4 fxg4 30.hxg4 ♕e7 31.♖a7 ♘e8 *(D)*

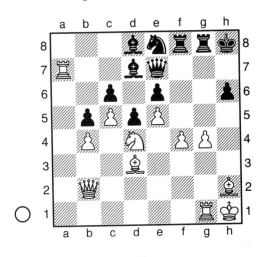

On ne peut plus améliorer la position, le moment de la percée décisive est arrivé.

32.f5!

Plus clair que 32.♘xc6 ♗xc6 33.♖xe7 d4+, après quoi les Noirs ont deux Tours pour la Dame. L'initiative des Blancs est tellement énorme que cette ligne est gagnante aussi, mais le coup du texte est bien plus fort. Les Noirs n'ont aucune chance de tenir la position.

32...exf5

Bien sûr, on peut essayer de tenir la case e6 par 32...♘c7, mais alors tout simplement 33.f6, suivi de ♗f4, ♕h2, etc. Le pion h6 tombe, et le Roi ne va pas tarder à en faire autant.

33.e6

Les Noirs perdent une pièce, et pas question de pêcher en eaux troubles.

33...♕h4 34.♘xf5+

Cf. le 27e coup – on comprend mieux pourquoi la Dame est venue en b2 !

34...♗f6 35.♘xh4 ♗xb2 36.♖xd7 ♘f6 37.♘g6+ ♖xg6 38.♗xg6 1-0

Une strangulation dans les règles de l'art.

Les leçons à retenir

- Sans possibilité de contre-jeu actif, une position resserrée recèle en son sein le germe de la défaite.

- Retenez bien l'idée positionnelle 17.dxe5!. Il est parfois avantageux d'affaiblir sa propre structure de pions en échange de certaines compensations – ici, la case d4 et le Cavalier hors jeu en h5.

- Une fois de plus, le principe des deux faiblesses s'applique : l'exploitation de la colonne a faisait partie intégrante du plan de percée sur l'aile roi.

5. THÈMES DE FIN DE PARTIE

Les huit dernières parties du livre explorent divers aspects de la finale, un domaine très négligé, sans doute parce que de nombreux joueurs s'imaginent qu'en travaillant suffisamment l'ouverture, ils gagneront leurs parties sans jamais avoir à jouer une finale. Qui plus est, on croit souvent – à tort – que la finale, c'est ennuyeux. En réalité, c'est tout le contraire : à bien des égards, la finale, c'est ce qu'il y a de mieux aux échecs.

Naturellement, la finale a sa propre théorie, avec de nombreuses positions élémentaires analysées à fond. Il est indispensable d'en connaître un certain nombre pour bien jouer la fin de partie, mais au fond, il n'est pas nécessaire d'en mémoriser tant que cela : peut-être 30 ou 40 au maximum, et la plupart sont des finales de Tours. En dehors de ces savoirs très concrets, l'important pour se forger une bonne technique est surtout de bien comprendre les principes élémentaires de la finale, et les grandes méthodes qui président à cette phase du jeu. Le rôle du Roi, par exemple, est un des thèmes majeurs. La plupart du temps, il a peu de chances de se faire mater, ce qui lui permet de prendre pleinement part au combat, car c'est une pièce très puissante. D'autre part, les affaiblissements de la structure de pions auront plus d'importance en finale que dans le milieu de jeu. Nous avons vu qu'une faiblesse statique comme un pion isolé était souvent compensée par un jeu dynamique. Mais en finale, et dans les positions simplifiées en général, il est plus difficile de trouver des possibilités dynamiques, ce qui fait que les faiblesses statiques pèsent d'autant plus lourd.

Enfin, il existe en finale un autre principe sur lequel on n'insistera jamais assez – moyennant quoi je vais le ressasser inlassablement par la suite : « rien ne presse ». En finale, la plupart du temps, le jeu est beaucoup plus lent qu'en milieu de partie. La relative discrétion des facteurs dynamiques fait que le joueur ayant l'avantage n'a pas besoin de se précipiter pour l'exploiter. Il peut se permettre de prendre son temps, de consolider lentement mais sûrement sa position, et de prendre des mesures prophylactiques pour éviter le contre-jeu adverse. Ce jeu tranquille, à base de consolidation, est un élément central de la technique des finales, souvent même déterminant. Si le lecteur ne doit retenir qu'une seule idée de ce chapitre, c'est vraiment celle de prendre son temps, et de se tenir prêt à sauter sur le plus petit avantage, même s'il peut sembler insignifiant sur le moment. Ne soyez pas pressé de soulager les souffrances de l'adversaire – s'il y a une phase de la partie où le sadisme peut s'avérer payant, c'est bien la finale !

Partie 43

Euwe - Van Doesburgh

Ch des Pays-Bas, Amsterdam 1938

Gambit Dame Refusé, variante Orthodoxe

Les finales de Tours sont les plus fréquentes, mais aussi les plus difficiles à bien jouer. Admirons comment un champion du Monde parvient à exploiter un pion de plus avec une Tour et plusieurs pions de chaque côté. Le jeu méthodique d'Euwe est une véritable démonstration de l'art des finales en général, et des finales de Tours en particulier.

1.d4 d5 2.c4 e6 3.♘c3 ♘f6 4.♗g5 ♗e7 5.e3 0-0 6.♘f3 ♘bd7 7.♖c1 c6 8.♗d3 dxc4 9.♗xc4 ♘d5 10.♗xe7 ♕xe7 11.0-0 ♘xc3 12.♖xc3 e5 *(D)*

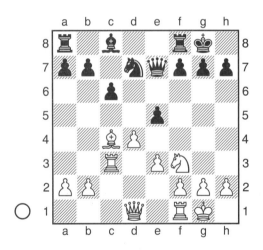

Les Noirs ont opté pour la défense dite Orthodoxe du Gambit Dame, moins populaire de nos jours que la Tartakover, par exemple, mais tout de même très respectable sur le plan théorique, et l'une des plus solides. Les Noirs ont un fil directeur : obtenir un jeu plus libre, d'abord en échangeant une paire de pièces mineures par 9...♘d5, puis en poussant le pion e

pour libérer le Fou c8, un problème récurrent dans le Gambit Dame Refusé. Les Blancs ont maintenant plusieurs options, notamment l'attaque Rubinstein, 13.dxe5 ♘xe5 14.♘xe5 ♕xe5 15.f4. Euwe va opter pour un coup très en vogue actuellement, mais pas à l'époque.

13.♗b3

Une sorte de coup d'attente qui ne manque pas d'utilité : le Fou quitte une case quelque peu exposée en attendant de voir ce que vont faire les Noirs.

13...e4

Une décision cruciale. L'alternative est 13...exd4, après quoi les Blancs reprendraient du pion, amenant une structure de PDI avec un pion noir en c6 et non pas e6, un détail qui change pas mal de choses. En effet, la case f7 est plus exposée que d'habitude, car les Blancs peuvent l'attaquer avec un Cavalier en e5 soutenu par le Fou b3. De plus, la colonne e est ouverte, et les Blancs vont pouvoir s'en emparer grâce à leur développement supérieur. Le fait que Tour-dame se trouve déjà en troisième rangée pourrait s'avérer bien pratique. L'un dans l'autre, la théorie moderne estime que les Blancs ont de bonnes chances de prendre une certaine initiative après l'échange des pions centraux, mais les Noirs ne sont pas vraiment en infériorité car leur position reste solide. Le coup du texte amène une tout autre structure. Les Noirs comptent maintenir le pion en e4, tandis que les Blancs vont l'attaquer avec les pièces (♘d2, ♕c2, etc.), tout en cherchant à pousser f3. Si le pion e vient à disparaître et que les pions centraux Blancs se mettent en branle, il en résultera une dangereuse initiative. Les Noirs doivent absolument tenir la case e4, soit avec le pion, soit avec les pièces, si les Blancs poussent f3. Dans la présente partie, Van Doesburgh n'y parviendra pas.

14.♘d2 *(D)*

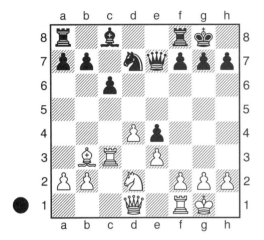

14...♘f6

14...♔h8, pour défendre le pion par ...f5, est une autre idée.

15.♕b1

Meilleur que 15.♕c2, car les Blancs souhaitent conserver cette case pour le Fou en vue de renforcer la pression sur la case e4.

15...♖d8?

Perd simplement le pion e4 sans combattre. Euwe lui-même a montré que le pion était défendable par 15...♗f5, grâce à une ressource tactique : après 16.♖c5 ♗g6 17.♖e5 ♕c7 18.♗c2?, il y a 18...♗g4 (encore meilleur que le coup de Euwe, 18...♘d7), qui gagne la qualité.

16.♖c5

Menace 17.♖e5. À cause du 15e coup des Noirs, la ressource 16...♘d7 n'est plus disponible, car 17.♖f5 attaque le pion f7, et on ne peut

pas défendre à la fois ce pion et son collègue en e4.

16...♗e6 17.♗xe6 ♕xe6 18.♖e5 ♕d6 19.♘xe4 ♘xe4 20.♕xe4

Les Blancs ont donc un pion de plus sans compensation, et le reste n'est plus qu'une conversion technique de l'avantage. Euwe va traiter la position de manière très méthodique et instructive.

20...g6 21.♖e7 ♖d7 22.♖xd7

Normalement, l'échange de pièces favorise le camp ayant l'avantage matériel, donc Euwe ne craint pas de voir disparaître une paire de Tours.

22...♕xd7 23.♖c1 ♖e8 24.♕c2 ♖e6 25.h3

Rien ne presse : les Blancs donnent un peu d'air au Roi – adieu les menaces de mat du couloir.

25...♔g7 26.a4 ♖f6 27.♕c5

Un joli coup. Par principe, dans le cadre de leur politique de simplification, les Blancs veulent échanger les Dames. Le coup du texte attaque le pion a7, et si les Noirs le défendent (27...a6 par ex.), il suit 28.♕e5 avec un clouage très désagréable. Pour s'en défaire, les Noirs seraient de toute façon obligés d'échanger les Dames, donc autant le faire tout de suite. Cette séquence illustre une idée à retenir : le meilleur moyen de forcer un échange est souvent de placer sa propre pièce sur une position extrêmement favorable, de telle sorte que l'adversaire considère l'échange comme un moindre mal.

27...♕f5 28.♕xf5 ♖xf5 *(D)*

La structure que voici n'a sans doute pas reçu toute l'attention qu'elle mérite dans les manuels de finales. La plupart des exemples sur la réalisation du pion de plus portent sur une majorité à l'aile dame, et dans ce cas, le

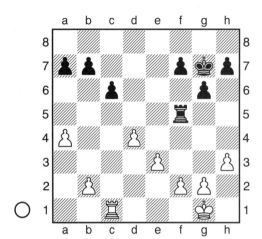

plan de gain est bien connu : se créer un pion passé qui va attirer le Roi ennemi au loin, puis pénétrer avec son propre Roi sur l'aile opposée. Le grand classique, celui qu'on cite le plus souvent, reste la 34e partie du match Alekhine-Capablanca, en 1927. Mais ici, le pion de plus est au centre, et son exploitation est bien moins évidente, ce qui rend le traitement de Max Euwe d'autant plus instructif.

29.♔f1

Normalement, les Blancs souhaitent continuer à simplifier, car c'est en finale de pions que l'avantage d'un pion de plus est le plus facile à convertir. Seulement, dans ce cas précis, ce serait une terrible erreur. Après 29.♖c5?? ♖xc5 30.dxc5 ♔f6, ce sont les Noirs qui ont des chances de gain, car leur Roi entre en jeu bien plus vite, par exemple 31.f4 ♔f5 32.♔f2 ♔e4 33.♔e2 ♔d5 34.b4? ♔c4, etc. Les Blancs commencent donc par améliorer le placement du Roi, toujours un facteur crucial en finale.

29...♔f8

29...♖a5 se heurte à 30.b3, puisque dans ce cas 30...b5? est réfuté par 31.♖c5.

30.♖c5

Le Roi blanc s'étant rapproché du centre, la finale de pions serait maintenant favorable, donc ce coup a pour effet d'activer la Tour blanche et de forcer son homologue à reculer passivement.

30...♖f6 31.♖a5! *(D)*

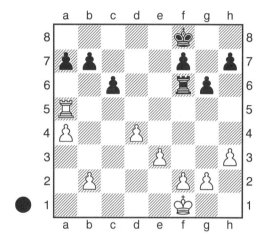

Savoir provoquer des affaiblissements est un des grands thèmes du jeu en finale. Ce coup force un affaiblissement de la structure des Noirs à l'aile dame, puisqu'il faut bien défendre le pion a7. Si 31...b6, le pion c6 est faible, et après la continuation de la partie, 31...a6, c'est la case b6 qui est affaiblie. Pour l'instant, cela n'a l'air de rien, mais à long terme, le Roi blanc pourra menacer de s'infiltrer en c5. Cela ne se produira peut-être jamais – pas dans cette partie, en tout cas – mais la menace est là et c'est un souci de plus pour les Noirs. Voilà ce qu'on appelle une bonne technique en finale. Rien ne presse, donc on a tout intérêt à cumuler les micro-avantages lorsque c'est possible.

31...a6 32.♖e5!

Encore un coup subtil. Sa mission accomplie en a5, la Tour revient sur son véritable poste, e5, d'où elle coupe la route au Roi adverse. Si les Noirs ne font rien, le Roi blanc va venir au centre pour se rapprocher des cases noires affaiblies sur l'aile dame. Il est indispensable que le Roi noir entre en jeu, et pour cela, il faut chasser la Tour blanche. Comme la finale de pions après …♖e6 est sans espoir, il ne reste que le plan …♖d6 suivi de …f6. C'est ici que réside la véritable subtilité du plan des Blancs. Au bout du compte, pour gagner la partie, il va certainement falloir créer un pion passé à partir de la majorité centrale, mais pour l'instant, on ne voit pas trop comment s'y prendre. En revanche, une fois le pion noir attiré en f6, les Blancs pourront pousser les pions sur l'aile roi avec l'idée de jouer g4-g5 pour se débarrasser du pion f6 et rester avec un pion passé sur la colonne e. Cette méthode de création d'un pion passé est à retenir coûte que coûte. On remarque d'ailleurs que si les Noirs avaient joué 31…b6 au lieu de 31…a6, une manœuvre du même type aurait été possible sur l'aile dame – la poussée b4-b5 aurait éliminé le pion c6 et le pion d serait passé.

32…♖d6 33.a5!

Fixe la faiblesse provoquée en b6.

33…f6 34.♖c5 ♔e7 35.g4!

Euwe applique méthodiquement la phase suivante de son plan.

35…h6 36.♔e2 ♖e6 37.f4 ♖d6

Sans contre-jeu, les Noirs ne peuvent qu'attendre.

38.h4 ♔f7 *(D)*

39.h5!

Il faut savoir faire preuve de souplesse ! Les Noirs ont anticipé la poussée 39.g5, qui se heurterait maintenant à 39…hxg5 40.hxg5 f5. Euwe enclenche donc le plan B, qui consiste à créer de nouvelles faiblesses de ce côté.

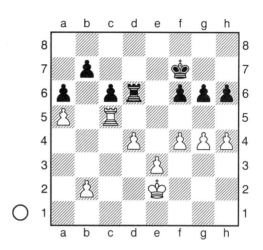

39…gxh5

C'est ce que voulaient les Blancs, mais après 39…g5 40.fxg5 fxg5 (sur 40…hxg5, c'est le pion h qui passe, ce qui est encore pire), les Blancs obtiennent un pion passé e, et après 41.♖f5+!, le Roi noir sera nécessairement coupé d'un côté ou de l'autre. Les Blancs continueraient par ♔d3 et e4.

40.♖xh5

Les Noirs ont réussi à ne pas concéder de pion passé, mais il y a maintenant des faiblesses en f6 et h6, sans oublier la case b6 de l'autre côté de l'échiquier. Comme nous le savons déjà, deux faiblesses, c'est généralement trop pour la défense.

40…♔g6 41.♔d3 ♖d7 42.e4 ♔h7

Tôt ou tard, les Blancs vont de toute façon se créer un pion passé au centre, donc les Noirs provoquent un échange en espérant que les simplifications vont les aider.

43.g5 fxg5 44.fxg5 ♔g6

La pointe de l'idée noire.

45.♖xh6+ ♔xg5 46.♖h2! *(D)*

Menace de couper le Roi noir par ♖f2, ce qui serait catastrophique.

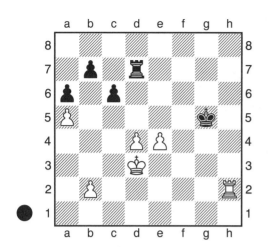

46...♔f6 47.e5+ ♔e6 48.♖h6+ ♔d5

Le Roi va subir des menaces de mat, mais il n'y a guère le choix. Si 48...♔f5 49.♖f6+, il était coupé de l'action, et 48...♔e7 49.♖h7+ force l'échange des Tours, avec un gain facile.

49.b4!

Euwe cumule les petits avantages et prive les Noirs de contre-jeu. Plus question de jouer ...c5, et l'on voit se former un réseau de mat autour du Roi noir. En fait, les Noirs sont déjà en Zugzwang : rien ne pourra empêcher la Tour blanche de pénétrer en septième rangée.

49...♖d8 50.♖h7 ♖b8 51.♖e7!

La touche finale. Euwe aurait pu repousser le Roi adverse par 51.♖d7+ suivi de ♖d6+, puis avancer son propre Roi, et cela gagne sans doute assez facilement, mais en finale, le grand principe technique reste « rien ne presse ». L'ancien champion du Monde trouve un meilleur coup, qui place l'adversaire en Zugzwang. Les Noirs perdent un pion.

51...b6

Encore un détail : si les Noirs cherchent

à activer leur Tour par 51...♖h8 en espérant 52.♖xb7 ♖h3+ suivi de 53...♔xd4, les Blancs n'ont nul besoin de calculer si la finale qui en découle est gagnante ou pas. Il suffit de s'en tenir à la règle d'or « rien ne presse » : on commence par l'échec intermédiaire 52.♖d7+!, et ce n'est qu'après 52...♔e6 que l'on joue 53.♖xb7. L'échec en h3 est inoffensif, car le Roi blanc peut venir en c4.

52.♖d7+

Bien plus fort qu'au coup précédent.

52...♔e6 53.♖d6+ 1-0

Les Noirs vont encore perdre des pions sans compensation. Une finale superbement instructive d'Euwe – rien de spectaculaire, simplement ce jeu subtil et méthodique qui caractérise une bonne technique de fin de partie.

Les leçons à retenir

- En cas de supériorité en finale, il est généralement rentable d'échanger les pièces, mais pas les pions (mais nous allons voir qu'il existe des exceptions de taille).

- La règle d'or du bon technicien est « rien ne presse ! ». En finale, le rythme est souvent plus lent, et il faut savoir capitaliser sur le moindre petit avantage, même si l'on n'est pas certain d'en avoir besoin à terme (31.♖a5!, 32.♖e5!, 49.b4!, 51.♖e7!).

- Corollaire du point précédent : savoir provoquer et fixer des affaiblissements (31.♖a5!, 33.a5!, 39.h5!).

- Les pions passés sont au centre des débats en finale : le bon technicien doit savoir créer un pion passé à partir d'une majorité. La méthode présentée par Euwe dans cette partie mérite d'être retenue, car elle n'est pas si fréquente.

Partie 44
Schlechter - Rubinstein
San Sebastian 1912
Défense Française, variante Burn

Nous venons de voir les Blancs remporter une finale de Tours avec un pion de plus. Cette fois, nous allons constater que même à matériel égal, un avantage positionnel peut suffire. Les Tours ont absolument besoin d'activité : le simple fait d'être rivée à la défense d'un ou plusieurs pions faibles peut s'avérer fatal. Ici, Rubinstein a réussi à infliger quelques pions faibles à son adversaire, et c'est suffisant pour le maître absolu des finales de Tours.

1.e4 e6 2.d4 d5 3.♘c3 ♘f6 4.♗g5 dxe4

Cette variante de la défense française, qui porte le nom d'un prestigieux maître anglais de la fin du XIXᵉ siècle, est une des options défensives les plus solides. Au lieu de se déclouer par 4...♗e7 ou de contre-attaquer par 4...♗b4, les Noirs renoncent à leur avant-poste central pour se développer sainement dans leur propre camp. Les Blancs obtiennent un petit avantage d'espace au centre, mais le joueur en second espère se libérer tôt ou tard grâce à la rupture ...c5. Durant des années, sous l'influence de Tarrasch, cet échange était considéré comme « un abandon du centre », donc inférieur, mais ces dernières années, sa solidité en a fait une des variantes les plus jouées de la Française au moment où sont écrites ces lignes, avec sa proche cousine 3...dxe4.

5.♘xe4 ♘bd7

Ou 5...♗e7, tout aussi populaire.

6.♘f3 ♗e7 7.♘xf6+ ♗xf6 8.♗d3 b6 *(D)*

Ce développement du Fou fait partie intégrante du schéma des Noirs dans cette variante.

S'ils parviennent ainsi à régler ce problème traditionnel du « mauvais Fou » de la Française, ils auront de bonnes perspectives.

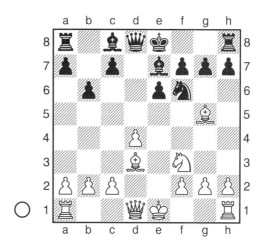

9.♘e5?!

Schlechter, qui a bien compris l'enjeu, cherche à exploiter l'affaiblissement de la case c6 et de la diagonale a4-e8, mais sans succès. La théorie démontrera par la suite que les Blancs doivent se contenter de 9.♕e2, avec un petit avantage.

9...♗b7 10.♗b5+

Voilà où les Blancs voulaient en venir, en espérant forcer 10...♔f8, mais il s'avère que pour des raisons tactiques, le coup le plus souhaitable, 10...c6, est tout à fait jouable.

10...c6! 11.♗xc6+?!

La structure de pions des Blancs sera désormais fortement compromise. 11.♘xc6? ♕d5 favorise aussi les Noirs, tandis que 11.♕f3 ♕d5! égalise, donc le mieux était de reculer par

11.♗e2.

11...♗xc6 12.♘xc6 ♕d5!

La clé du jeu noir : Rubinstein regagne le pion et endommage la structure adverse sur l'aile roi.

13.♘e5 ♕xg2 14.♕f3 ♕xf3 15.♘xf3 ♖c8 *(D)*

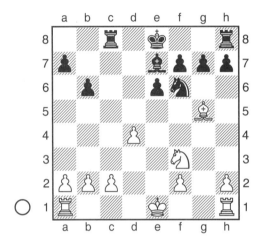

L'ouverture est une réussite pour les Noirs, qui ont réussi à obtenir une finale dans laquelle les Blancs ont deux pions isolés, en h2 et f2, pour lesquels il n'y a pas vraiment de compensation. On pourrait penser que ces pions ne sont pas particulièrement faibles, puisqu'aucun des deux ne se trouve sur une colonne ouverte, mais Rubinstein va démontrer qu'en finale de Tours, ce genre de faiblesse est parfois rédhibitoire.

16.0-0-0?!

Naturel en apparence, mais ce genre de coup routinier est à évaluer très attentivement – en l'occurrence, il s'agit d'une faute positionnelle. Les Blancs doivent comprendre qu'ils sont un peu moins bien à cause des pions de l'aile roi : il est déjà temps de se demander où trouver du contre-jeu. Si Schlechter l'avait fait, il aurait compris que son meilleur espoir était

la poussée a4-a5 et il aurait laissé sa Tour en a1. Le meilleur coup est donc 16.c3. Le Roi blanc doit rester sur son aile pour défendre les pions faibles et ne pas gêner les Tours engagées dans une bataille d'artillerie sur l'aile dame

16...♘d5!

Il est clair que Rubinstein sait quelles pièces il doit garder et lesquelles il doit échanger. Dans une telle position, les pions isolés de l'aile roi craignent surtout les Tours, donc les Noirs cherchent à échanger les pièces mineures pour obtenir une finale de Tours pure.

17.♗xe7 ♔xe7 18.♔b1 ♖hd8 19.♖hg1 g6 20.♘e5 *(D)*

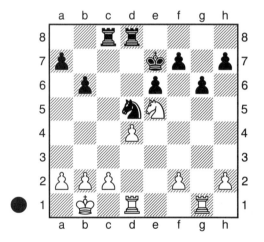

20...♘b4

Rubinstein s'en tient à son plan d'échange des pièces mineures.

21.c3 ♘c6 22.♘xc6+?

Schlechter, en revanche, n'a pas vraiment compris combien la finale de Tours est dangereuse pour lui. Il fallait soit conserver le Cavalier par 22.♘g4, soit le défendre par 22.f4. Si ensuite les Noirs échangent en e5, on peut reprendre du pion f, ce qui élimine un des pions isolés tout en fixant une faiblesse chez l'adversaire, en f7. Il est à peu près certain que Rubinstein n'aurait pas pris en e5, mais la position des Blancs serait meilleure que dans la partie.

22...♖xc6 23.♖d3 ♖d5!

C'est en virtuose que Rubinstein va maintenant démontrer les avantages d'une meilleure structure en finale de Tours. Encore une fois, l'activité passe avant tout dans cette finale : même à matériel égal, une Tour active contre une Tour passive peut suffire à faire la décision. Dans ses grandes lignes, le plan des Blancs consiste à attaquer les pions faibles avec les Tours pour forcer celles de l'adversaire à défendre passivement, puis à pénétrer avec le Roi. Le coup du texte enclenche la phase 1 du processus en menaçant ...♖h5, que les Blancs s'empressent de parer.

24.♖h3 h5 25.♖f3 e5! *(D)*

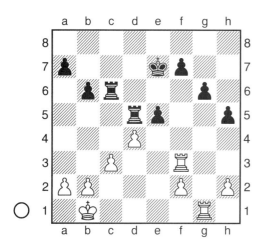

Un coup très important. Le gros problème des Noirs, c'est d'arriver à transférer la Tour c6 sur l'aile roi. Le coup du texte y parvient en ouvrant les troisième et quatrième rangées.

26.dxe5

Comme souvent, le camp le plus fort doit s'appuyer sur la tactique pour atteindre ses

objectifs positionnels. Ici, le dernier coup des Noirs est possible uniquement parce que la défense 26.♖g5, par ailleurs plausible, échoue sur 26...♖f6 27.♖xf6 ♔xf6 28.f4 exf4! 29.♖xd5 f3 et le pion noir fait Dame.

26...♖xe5 27.♖e3?!

Après cet échange, les Noirs gagnent de manière convaincante, mais la position était déjà très difficile. Le plan le plus logique serait d'activer la majorité à l'aile dame par 27.♖c1, mais comme l'a fait remarquer le grand maître russe Razuvaev, il suffit de jouer 27...g5 et les Blancs ont de gros problèmes.

27...♖xe3 28.fxe3 ♖e6!

Le plan de Rubinstein se déroule maintenant de manière limpide. Première étape : river les Tours adverses à la défense des pions faibles.

29.♖e1 ♖f6! *(D)*

Menace ...♖f2.

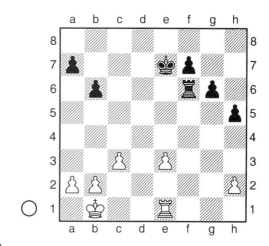

30.♖e2 ♔e6

Mission accomplie. Phase deux : faire participer le Roi noir.

31.♔c2 ♔e5 32.c4

32.♔d3 ne servirait à rien à cause de 32... ♖d6+ suivi de 33...♔e4, donc les Blancs essaient de mettre la majorité en mouvement dans l'espoir de se créer un peu de contre-jeu avec le pion passé.

32...♔e4 33.b4 g5

Troisième étape : créer sur l'aile roi un pion passé qui va coûter une Tour aux Blancs.

34.♔c3 g4 35.c5 h4 36.♖g2 ♖g6 37.♔c4 g3 38.hxg3 hxg3 39.♔b5

Le Roi fait de son mieux pour accompagner son propre pion passé, mais la Tour adverse est idéalement postée pour l'en empêcher.

39...bxc5 40.bxc5 ♔f3 41.♖g1 a6+!

Une élégante touche finale. 41...♔f2 gagnait également, mais « rien ne presse » : Rubinstein cherche et trouve un coup encore plus simple.

Le pion passé des Blancs n'ira pas plus loin, il est inutile de résister davantage.

0-1

Les leçons à retenir

- En finale de Tours, l'activité est cruciale. Même à matériel égal, une Tour passive peut faire basculer une partie.
- Précisément pour cette raison, une structure affaiblie peut également s'avérer fatale, car la Tour du défenseur peut se retrouver cantonnée à une défense passive.
- En finale, le Roi est une pièce puissante qu'il faut utiliser activement.
- Souvenez-vous : « rien ne presse ! ».

Partie 45

Timman - Ree

Tournoi OHRA, Amsterdam 1984
Gambit Dame Refusé, variante Orthodoxe

Les finales de Cavalier sont généralement considérées comme étant les plus proches des finales de pions pures. Dans les deux cas, l'activité du Roi peut s'avérer décisive en soi. Dans cette partie, les Blancs choisis d'entrer en finale de Cavalier avec un Roi plus actif, donc un avantage, qui sera converti dans un style instructif.

1.d4 ♘f6 2.c4 e6 3.♘f3 d5 4.♘c3 ♗e7 5.♗g5 0-0 6.e3 ♘bd7 7.♗d3

Le coup habituel est 7.♖c1 (cf. Euwe-Van Doesburgh). Le coup du texte n'est pas considéré comme très fort, mais il évite les grandes lignes suranalysées de la variante Orthodoxe et entraîne généralement une structure avec pion-dame isolé plus tendue. On le connaît surtout à travers la célèbre partie Botvinnik-Vidmar,

Nottingham 1936, que les joueurs vont encore suivre durant quelques coups.

7...c5 8.0-0 cxd4 9.exd4 dxc4 10.♗xc4 ♘b6 11.♗b3 (D)

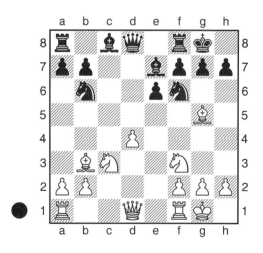

La position rappelle la partie Najdorf-Kotov (19), à ceci près que le Fou est en e7 et non pas b4, et qu'aucun des deux pions a n'a bougé.

11...♘fd5

Contre Botvinnik, Vidmar avait préféré 11...♗d7 12.♕d3 ♘bd5? (12...♘fd5 est meilleur) 13.♘e5 ♗c6 14.♖ad1 et les Blancs sont mieux. De son côté, Ree souhaite simplifier, ce qui est naturel et généralement dans l'intérêt du défenseur dans les positions avec PDI. D'ailleurs, Alekhine lui-même l'avait suggéré comme amélioration de la partie Botvinnik-Vidmar.

12.♗xe7 ♕xe7 13.♖e1

Maintient la tension. Les Blancs pouvaient prendre deux fois en d5, avec un petit avantage du fait que le Fou adverse est en partie bloqué par le pion d5, mais cela n'irait pas loin. Le coup de Timman est plus ambitieux.

13...♖d8 14.♖c1 (D)

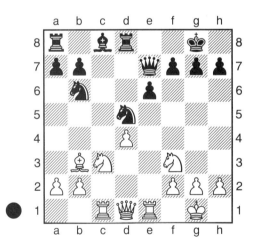

14...♘xc3

Les Noirs ont des problèmes pour développer le Fou-dame (ils perdraient une pièce après 14...♗d7?? 15.♘xd5).

15.♖xc3

15.bxc3 est possible aussi, après quoi le pion d n'est plus isolé. Timman préfère activer sa Tour en troisième rangée en vue d'attaquer, une idée que nous avons déjà rencontrée dans la partie Najdorf-Kotov.

15...♗d7!?

Provoque des complications. 15...♘d5 semble moins risqué.

16.d5

Ree relève le gant.

16...♕d6?!

Timman recommande 16...♗b5 (qui empêche la Tour de venir en d3 dans plusieurs lignes) avec une position peu claire. Maintenant, les Blancs ont la possibilité de liquider dans une finale favorable.

17.dxe6 ♗xe6 18.♕xd6 ♖xd6 19.♗xe6 ♖xe6 20.♖xe6 fxe6 (D)

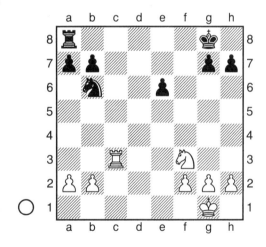

Les Noirs ont un pion faible en e6 et la Tour blanche parvient à pénétrer en septième rangée.

21.♖c7 ♖d8

21...♖c8 amène aussi une mauvaise finale de Cavalier après 22.♖xc8+ ♘xc8 23.♘g5.

22.♔f1 ♖d7 23.♖xd7 ♘xd7 24.♘g5!

Rien ne ressemble plus à une finale de pions qu'une finale de Cavalier : la plupart des grands principes sont les mêmes, et notamment celui de l'activité du Roi, comme nous allons le voir.

24...♞c5

Les Noirs choisissent de défendre le pion e avec le Cavalier, sans doute par crainte d'exposer encore davantage le pion avec 24...e5. En général, plus une faiblesse est proche de son camp, plus elle est facile à défendre.

25.b4 ♞a6

La finale de pions après 25...h6 26.bxc5 hxg5 27.♚e2 est gagnante pour les Blancs.

26.a3 ♞c7 27.♚e2 h6 28.♞e4 ♚f8?! 29.♞d6 b6 (D)

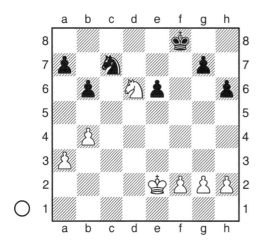

30.♚d3

Les Blancs continuent à centraliser le Roi, mais l'imprécision adverse du 28ᵉ coup (il fallait jouer 28...a6) leur donnait la possibilité de gagner plus rapidement par 30.♞c8! ; par ex. 30...♞b5 31.a4 ♞c3+ 32.♚d3 ♞xa4 33.♞xa7 (menace 34.♚c2) 33...♞b2+ 34.♚d4, et le pion b6 est condamné.

30...a6 31.♞c4 ♞d5

Là encore, le Cavalier défend ses pions. 31...b5 affaiblirait dangereusement la case c5, créant un boulevard pour le Roi blanc.

32.♚d4 ♚e7 33.g3 ♚d7 34.f4 ♚c6

Les Noirs cherchent activer leur propre Roi, ce qui est compréhensible, mais les Blancs ont les choses en main.

5.♚e5 ♞c7

Si 35...♚b5, les Blancs ont le simple coup 36.♞b2!, qui stoppe net le Roi noir. Dans un registre plus agressif, 36.♞d6+ ♚a4 37.f5 ♚xa3 38.fxe6 semble plus dangereux, mais moins clair ; par ex. 38...♞e7 39.♞f5 ♞g8. Il est très difficile de calculer tout cela sur l'échiquier avec précision, alors que 36.♞b2 étouffe tout contre-jeu et permet aux Blancs de consolider plus lentement.

36.♞d6 ♚d7 (D)

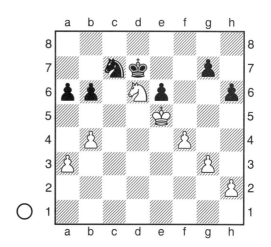

37.f5!

Un excellent exemple de transformation d'un avantage. Il peut sembler illogique d'échanger l'une des principales faiblesses adverses, mais il n'y a pas d'autre moyen de progresser, car le Roi blanc n'arrive pas à pénétrer la position des Noirs. Après l'échange des pions, les Blancs vont pouvoir utiliser les cases f5 et d5, un gain de mobilité suffisant pour faire la décision.

37...exf5 38.♘xf5 ♘e8 39.g4!

Ne pas oublier de fixer la faiblesse. Les Noirs aimeraient libérer leur Cavalier en jouant ...h5 et ensuite ...g6, mais ce n'est pas possible pour l'instant, et le Cavalier doit rester en e8 pour défendre l'aile roi. Le Zugzwang n'est pas loin.

39...♘f6 40.h3

40.♘xh6! gagnait plus rapidement, car après 40...♚c6 41.g5 ♘d7+ 42.♚e6, le Cavalier reste intouchable au vu de 42...gxh6 43.gxh6 ♘f8+ 44.♚f7 ♘h7 45.h4! suivi de 46.♚g7, qui gagne le Cavalier. Cette variante illustre également quelque chose de très important en finale de Cavaliers, à savoir que cette pièce est très maladroite contre le pion-tour – la proximité du bord de l'échiquier fait qu'elle manque de cases très rapidement. Sans doute en crise de temps (40ᵉ coup !), Timman évite cette ligne un peu compliquée et se contente de resserrer son étreinte. De toute façon, l'issue ne fait plus de doute.

40...h5

Sur un coup passif comme 40...♘e8, simplement 41.a4 et voilà le Zugzwang.

41.g5 ♘h7 42.h4 ♘f8

42...g6 43.♘e3 est également sans espoir. On ne peut empêcher le Roi blanc de pénétrer en f6, après quelques préparatifs comme ♘d5-f4, par exemple. Dans toutes ces variantes, c'est la position dominante du Roi blanc qui décide.

43.♘xg7 ♘g6+ 44.♚f6 ♘xh4 45.♘xh5 ♚c6 46.♘g3 ♚d5 (D)

47.a4!

Rien ne presse ! Il était encore possible de remettre le gain en cause en poussant prématurément le pion g. Après 47.♘f5 ♘g2! 48.g6? ♘f4! 49.g7 ♘h5+, les Noirs sacrifient le Cavalier pour le pion passé et parviennent à annuler en éliminant les pions de l'aile dame. Par contre,

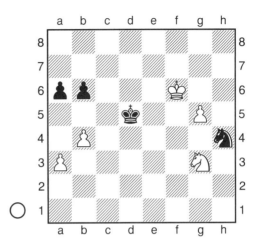

après le coup de Timman, le Zugzwang force les Noirs à céder le contrôle de la case a5.

47...b5

47...♚c4 perd à peu près de la même manière : 48.♘f5 ♘g2 49.♚e5!, etc.

48.a5 ♚c4 49.♘f5 ♘g2 50.♚e5! 1-0

La pointe – le Cavalier ne peut pas revenir arrêter le pion g. La position finale met joliment en relief le thème principal de toute cette finale, à savoir la domination du Roi blanc avancé et centralisé.

Les leçons à retenir

- La finale de Cavaliers est la plus proche de la finale de pions.
- Dans ces finales, un Roi plus actif peut suffire à faire la décision.
- Gardez toujours à l'esprit la possibilité de transformer un avantage (37.f5!). Aucune loi n'oblige à s'en tenir au même type d'avantage *ad vitam aeternam*. Souvent, le meilleur moyen d'exploiter un avantage est justement de le troquer pour un autre. Ici, Timman a échangé son excellente structure de pions pour une royale prise d'espace au centre.

- Le Cavalier déteste les pions-tours ! Un pion passé sur la colonne a ou h peut lui poser des problèmes insurmontables.
- Rien ne presse (47.a4!) !

Partie 46
Yanofsky - Pinkus
Ventnor City 1942
Gambit Dame Refusé, variante Orthodoxe

Dans les finales avec Fous de même couleur, il y a un principe fondamental : il faut essayer de placer ses propres pions sur des cases de la couleur opposée à celle des Fous. Le fait d'avoir des pions fixés sur des cases du même complexe que le Fou est un désavantage important et parfois même fatal, comme va nous le montrer Yanofsky dans cette somptueuse fin de partie.

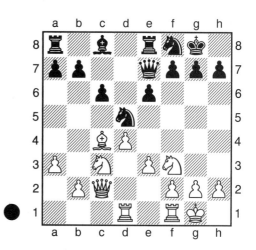

1.d4 ♘f6 2.♘f3 d5 3.c4 e6 4.♘c3 ♗e7 5.♗g5 0-0 6.e3 ♘bd7 7.♕c2

L'une des méthodes permettant aux Blancs d'éviter les grandes lignes de la variante Orthodoxe après 7.♖c1. La Dame libère la case d1 au profit de la Tour. En théorie, la meilleure réaction est 7...c5, mais les Noirs choisissent une approche plus solide.

7...c6 8.a3 ♖e8 9.♖d1 ♘f8?! 10.♗d3 dxc4 11.♗xc4 ♘d5 12.♗xe7 ♕xe7 13.0-0 *(D)*

Les Noirs, ayant joué trop passivement, ne peuvent pas se libérer en poussant ...e5.

13...b6 14.♖c1 ♗b7 15.♗d3 ♖ec8 16.♘xd5

L'adversaire menaçait de se libérer avec l'autre coup de rupture, ...c5. Les Blancs préfèrent clarifier la structure centrale.

16...exd5

16...cxd5 est possible aussi, mais les Noirs sont alors un peu moins bien à cause du Fou-dame, qui est passif. En reprenant du pion e, on obtient la structure dite de Carlsbad : l'idée est toujours de se libérer par ...c5.

17.♗f5 ♖c7 18.b4

Les Blancs prennent immédiatement des mesures pour gêner la poussée libératrice.

18...g6 19.♗d3 ♘e6 20.♕b2 ♖ac8 21.♗e2 c5

Les Noirs forcent un peu les choses, mais au prix d'un pion-dame isolé. Pinkus compte sur les simplifications qui vont maintenant se produire le long de la colonne c pour minimiser son désavantage.

22.bxc5 bxc5 23.dxc5 ♘xc5 24.♕b4

De son côté, Yanofsky n'a rien contre les simplifications, car il a compris que c'est en finale qu'il pourra le mieux exploiter les faiblesses structurelles de la position adverse.

24...♘e6 25.♕xe7 ♖xe7 26.♖xc8+ ♗xc8 27.♖c1 ♖c7 28.♖xc7 ♘xc7 *(D)*

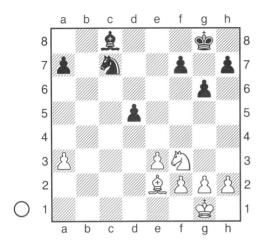

Ce type de finale de pièces mineures est typique des positions avec PDI. Les Blancs ont l'avantage pour deux raisons : leur structure de pions est meilleure, et le Fou adverse vient buter sur le pion d5. Des années de pratique magistrale ont montré que ces finales sont généralement tenables, mais à condition de défendre avec beaucoup de précision. Concrètement, les Noirs perdent souvent. Autrement dit, à moins d'être masochiste, il n'est pas recommandé de simplifier volontairement dans un tel schéma en défense.

29.♘d4 ♗d7 30.♔f1 ♔f8

Pour commencer, chacun active son Roi.

31.♔e1 ♔e7 32.♔d2 ♔d6 33.♔c3 f6 34.♔b4

L'absence des pions b défavorise encore un peu plus les Noirs. La plupart du temps, cette structure est atteinte avec un pion b pour chacun, ce qui permet aux Noirs de placer les pions en a7 et b6. Dans ce cas, le pion b6 empêche le Roi blanc de pénétrer via la case c5, ce qui allège la défense. Ici, c'est au Roi noir de s'en occuper, ce qui augmente les chances de Zugzwang.

34...♗e8 35.♔b5 ♗f7

Clairement forcé, car les finales de pions seraient absolument sans espoir, et si l'on prend une fois en b5, le pion a finit par tomber après 36.♘xb5+.

36.a4 ♗e6 37.♘b3 ♗c8 38.♘d4 *(D)*

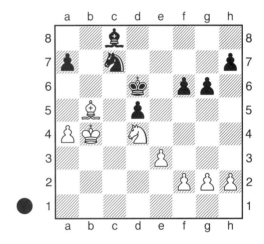

38...♗e6

Sans plan actif, les Noirs ne peuvent qu'observer comment les Blancs vont consolider leur position. Il ne faut surtout pas chercher à titiller le Fou par 38...a6?, car après 39.♗d3, il n'y aurait plus qu'à jouer ♔a5 pour sceller le sort du pion a. En finale de Fous de même couleur, il est très rarement bon de placer ses pions sur la couleur des Fous. Au lieu de faciliter leur défense, cela ne fait qu'affaiblir les cases de la couleur opposée, ouvrant de véritables boulevards pour le Roi ennemi, sans compter que le Fou de la défense devient mauvais. La suite de la partie sera très instructive à cet égard.

39.♗d3 ♗d7 40.h4 ♘e6?!

Une décision cruciale et probablement mauvaise. Fatigué d'attendre passivement et de devoir toujours calculer les conséquences de

♘b5+, Pinkus décide d'échanger les Cavaliers pour entrer en finale de Fous. Avec le recul, on comprend que les Noirs auraient plutôt dû camper sur leurs positions, mais la chose est plus facile à dire qu'à faire car la situation est très désagréable. Les Blancs peuvent se permettre de progresser tranquillement en poussant les pions de l'aile roi pour gagner de l'espace.

41.♗b5 ♘xd4 42.exd4 ♗c8 (D)

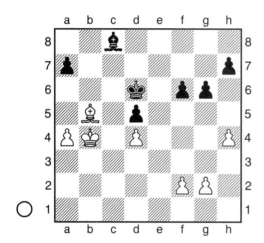

L'avantage des Blancs semble ténu, et l'on a peine à croire que les Noirs sont perdus. Yanofsky précise d'ailleurs que la partie fut ajournée à ce stade et que tous les autres participants au tournoi s'accordèrent à dire qu'elle était nulle. En réalité, le Roi blanc est suffisamment bien placé et le Fou noir suffisamment mauvais pour permettre aux Blancs de trouver un gain superbe et fort instructif.

43.♗d3

La première étape du plan consiste à fixer les pions noirs de l'aile roi sur cases blanches, pour aggraver le cas du Fou c8, mais aussi pour permettre au Roi blanc de se frayer un accès via les cases noires affaiblies.

43...f5

Plutôt coopératif, mais les Blancs allaient jouer g3 suivi de h5. Les Noirs peuvent essayer de parer cette menace en utilisant le Fou pour empêcher la rupture h5, mais ensuite les Blancs peuvent à nouveau reporter leur attention sur l'aile dame (les deux faiblesses !). Yanofsky donne une variante très instructive à titre d'exemple : 43...♗d7 44.g3 ♗e8 (le Fou ayant quitté l'aile dame, il ne couvre plus la case a6) 45.♗b5! ♗f7 46.♔a5 (direction la case fraîchement affaiblie) 46...♔c7 (il faut défendre le pion a7) 47.♔a6 ♔b8 (le Roi noir étant rivé à la défense du pion, son homologue en profite pour venir lui-même en c5) 48.a5 g5 (les Noirs sont quasiment en Zugzwang) 49.f4 h6 50.♗a4 (oubliez le « quasiment » – cette fois il y a bel et bien Zugzwang) 50...♗e6 51.♗e8! et maintenant les Blancs sont prêts pour ♔b5-c5, suivi de ♗a4-b3 et le pion d5 tombe. Cette variante est typique des difficultés que rencontrent les Noirs dans cette finale.

44.f4 (D)

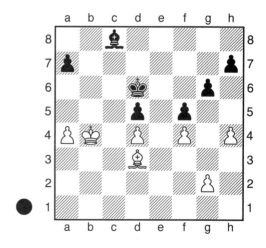

Les pions sont maintenant fixés sur cases blanches. La prochaine étape du plan consiste à jouer h5. Les Blancs auront ensuite deux options – soit échanger en g6, après quoi les Noirs auront sur cette case un pion faible attaquable ultérieurement par ♗e8, soit jouer h6, et dans ce cas le Fou menacera de faire le tour par g8 ou de se sacrifier en g6.

44...♗e6 45.g3 ♗d7 46.♗b5!

L'immédiat 46.♗e2 ne mène à rien à cause de 46...♗e8. Il est clair que le Fou des Noirs est idéalement placé en d7, d'où il peut venir en c8 ou e8, en fonction du théâtre des opérations – aile dame ou aile roi. Yanofsky cherche donc à le chasser de cette importante case « pivot », comme il l'appelle.

46...♗c8

Après la réponse des Blancs, le Fou ne pourra plus accéder à e8. Mais si le Fou était resté sur l'aile roi par 46...♗e6 (l'idée est qu'après 47.♗e2 ♗f7, les Noirs parviennent encore à empêcher la poussée h5), le Roi blanc pénétrerait alors sur l'aile dame par 47.♔a5 ♔c7 48.♔a6, avec des variantes proches de celles examinées dans le commentaire du 43ᵉ coup. Au risque de me répéter, le jeu blanc est intégralement fondé sur le principe des deux faiblesses.

47.♗e2

Maintenant, 48.h5 ne peut être empêché qu'en jouant 47...h5, après quoi les Blancs gagnent facilement par 48.♗b5 suivi de ♗e8.

47...♗c6 48.h5 gxh5

Au lieu d'autoriser la création d'une nouvelle faiblesse en g6, les Noirs échangent, mais désormais le pion f5 est lui-même faible. Pinkus espère toutefois qu'il sera plus facile à défendre que g6.

49.♗xh5 ♔b6 50.a5+ ♔c6

50...♔a6 perd immédiatement sur 51.♗f7 ♗b7 52.♗e6.

51.♗e8+

Force le Roi noir à céder du terrain, ce qui va permettre à son vis-à-vis de grignoter encore sur son territoire.

51...♔d6 52.♔b5 ♔e7 53.♗h5 ♔d6 *(D)*

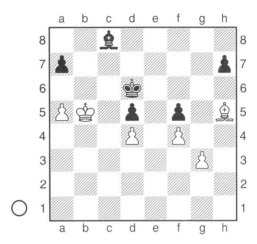

Les Blancs ont fait des progrès notables sur les dix derniers coups. L'utilisation systématique du Zugzwang force les Noirs à reculer – jusqu'à la chute d'un pion.

54.♗e2 ♗b7 55.♗d3 ♗c8

Le Fou en est réduit à des allers-retours entre les cases b7 et c8, puisque tout coup de Roi autoriserait la pénétration adverse en c5, et tout autre coup de Fou, en a6.

56.♗c2 h6 57.♗d3!

Le Zugzwang est consommé. 57...h5 perdrait un pion après 58.♗e2, et tant qu'à perdre du matériel, mieux vaut encore lâcher le pion a7, avec l'idée d'emprisonner le Roi blanc, mais cette tentative achoppe aussi sur le Zugzwang.

57...♗d7+ 58.♔a6 ♔c7 59.♔xa7 ♗c8 60.♗c2!

Zugzwang, une fois de plus. Cette fois, 60...♗e6 permettrait au Roi blanc de ressortir via a6 et b5 ; par ex. 61.♔a6 ♗d7 62.♗d3 avec un nouveau Zugzwang.

60...h5

Le pion h est condamné.

61.♗d1 ♚c6 62.♗a4+!

Rien ne presse ! Le pion h5 n'ira nulle part, donc il n'y a pas lieu d'autoriser les Noirs à gagner le pion a par ...♚b5.

62...♚c7 63.♗e8 ♗e6 64.a6 1-0

Après 64...♗c8 65.♗xh5 ♗e6 66.♗g6 ♗c8 67.♗f7 ♚c6 68.♗g8!, un nouveau Zugzwang amène soit la perte du pion d5, soit 69.♚b8 et le pion a fait Dame. Une fin de partie magistralement traitée par Yanofsky, et qui lui valut à juste titre le prix de la meilleure finale du tournoi.

> ### *Les leçons à retenir*
> - En finale de Fous de même couleur, il faut à tout prix éviter de se retrouver avec des pions fixés sur la même couleur que le Fou.
> - Le Roi est une pièce très forte en finale, et le fait d'avoir un Roi plus actif peut être un avantage décisif.
> - Le Zugzwang est une arme vitale dans bien des finales. Si les Noirs avaient eu la possibilité de « passer leur tour » à volonté, ils n'auraient pas perdu – même la position finale de la partie est nulle sans le Zugzwang.
> - Rien ne presse !

Partie 47
Plater - Botvinnik
Mémorial Tchigorine, Moscou 1947
Défense Sicilienne, 2.♞e2

Nous revenons au thème de la lutte du Fou contre le Cavalier, dont nous avons déjà vu quelques exemples, mais en milieu de jeu. En finale, les considérations générales sont les mêmes : le Fou est généralement supérieur lorsque la position n'est pas bloquée et lorsqu'il y a des pions sur les deux ailes. C'est le cas ici, et la partie est également instructive sur l'intérêt de contrôler la seule colonne ouverte avec une Tour.

1.e4 c5 2.♞e2

Un coup inhabituel très apprécié du grand Paul Keres. Dans certains cas, il permet de transposer dans des lignes normales, mais les Blancs ont aussi l'option de jouer 3.g3 pour obtenir une Sicilienne fermée.

2...♞f6 3.♞bc3 d5

Évite la transposition dans une Sicilienne ouverte, mais cette approche très directe n'est pas nécessairement la meilleure.

4.exd5 ♞xd5 5.♞xd5 ♛xd5 6.♞c3?!

Keres lui-même a montré que les Noirs ont quelques problèmes à résoudre sur 6.d4. Après le coup du texte, ils obtiennent un bon contrôle du centre, notamment de la case d4, et très vite, les Blancs ne vont plus penser qu'à égaliser.

6...♛d8 7.♗c4 ♞c6 8.d3 e6 9.0-0 ♗e7 (D)
10.f4?!

Ce coup hideux positionnellement prépare une attaque à l'aile roi, mais les Blancs n'en ont pas les moyens. Le résultat, c'est surtout que leur position centrale est affaiblie – mieux valait se développer normalement par 10.♗f4 pour maintenir l'équilibre.

10...0-0 11.♘e4?

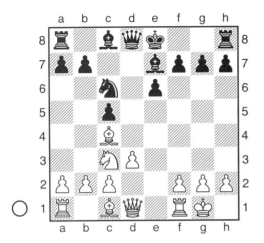

Plater n'a pas vu venir la suite – il va se retrouver de force dans une finale désagréable. Il fallait jouer 11.a3 pour offrir un refuge au Fou.

11...♘a5 12.♗b3 ♕d4+!

Ou tout simplement 12...♘xb3 pour s'offrir la paire de Fous – mais ceci est encore meilleur.

13.♔h1 *(D)*

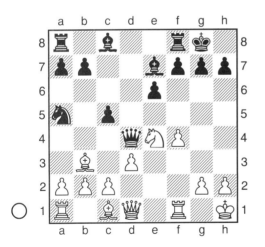

13...c4

La pointe. Maintenant, 14.♗a4 cxd3 laisse-

rait les Blancs avec un pion très faible en d3, donc le prochain coup est forcé.

14.c3 ♕xd3 15.♕xd3 cxd3 16.♘f2 ♖d8 17.♖d1 ♗c5 18.♖xd3 ♗d7 19.♗e3

19.♘e4 est encore pire au vu de 19...♘xb3 20.axb3 ♗b5! et les Noirs ont la paire de Fous.

19...♗xe3 20.♖xe3 ♗b5

Les Noirs prennent clairement l'avantage en contrôlant la seule colonne ouverte.

21.♘e4

La menace était 21...♖d2, et 21.♖d1 ♖xd1+ 22.♗xd1 ♖d8 ne servait à rien.

21...h6 22.♖ae1 ♘xb3

Maintenant que la Tour blanche a quitté la colonne a, les Noirs prennent en b3, restant avec Fou contre Cavalier. Sur un échiquier aussi ouvert que celui-ci, le Fou est bien supérieur.

23.axb3 a5!

Logique : l'idée est de mettre les pions en a5 et b6, sur des cases d'une couleur opposée à celle du Fou, pour aboutir à une harmonie maximale, le Fou contrôlant les cases blanches et les fantassins les cases noires. Les Blancs ont une majorité à l'aile dame, mais avec les pions doublés, il est difficile de se créer un pion passé, alors que les Noirs ont une majorité très saine de l'autre côté : tôt ou tard, un pion passé va apparaître sur la colonne e. Tous ces petits plus se conjuguent au contrôle de la colonne ouverte pour offrir aux Noirs un avantage positionnel déjà décisif.

24.h3 ♖ac8 25.♔g1 ♔f8 26.♔h2 ♖c7 27.♔g3 b6 *(D)*

28.♔h2

Impossible de centraliser le Roi par 28.♔f2 à cause de 28...f5 suivi de 29...♖d2+. On remarquera que dans cette ligne, les pions noirs en b6 et h6 empêchent le Cavalier blanc d'attaquer le pion e6 depuis les cases c5 ou g5. Ces petits

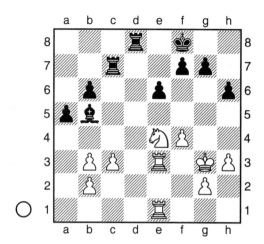

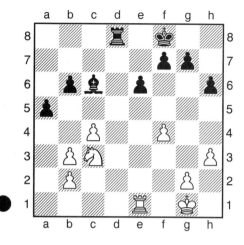

coups de pions qui privent le Cavalier de ses meilleures cases représentent un aspect technique important de la lutte du Fou contre le Cavalier dans les positions ouvertes.

28...♖cd7 29.♔g1 ♖d1 30.c4 ♗c6 31.♘c3 ♖xe1+

Cet échange peut sembler curieux, puisque la Tour noire est plus active, mais ce genre de concession est souvent nécessaire pour accroître l'avantage. Pour l'instant, malgré une certaine passivité, les Tours blanches défendent néanmoins des cases essentielles, empêchant toute infiltration. Dès lors qu'au moins une d'entre elles est échangée, il devient beaucoup plus difficile de tenir les pièces noires à distance.

32.♖xe1 (D)

32...♔e7

Pour l'instant, 32...♖d2 ne mène à rien à cause de 33.♖e2, donc Botvinnik consolide sa position en centralisant le Roi. Rien ne presse, les Blancs n'ont aucun contre-jeu.

33.♖e2 f6 34.♔f2 ♖d3 35.h4?!

Affaiblit la case g4 et expose le pion h à une infiltration ultérieure du Roi noir en g4, mais il est difficile de suggérer quelque chose de

constructif pour les Blancs. Plater a sans doute considéré qu'il serait à l'abri du Fou sur une case noire.

35...h5 36.♖e3 ♖d2+!?

Un choix intéressant. Les Noirs déclinent l'invitation à jouer 36...♖xe3 37.♔xe3 ♗xg2, car après 38.♘a4, les Blancs regagnent le pion. Mais en regardant un peu plus loin, on constate que le Roi noir faisait la décision en pénétrant la position adverse par 38...♔d6 39.♘xb6 ♔c5 et l'accès à b4 est garanti. En légère crise de temps, Botvinnik préfère aller à son rythme, certain que sa position est gagnante à long terme de toute façon.

37.♖e2 ♖d3 38.♖e3 ♖d2+ 39.♖e2 ♖xe2+ 40.♘xe2 ♔d6 41.♘d4 (D)

41...g6!

Nous retrouvons le thème de la domination du Cavalier, privé d'accès aux bonnes cases par les pions adverses. La menace est maintenant 42...e5, avec création d'un pion passé. On ne pouvait le jouer tout de suite à cause de 42.♘f5+.

42.g3

Les Blancs retirent leur pion g d'une case

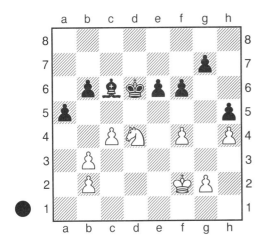

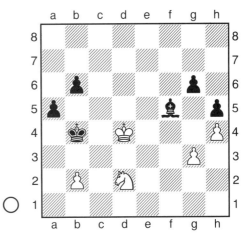

sensible afin de libérer le Roi, mais les Noirs ont déjà un avantage décisif.

42...e5 43.fxe5+ fxe5 44.♘c2

Le Cavalier cherche à empêcher la pénétration du Roi en b4.

44...♗e4!

Mais il doit aussitôt quitter les lieux.

45.♘e1 ♚c5 46.♚e3 ♗f5 47.♘f3 ♚b4 48.♘d2

La prise en e5 perd les deux pions b, après quoi le pion a5 décide.

48...♗c2 49.♚f3 ♗xb3 50.♚e4

Dernier espoir de contre-jeu : s'en prendre aux pions adverses.

50...♗xc4 51.♚xe5 ♗d3 52.♚d4 ♗f5 (D)

Le Fou protège facilement g6, tout en conservant une influence considérable sur l'aile dame. C'est le grand avantage de cette pièce à longue portée sur un échiquier ouvert. Inversement, si le Cavalier excelle dans un petit périmètre, il ne peut pas agir de loin.

53.♘c4 b5 54.♘d2 a4 55.♚d5 ♗h3!

Subtil et précis. On pouvait jouer pour ...a3 en vue de créer un pion passé sur la colonne b, mais Botvinnik préfère pousser d'abord ...b4 et ensuite ...a3, de manière à pouvoir reprendre

du pion en a3. Pourquoi ? Parce que le Cavalier déteste les pions-tours ! Afin de pouvoir jouer ...b4, il faut amener le Roi en c5, et donc chasser le Roi blanc avec le Fou.

56.♚d4 ♗g2

Zugzwang. Il faut concéder l'accès à c5.

57.♚d3 ♚c5 58.♚c3 b4+ 59.♚d3 ♗d5 60.♘b1

Le Cavalier empêche ...a3, mais son poste est instable.

60...♗e6

Menace 61...♗f5+.

61.♘d2 ♗f5+ 62.♚e3 ♗c2 0-1

La promotion du pion a est inévitable.

Les leçons à retenir

- Sur un échiquier ouvert, quand il y a du jeu sur les deux ailes, le Fou est généralement supérieur au Cavalier, car sa longue portée lui permet de jouer des deux côtés à la fois.
- Retenez l'utilisation des pions noirs sur une couleur généralement opposée à celle du Fou pour priver le Cavalier adverse de ses meilleures cases (21...h6, 27...b6, 41...g6!).
- Les Cavaliers détestent les pions-tours !

Partie 48
Ribli - Grünfeld
Interzonal, Riga 1979
Gambit Dame Refusé, Tarrasch symétrique

Chacun sait que les Fous de couleur opposée sont un facteur de nulle, mais contrairement à ce qu'on croit souvent, ce n'est plus nécessairement le cas lorsqu'il reste d'autres pièces sur l'échiquier. Dans le cas présent, il reste une Tour de chaque côté, et les Blancs vont parvenir s'imposer dans une finale avec un pion de plus qui eût été totalement nulle en l'absence des Tours.

1.c4 ♘f6 2.♘c3 e6 3.♘f3 c5 4.e3 d5 5.d4 ♘c6 6.cxd5 exd5 *(D)*

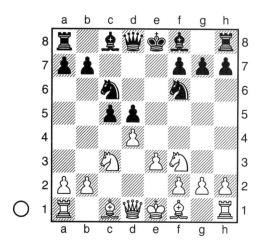

La partie a transposé dans une variante de la défense Tarrasch du Gambit Dame caractérisée par un précoce ...c5. Ce coup permet aux Noirs de se libérer bien plus rapidement que dans d'autres lignes, notamment la défense Orthodoxe. Mais tout se paie aux échecs – en l'occurrence, le prix est un pion-dame isolé. Le Dr Tarrasch, qui ne supportait pas les positions étriquées, était prêt à accepter des affaiblissements structurels pour activer ses pièces. Il soutenait que sa défense (1.d4 d5 2.c4 e6 3.♘c3 c5) était la seule réponse correcte face au Gambit Dame, mais au top niveau, peu de grands maîtres partageaient cet avis, et cette suite est restée essentiellement suspecte depuis 75 ans. Il ne faut pourtant pas oublier que deux champions du Monde en ont fait usage ponctuellement. Elle servit d'abord à Spassky pour subtiliser le titre mondial à Petrosian en 1969, avant que Kasparov ne l'utilise avec beaucoup de succès dans sa jeunesse. Détail important : l'ordre de coups de la présente partie a permis aux Noirs d'éviter le schéma considéré comme le plus dangereux pour eux, celui où les Blancs jouent g3 et ♗g2.

7.♗e2 ♗e7 8.0-0 0-0 9.dxc5 ♗xc5 *(D)*

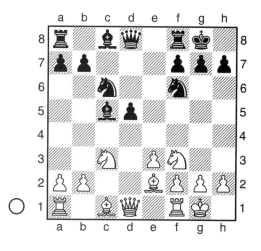

Nous retrouvons notre chère structure de PDI, souvent à l'honneur dans ce livre.

10.b3 ♗e6 11.♗b2 ♕e7 12.♘b5

De manière très thématique, les pièces blanches convergent vers la case d4.

12...♘e4 13.♖c1 ♖ac8 14.♕d3 ♖fd8 15.♘bd4 ♘xd4?!

Ce coup et le suivant semblent trop passifs. 15...♗g4 est plus naturel.

16.♘xd4 ♗d7 17.♗f3

Nous avons déjà noté (cf. partie 20, Karpov-Spassky, par exemple) que le joueur qui affronte le PDI n'a généralement rien contre l'échange des Cavaliers. Non seulement ils sont utiles dans ces positions, mais l'échange d'une paire de Cavaliers a libéré la case f3 pour le Fou blanc, d'où il va pouvoir faire pression sur le pion isolé. Karpov, on s'en souvient, avait joué ♘e5 suivi de ♗f3, dans le même esprit.

17...a6 18.♖fd1 h6 19.♖c2 ♗d6 20.g3 ♖xc2 21.♕xc2 ♗e5?

Les Noirs, dont le jeu n'est pas très convaincant, sont simplement moins bien, mais de là à donner pion sans compensation… on ne voit pas très bien l'idée. À moins d'une gaffe pure et simple, assez improbable, on est obligé de considérer que Grünfeld comptait sur les Fous de couleurs opposées pour annuler. En quoi il se trompait lourdement.

22.♗xe4 dxe4 23.♕xe4 ♗c6 24.♕g4 ♗xd4 25.♗xd4 ♕g5 26.♕xg5 hxg5 *(D)*

La tendance annulante des Fous de couleurs opposées est bien connue : chacun ne peut attaquer que des cases d'une seule couleur, ce qui permet souvent de créer une forteresse absolument imprenable, puisque le défenseur bloque tout pion passé éventuel sur des cases que seul *son Fou* peut contrôler. Dans ce genre de cas, un, deux et même parfois trois pions de plus peuvent ne pas suffire. La méthode de gain consiste généralement à secréer deux pions passés éloignés l'un de l'autre, auquel cas

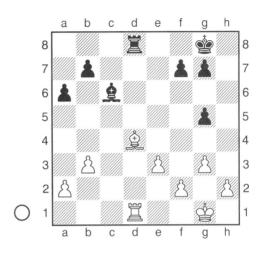

la défense devra peut-être s'incliner devant le tout-puissant principe des deux faiblesses. En revanche, si l'on ajoute d'autres pièces sur l'échiquier, ce triste paysage de nulle stérile se transforme radicalement. Même une Tour chacun, comme c'est le cas ici, peut suffire à faire la différence. En fait, la plupart du temps, les Fous de couleurs opposées ne font qu'accentuer l'avantage, car si l'attaquant parvient à pilonner une cible située sur une case de même couleur que son Fou, il aura en pratique une pièce de plus pour l'agresser. Dans la présente position, les Blancs ont un pion de plus et les pions adverses de l'aile roi sont doublés. Sans les Tours, les Blancs n'auraient pas l'ombre d'une chance de gain, parce qu'il serait impossible de créer un second pion passé sur l'aile dame, mais ici…

27.h3!

Le plan à long terme consiste à créer un pion passé à partir de la majorité sur l'aile roi, et donc il faut empêcher …g4, qui serait très gênant.

27...f6 28.g4 *(D)*

Dans notre analyse de la finale Yanofsky-Pinkus (Partie 46), nous avons vu qu'en finale

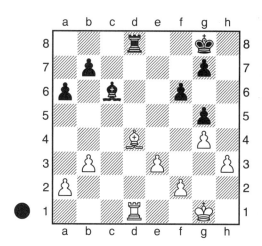

de Fous, il était recommandé de placer ses pions sur des cases de la couleur opposée à celle de son propre Fou. Mais avec des Fous de couleurs opposées, la situation est différente – en fait, c'est tout l'inverse, à cause de la notion de « forteresse » déjà évoquée : si les pions sont sur la bonne couleur, mon Fou peut les défendre et celui de l'adversaire ne peut pas les attaquer. Fort bien, mais alors pourquoi Ribli se donne-t-il tant de mal pour mettre ses pions sur cases blanches alors qu'il dispose de l'autre Fou ? Tout simplement parce que la règle que je viens d'énoncer ne s'applique qu'aux pures finales de Fous de couleurs opposées. Lorsqu'il y a d'autres pièces, comme c'est le cas ici, c'est la règle normale qui s'applique – il faut mettre les pions sur l'autre couleur. C'est exactement ce que fait Ribli, avec pour effet de fixer les pions adverses sur cases noires, de manière à pouvoir les attaquer ultérieurement avec Tour et Fou.

28...♔f7 29.♔h2 ♖d7 30.♔g3 ♖d8 31.f3 ♔g6 32.♖h1

Après avoir amélioré le placement du Roi, les Blancs annoncent la couleur : jouer h4, de manière à provoquer un échange de pions sur

cette case. Une fois le pion g5 éliminé, il suivra f4, puis e4-e5 et la mobilisation de la majorité à l'aile roi accouchera d'un pion passé sur la colonne e. Les Noirs essaient d'empêcher ce plan en postant leur Tour sur la colonne h.

32...♖h8 33.♗b6!

Les petits avantages ! Les Blancs exploitent immédiatement le dernier coup adverse et prennent le contrôle de la colonne d.

33...♔f7 34.♖d1 ♖e8 35.e4 (D)

Maintenant que le Roi n'a plus à défendre le pion f3, les Blancs menacent de revenir au plan h4.

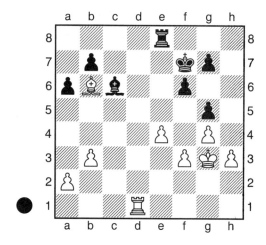

35...♖e7!?

Les Noirs acceptent. On pouvait empêcher h4 en jouant 35...♖h8, mais Grünfeld n'aimait sans doute pas la réplique 36.♖d6, après quoi sa position est franchement inconfortable : il faut sans cesse se préoccuper de la possibilité e5, qui laisserait de grosses faiblesses en g5 et g7. Comme la position passive de la Tour en h8 serait un handicap dans ces lignes, il décide de la maintenir active au centre, même si cela implique de laisser les Blancs mettre en œuvre le plan à base de h4.

36.h4 gxh4+ 37.♔xh4 ♖d7 38.♗d4

Le lecteur a bien compris maintenant que les Blancs ne peuvent autoriser l'échange des Tours.

38...♖d8?!

Plutôt passif. Dans cette finale comme dans bien d'autres, les échanges de pions favorisent plus ou moins le défenseur, donc 38...a5 avec l'idée ...a4 était logique.

39.♔g3 a5 *(D)*

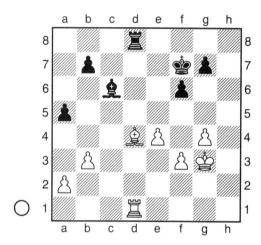

Enfin… mais les Noirs ont perdu un temps.

40.♔f4 a4 41.b4 ♗b5

On imaginait plutôt fixer le pion a2 par 41...a3, mais après 42.♔e3 ♗b5 43.♖c1, le Fou ne peut pas venir en c4. Notez bien que si les Noirs avaient joué 38...a5, le Roi blanc serait une case plus loin et il n'aurait pas été possible de jouer ♖c1, car le Fou d4 serait resté sans défense. Par conséquent, la perte de temps du 38ᵉ coup n'est pas anodine.

42.♔e3 ♗c4 43.a3 b5

L'étape suivante du plan des Blancs est de pousser f4-f5 pour fixer les pions adverses sur cases noires.

44.♖h1!

Rien ne presse, il faut s'emparer de tous les petits avantages ! Puisque la poussée f4-f5 ne peut pas être empêchée, les Blancs commencent par prendre le contrôle de la colonne h. Peut-être ne servira-t-elle à rien, mais puisque la poussée peut attendre, autant prendre la colonne, juste au cas où.

44...♖c8 45.♖h5 ♗f1 46.♖d5 ♖c7

47.♖d7+ était une menace, mais maintenant, la pénétration de la Tour blanche en huitième rangée est décisive.

47.♖d8 *(D)*

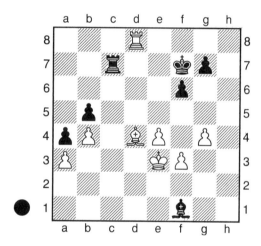

En combinant f4-f5, ♗c5 et ♖f8+, les Blancs vont pouvoir éloigner le Roi blanc de la défense de ses pions de l'aile roi.

47...♔e6 48.f4 ♗c4 49.♗c5!

Et soudain se profilent des menaces de mat après f5+.

49...♔f7 50.♖f8+ ♔e6 51.f5+ ♔d7 52.g5!

C'est l'estocade : l'aile roi s'écroule et les pions blancs vont déferler.

52...♖c6 53.g6

Maintenant, le pion g7 est condamné, au vu de ♖f7 et ♗f8.

53...♖c7 54.♖f7+ ♔c6 55.♖xc7+

On peut enfin se permettre l'échange des Tours.

55...♔xc7 56.♗f8 1-0

Les Blancs vont prendre en g7, puis jouer ♔f4 et e5 pour émerger avec deux pions passés liés.

Les leçons à retenir

- Si les pures finales de Fous de couleurs opposées sont connues pour être annulantes, c'est beaucoup moins vrai avec d'autres pièces sur l'échiquier.

- Emparez-vous de tous les petits avantages (33.♗b6!, 44.♖h1!).
- Dans une pure finale de Fous de couleurs opposées, il est généralement conseillé de placer ses pions sur des cases de la couleur du Fou, pour qu'il puisse les défendre. Mais dans toutes les autres finales, y compris Fous de couleurs opposées avec des Tours, c'est le contraire : les pions doivent aller sur des cases de l'autre couleur pour ne pas gêner le Fou.

Partie 49

Gulko - Kremenietsky

Ch de Moscou 1983
Sicilienne fermée

Nous avons déjà vu plusieurs parties dans lesquelles la paire de Fous affrontait le couple Fou et Cavalier, mais c'était en milieu de jeu. Qu'en est-il en finale ? Boris Gulko va nous montrer comment exploiter au mieux les avantages de la paire de Fous.

1.e4 c5 2.♘c3 e6 3.g3 d5

Face à la Sicilienne fermée, les Noirs optent pour un schéma relativement rare, mais solide. Au lieu de jouer une sorte d'Anglaise inversée avec 2...♘c6 suivi de 3...g6, Kremenietsky préfère occuper immédiatement le centre avec ses pions.

4.exd5 exd5 5.♗g2 ♘f6 6.d3 d4 7.♘e4 ♘xe4 8.dxe4!? *(D)*

Il serait bien moins intéressant de reprendre avec le Fou, car tôt ou tard, celui-ci devrait revenir en g2. De plus, le coup du texte brise la symétrie de la structure de pions, ce qui rend la position d'autant plus intéressante.

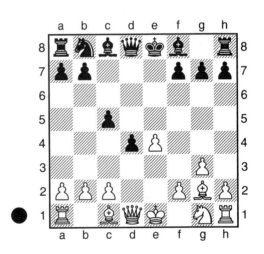

8...♗e7 9.♘e2 0-0 10.0-0 ♘d7?!

Un coup peu naturel : ce Cavalier serait mieux en c6.

11.c3!

Exploite immédiatement l'imprécision adverse pour liquider le centre de pions.

11...dxc3 12.♘xc3 ♗f6 13.♗e3!

Le début d'un plan très profond. 13.♘d5

n'est pas convaincant à cause de 13...♝d4 suivi de ...♞b6.

13...♝xc3

Quasiment forcé sous peine de ne pouvoir développer les pièces de l'aile dame. En effet, le Cavalier ne peut quitter des yeux le pion c5 car la Dame, qui pourrait s'en charger, doit constamment se préoccuper d'un éventuel ♞d5.

14.bxc3 ♛a5 *(D)*

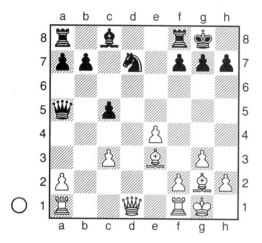

15.♛d5!

Un excellent sacrifice de pion en vue de prendre l'initiative. Les Blancs ont un avantage à long terme – la paire de Fous, mais aussi à court terme – l'avance de développement. Un coup tranquille comme 15.♛c2 permettrait aux Noirs de combler leur retard par 15...♞e5, après quoi l'égalité serait proche. Gulko préfère utiliser son avance pour compliquer le développement des Noirs, même si cela implique de sacrifier un pion.

15...♖e8

L'immédiat 15...♛xc3 se heurte à 16.♖ac1 ♛a5 17.e5! (plus fort que la reprise en c5), et les Noirs sont pieds et poings liés.

16.♖fd1

N'oublions pas les problèmes de mat du couloir. Si par exemple 16...♞f6, alors 17.♛xc5 ♛xc5 18.♝xc5 et le pion e4 est imprenable.

16...♛xc3 17.♖ac1 ♛a5 18.e5! *(D)*

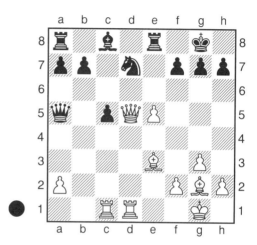

Là encore, ce coup est bien plus fort que la misérable prise en c5. Le Fou g2 devient monstrueux : il paralyse totalement l'aile dame adverse. Certes, le pion e5 est en prise, mais s'ils le prennent, les Noirs ne peuvent pas le conserver. Nous retrouvons l'idée d'utiliser la tactique à des fins positionnelles. Gulko sait très bien que les Noirs ne peuvent se libérer qu'en prenant en e5, mais la finale qui en découle sera largement à son avantage.

18...♖xe5

18...♞xe5 perd une pièce à cause du mat du couloir : 19.♖xc5 ♛a4 (sinon 20.♛xe5) 20.♖d4, suivi de 21.♛xe5.

19.♛xe5! ♞xe5 20.♖xc5 ♛xc5

Il faut impérativement rendre la Dame pour ne pas se faire mater : après 20...♛b6 21.♖xe5, les Noirs ne peuvent pas contrôler à la fois d8 et e8.

21.♝xc5 ♝g4

Toujours forcé, car si l'on autorise ♖d8+, la Dame ne pourra jamais se développer.

22.♗xb7 ♗xd1 23.♗xa8 *(D)*

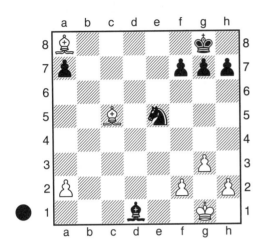

Voici la finale que les Blancs envisageaient en jouant leur 15e coup. Par un jeu très concret, Gulko a obtenu très exactement la finale paire de Fous vs Fou et Cavalier qu'il souhaitait. Dans une position aussi ouverte, avec des pions des deux côtés de l'échiquier, la paire de Fous a souvent l'avantage, et Gulko va le démontrer de manière instructive, avec beaucoup de style mais surtout en exploitant la plupart des ressources techniques dont nous avons discuté jusqu'à présent.

23...a6 24.♗b7 ♗e2 25.f4

Le Cavalier ne peut pas conserver son poste actif au centre de l'échiquier (cf. Plater-Botvinnik, partie 47).

25...♘d7 26.♗d4!

Depuis cette case, le Fou « domine » le Cavalier. En revanche, Gulko relève que 26.♗b4? n'atteindrait pas ce but : après 26...♘b6 27.♔f2 ♗c4 28.a3 ♘d5 29.♗d2 f5!, les Noirs ont réussi à monter une sorte de barrière au centre pour empêcher la pénétration du Roi blanc, et

la position est nulle. Leçon du jour : ne jamais autoriser de contre-jeu inutile !

26...♔f8 27.♗d5 *(D)*

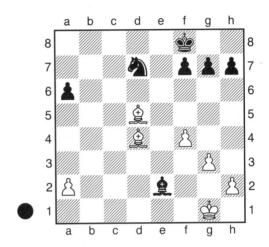

Les Noirs vont être forcés d'affaiblir leur structure pour permettre au Roi de s'activer.

27...g6

Voilà qui est fait : désormais, le Roi blanc sait qu'il pourra s'infiltrer via f6 ou h6, même si c'est à très long terme, voire jamais. L'important est que cette possibilité existe (s'emparer du moindre avantage !).

28.♔f2

Centralisation du Roi.

28...♗g4 29.♗b7!

Rien ne presse – toujours prendre en compte les menaces adverses ! 29.♔e3? ♗e6! aurait forcé l'échange d'un des deux Fous, réduisant considérablement l'avantage blanc.

29...♗e6 30.a3

Encore un coup important. L'avantage du Fou sur le Cavalier, c'est sa longue portée, qui permet de jouer des deux côtés de l'échiquier. L'échange des pions a réduirait l'avantage blanc à néant ou presque, car la courte portée du Cavalier ne serait pas un problème si le jeu était confiné à l'aile roi. La stratégie des Blancs n'est pas d'échanger les pions a, mais de gagner celui de l'adversaire pour rien.

30...♗c4 31.♔e3 ♔e7 32.♗c3 ♗b5 (D)

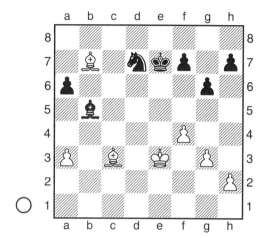

33.g4!

Absolument typique de ce genre de position : les Blancs veulent accroître leur avantage d'espace et fixer les affaiblissements provoqués chez l'adversaire. On retrouve en fait notre cher principe des deux faiblesses : le pion a en est une, et il s'agit maintenant d'en créer une autre sur l'aile opposée, de façon à étirer la défense au maximum.

33...♔e8 34.♔d4 ♗e2 35.g5

La faiblesse est maintenant fixée : il s'agit du pion h7.

35...♔e7 36.♗b4+ ♔e8 37.a4

Le pion a entame sa longue marche vers sa destinée – devenir une Dame. Au passage, il lui incombe de fixer son vis-à-vis.

37...♗d1 38.a5 (D)

La poussée des pions a et g avait un autre objectif : priver le Cavalier noir des cases b6 et f6. Sans cases réellement actives à sa disposition, on voit que c'est une pièce très médiocre.

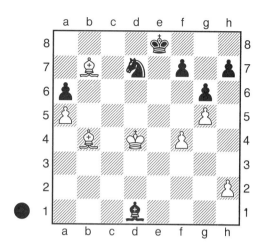

38...♗e2 39.♗c6 ♔d8 40.♗d5

Force le Roi noir à défendre f7, car après 40...f6 41.♗g8, les Blancs gagnent le pion h7 – on voit que le plan g4-g5 avait bien des avantages.

40...♔e8 41.♗c6

Une petite répétition de coups qui permet non seulement de gagner du temps à la pendule, mais surtout de prendre un avantage psychologique en soulignant l'impuissance du défenseur. Souvent, dans ce genre de situation, celui-ci perd patience et commet une erreur qui facilite le gain.

41...♔d8 (D)

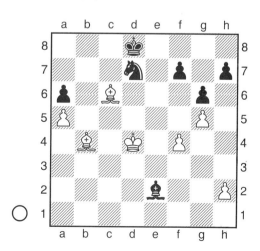

42.♗d6!

Le plan de gain consiste à jouer ♗d5 et ♗c4 pour s'emparer du pion a6, mais auparavant, il faut limiter l'activité du Roi noir (rien ne presse – s'emparer de tous les petits avantages avant de passer à l'action décisive).

42...♔e8 43.♗d5 f6

Sur un coup passif comme 43...♗f1, il suivrait 44.♗c4 ♗xc4 45.♔xc4 et le pion a tombe après 45...♔d8 46.♔d5 ♔c8 47.♔c6, etc. On remarque dans cette variante l'importance du placement du Fou de cases noires : grâce à 42.♗d6!, le Roi noir ne peut pas venir en c7 à temps pour empêcher son homologue de pénétrer. Encore une belle illustration de l'intérêt d'accumuler de petits avantages avant de mettre en œuvre le plan de gain.

44.♗c4

44.♗g8 gagne aussi, mais Gulko s'en tient à son plan.

44...♗xc4 45.♔xc4 fxg5 46.fxg5 1-0

Rien ne peut plus empêcher le Roi blanc de faire main basse sur le pion a6.

Les leçons à retenir

- Souvent, en finale, la paire de Fous représente un avantage décisif.
- Pour donner sa pleine mesure, la paire de Fous a besoin de jouer sur les deux ailes (30. a3). Si le jeu est confiné d'un côté, il n'est même pas certain qu'il y ait un avantage quelconque.
- Souvenez-vous du principe des deux faiblesses (33.g4!).
- Rien ne presse, n'autorisez pas de contre-jeu superflu (26.♗d4!, 29.♗b7!, 42.♗d6!).
- Ne craignez pas de répéter la position lorsque l'adversaire n'a pas de contre-jeu (41.♗c6).

Partie 50
Ciocâltea - Unzicker
Mémorial Alekhine, Moscou 1956
Espagnole fermée

Pour conclure ce livre, une finale de Dames. Ce n'est pas la plus fréquente, mais elle est difficile à jouer, par conséquent mieux vaut l'avoir étudiée au préalable. Unzicker, lui, connaissait son affaire : il va nous montrer comment centraliser la Dame et activer le Roi dans cette finale.

1.e4 e5 2.♘f3 ♘c6 3.♗b5 a6 4.♗a4 ♘f6 5.0-0 ♗e7 6.♖e1 b5 7.♗b3 d6 8.c3 0-0 9.d3

Une continuation modeste que nous avons déjà rencontrée plusieurs fois dans cet ouvrage.

9...♗e6 10.♘bd2 ♖e8 11.♘f1 h6

Si 11...♗f8 immédiatement, le clouage 12.♗g5 est désagréable.

12.♘g3 ♗f8 13.d4 ♗g4 14.d5 ♘a5 *(D)*

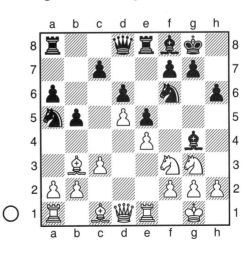

15.h3?

Un coup très étrange, puisque le Fou espagnol va se faire échanger. 15.♗c2 est plus naturel.

15...♘xb3 16.axb3 ♗d7 17.b4?!

Les Blancs estimaient sans doute que le pion arriéré a6 constituerait une faiblesse, mais ce coup a l'inconvénient de permettre aux Noirs d'ouvrir la position par ...c6, ce qui favorise la paire de Fous. Il fallait sans doute préférer 17.c4.

17...c6 18.♘h2 g6 19.♗e3 ♗g7 20.♕d2 ♘h7 21.f4 exf4 22.♗xf4 cxd5 23.exd5 ♕b6+ 24.♔h1 ♕b7 25.♗xd6

Inutile de soutenir le pion d5 par 25.♖ed1, à cause de la combinaison 25...♘xd5 26.♕xd5 ♖e1+ 27.♘hf1 ♕xd5 28.♖xd5 ♖xa1 – un motif tactique à retenir, car il est assez répandu.

25...♘xd5 26.♘f3 ♘b6

Grâce à la paire de Fous et à la belle majorité de pions sur l'aile roi, les Noirs ont un clair avantage positionnel ; en revanche, la majorité adverse sur l'autre aile est handicapée par les pions doublés.

27.♗c5 ♘c4 28.♕f2 ♗c6 29.♘d4 ♗d5 30.b3 ♘e5 31.♖e3 ♘d7

Pour s'octroyer la paire de Fous « complète ».

32.♖ae1 ♖xe3 33.♖xe3 ♘xc5 34.bxc5 *(D)*

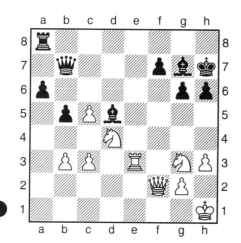

34...b4

Unzicker a reconnu par la suite qu'il n'avait pas vu le gain d'un pion par 34...♕c8, qui attaque c5 et h3. Mais rien ne dit que le coup du texte est moins bon. Après 34...♕c8 35.b4 ♕xh3+ 36.♔g1, le gain ne sera pas facile pour les Noirs, car les Blancs ont un pion passé protégé sur l'aile dame.

35.♘ge2 ♖d8 36.c4

Perd un pion, mais la paire de Fous exerce une telle pression que ce n'était qu'une question de temps.

36...♗xc4 37.c6 ♕c7 38.bxc4 ♗xd4 39.♘xd4 ♖xd4 40.c5 ♖d1+?

40...a5 était meilleur, mais cela nous aurait privés d'une finale palpitante !

41.♖e1 ♖xe1+ 42.♕xe1 a5 43.♕f1 *(D)*

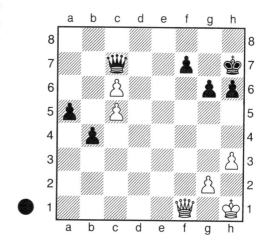

Une finale qui sort vraiment des sentiers battus. À première vue, on pourrait penser que les pions passés liés des Noirs vont s'avérer bien plus forts que les pions doublés adverses. S'il s'agissait – par exemple – d'une finale de Tours, ce serait certainement le cas, mais la grande différence, c'est qu'en finale de Dames, généralement, plus un pion passé est avancé, plus il est fort : ce facteur passe avant tous les autres. Pourquoi ? Parce que la Dame est la seule pièce capable d'accompagner seule un pion jusqu'à la case de promotion. Ici par exemple, si les Noirs ne font rien, les Blancs vont jouer ♕b5-b7 et le pion c6 ira jusqu'au bout. En conséquence, les Noirs vont devoir se résoudre très rapidement à échanger leurs pions liés contre les pions doublés.

43...a4 44.♕b5 ♕f4 45.c7?

Il y avait mieux : 45.♕xa4 ♕c1+ 46.♔h2 ♕xc5 47.♕a2! ♕e5+ 48.g3 ♔g8 49.♕c4 ♕c7 50.♕b5 ♕a7 51.h4! (Nunn), après quoi les Noirs ne tiennent même pas la finale de trois pions contre deux que nous allons voir. Les Blancs ne devraient pas avoir de mal à tenir cette position.

45...♕xc7 46.♕xb4 ♕a7 47.c6 a3 48.♕c3 a2 49.♕a1 ♕f2

Menace 50...♕c2, mais les Blancs peuvent forcer l'échange des pions passés.

50.c7 ♕c2 51.c8♕ ♕xc8 52.♕xa2 *(D)*

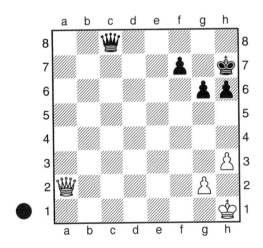

Cette position est d'un grand intérêt théorique. Même avec un pion de plus pour un des deux camps, les finales avec tous les pions sur la

même aile sont souvent égales. Ici, par exemple, la finale de Tours serait une nulle théorique facile. Mais avec les Dames, il est beaucoup plus difficile de tenir. Le plan des Noirs s'articule en trois temps. Premièrement, centraliser la Dame de manière à peser le plus possible sur la position. Deuxièmement, faire monter le Roi noir – ce qui peut sembler illogique dans cette finale, car il s'expose aux échecs, mais il n'y a pas d'autre moyen de progresser. Troisième et dernière étape : se créer un pion passé. Naturellement, en toile de fond, il faut garder à l'esprit que l'échange des Dames laisserait les Noirs avec une finale de pions gagnante.

52...♕c1+ 53.♔h2 ♕f4+ 54.g3?

Une grosse erreur : en affaiblissant la couverture du Roi, ce coup va permettre aux Noirs de créer plus facilement des menaces de mat, ce qui va mécaniquement multiplier les possibilités d'échange de Dames. Il fallait se contenter de 54.♔g1.

54...♕f3 55.h4 h5 56.♕d2 ♔g7 57.♕d4+ ♔f6 58.♕d2 ♕e5 *(D)*

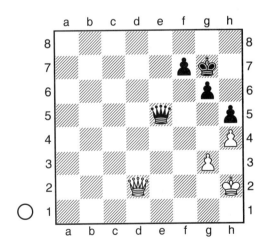

Fin de la première étape. La Dame noire occupe une superbe case centrale qui va lui permettre de limiter au maximum les échecs adverses. Au tour du Roi maintenant de venir la rejoindre.

59.♔g2 ♛f6 60.♛d8+ ♔f5 61.♛d7+ ♛e6 62.♛b5+ ♛e5 63.♛d7+ ♛e6

Une petite répétition surtout destinée à gagner du temps à la pendule.

64.♛b5+ ♔f6

Comme 64...♔e4 65.♛e2+ ne mène à rien, le Roi rentre à la maison pour le moment.

65.♛g5+ ♔g7 66.♛d2 ♛c4

La Dame se replace en espérant mieux couvrir son royal époux, mais cela laissait aux Blancs l'occasion de jouer l'excellent 67.♛d8! au lieu du coup passif que nous allons voir.

67.♔h2?! ♛f6 68.♛d8+ ♔e6 69.♛e8+ ♔f5

La Dame noire est idéalement placée en c4, d'où elle occupe le centre et défend le pion f7.

70.♛d7+ ♔e4 71.♛e7+ ♔d3

Le Roi noir monte bravement à l'assaut du camp ennemi. L'une des astuces techniques de cette finale est de parvenir à placer le Roi le plus près possible de son homologue, de manière à pouvoir parler un échec adverse par interposition, si possible sur échec, forçant ainsi l'échange des Dames. C'est d'ailleurs à peu près la seule façon d'éviter l'échec perpétuel dans un tel cas.

72.♛a3+ ♔c2 (D)

Les Blancs sont provisoirement à court d'échecs.

73.♛e7 ♔d1 74.♛d8+ ♔e2 75.♛e7+ ♛e6 76.♛b7

Toujours pas d'échecs.

76...♔f2 77.♛g2+ ♔e1 78.♛g1+ ♔e2 79.♛g2+ ♔d3 80.♛f3+

Surtout pas 80.♛f1+? ♛e2+, typiquement le type de contre-échec qui force l'échange des Dames.

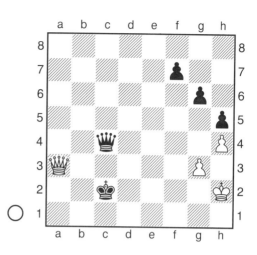

80...♔d2 81.♛f4+

Là encore, 81.♛f2+? ♛e2 forcerait l'échange.

81...♔e2 82.♛c7 f5!

Il s'agit moins de créer un pion passé que d'abriter le Roi noir des échecs donnés sur la colonne f, tout en se préparant à exposer le Roi blanc au moyen de ...f4.

83.♛c2+ ♔f3 84.♛g2+ ♔e3 85.♛b2

Si les Blancs continuent à donner des échecs, le 82ᵉ coup des Noirs prendra tout son sens : 85.♛g1+ ♔e2 86.♛g2+ ♔d3 87.♛f3+ ♔d2 88.♛f4+ ♔e2, et nous retrouvons exactement la position du 81ᵉ coup, à ceci près que le pion noir est en f5 et non pas f7. Quelle différence ? Eh bien, après 89.♛c7, les Noirs ont 89...♛e4! et il n'y a plus de pion en l'air en f7, ce qui va permettre de jouer par exemple ...♔f2 avec des menaces de mat.

85...♛c4 86.♛a3+ ♛d3 87.♛c5+

Cet échec permet au Roi noir d'accéder à la colonne f, après quoi le gain est forcé. En dépit des progrès accomplis, les choses étaient beaucoup moins claires sur 87.♛a1! (Nunn), car dans ce cas les Blancs avaient encore des échecs en g1 ou h1.

87...♔f3 (D)

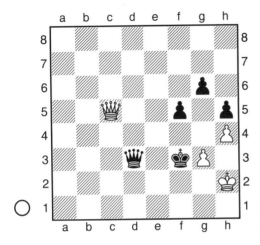

88.♕c6+

88.♕g1 posait plus de problèmes. Les analyses d'Unzicker montrent alors un autre avantage du 82e coup des Noirs, qui gagnent par 82...f4! ; par ex. 89.gxf4 (89.♕g2+ ♔e3 90.♕g1+ ♔d2 91.gxf4 ♕e2+ force l'échange des Dames et la finale de pions est gagnante) 89...♕c2+ 90.♔h1 ♕e4 91.♕g5 ♕b1+ 92.♔h2 ♕c2+ 93.♔h1 ♕c1+ 94.♔h2 ♕xf4+ et à nouveau, les Dames s'échangent.

88...♕e4 89.♕c3+ ♔f2 90.♕c5+ ♕e3 91.♕c2+ ♕e2

Cet alignement de pièces dans l'axe du Roi adverse fait partie de la technique de base des finales de Dames.

92.♕c6 ♔f1+ 93.♔h3 ♔g1!

La fin d'un long périple.

94.♕c5+ ♕f2 95.♕e3!

Dernier soubresaut des Blancs, également typique des finales de Dames. Attention au pat par 95...♕xe3??

95...f4!

Mais les Noirs ne s'en laissent pas conter. Cette fois, après 96.♕c1+ ♕f1+ (le contre-échec désormais familier) 97.♕xf1+ ♔xf1 98.gxf4 ♔f2, la finale de pions est gagnante pour les Noirs malgré l'égalité matérielle.

0-1

Les leçons à retenir

- En finale de Dames, les pions passés ont plus d'importance que le matériel.
- Pour s'imposer, le camp le plus fort est souvent obligé de faire monter le Roi dans le camp ennemi, même si cela implique de longue série d'échecs.
- La Dame est généralement d'autant plus forte qu'elle est bien centralisée, ce qui lui permet de contrôler plus de cases.
- Souvenez-vous de la technique du contre-échec, essentielle pour éviter le perpétuel dans ces finales.
- Toujours garder à l'esprit les possibilités de pat !
- Les finales de Dames exigent de la patience avant tout. Comme la défense peut infliger de nombreux échecs, il faut souvent de longues manœuvres conjuguées du Roi et de la Dame pour parvenir à progresser.

INDEX DES JOUEURS

Les nombres renvoient aux pages. Quand le nom d'un joueur apparaît en **gras**, il avait les Blancs. Sinon, c'est le JOUEUR LE PREMIER NOMMÉ qui avait les Blancs.

INDEX DES OUVERTURES

Les nombres renvoient aux pages.

TABLE DES MATIÈRES

5. THÈMES DE FIN DE PARTIE 145

Les livres d'échecs chez Olibris

Manuel Apicella, *Jouez contre un grand maître !*

Maurice Ashley, *La diagonale du succès* [épuisé]

Maurice Ashley, *Comment gagner aux échecs*

Christian Bauer, *Jouez la Scandinave !*

Valeri Beim, *Leçons de stratégie aux échecs* [épuisé]

Valeri Beim, *Comment jouer dynamique*

Valentin Bogdanov, *La Grünfeld expliquée*

Valentin Bogdanov, *L'Alekhine expliquée*

Dejan Bojkov et Vladimir Georgiev, *Le manuel du tacticien*

Victor Bologan, *Jouez l'Est-indienne !*

Murray Chandler, *Comment battre Papa aux échecs*

Murray Chandler, *La tactique aux échecs pour les enfants*

Murray Chandler, *Exercices d'échecs pour les enfants*

Murray Chandler & Helen Milligan, *Les échecs, un jeu d'enfant !*

Philippe Chassy & Darko Anić, *Psychologie du joueur d'échecs. Science et performance*

Sam Collins, *La Sicilienne c3 expliquée*

Dražen, Drena & Nikša Čvorović, *La princesse et le jeune maître* [épuisé]

Viacheslav Eingorn & Valentin Bogdanov, *La Française expliquée*

John Emms, *1001 exercices d'échecs*

Stéphane Escafre, *1064 exercices pour bien débuter aux échecs*

Stéphane Escafre, *1000 exercices pour bien progresser aux échecs*

Glenn Flear, *En finale* (2 volumes)

Glenn Flear, *Tactimania*

Zenón Franco, *L'Anglaise expliquée*

Zenón Franco, *La Benoni Moderne expliquée*

Steve Giddins, *50 leçons de stratégie - Les parties qu'il faut connaître*

Steve Giddins, *101 questions clés sur les échecs*

Steve Giddins, *Comment construire son répertoire d'ouvertures*

Jesper Hall, *Comment s'entraîner aux échecs*

Igor Khmelnitsky, *Échecs : le test*

Igor Khmelnitsky, *Échecs : le test 2 tactique*

Igor Khmelnitsky, *Échecs : le match - Jouez contre Bobby Fischer*

Maria et Jean-Olivier Leconte, *Les Blancs jouent fortissimo*

David LeMoir, *Comment devenir un Super Attaquant*

Frank Lohéac-Ammoun, *Échec et mat. De l'initiation à la maîtrise*

Adrian Mikhalchishin & Oleg Stetsko, *Magnus Carlsen. L'ascension d'un prodige*

Juraj Nikolac, *L'héritage de Philidor*

Les livres d'échecs chez Olibris

Aron Nimzowitsch, *Le blocage*

John Nunn, *L'art des finales*

John Nunn, *Initiation à la tactique*

John Nunn, *Les secrets de l'efficacité aux échecs*

Xavier Parmentier, *Une boussole sur l'échiquier*

Xavier Parmentier, *Les secrets de l'initiative aux échecs*

Philippe Pierlot, *Vive les échecs !*

Jacques Priser, *Mat ! Leçons et corrigés*

Jacques Priser, *Mat ! Exercices et jeux*

Richard Réti, *Les maîtres de l'échiquier*

James Rizzitano, *Le Gambit Dame Refusé expliqué*

James Rizzitano, *La Sicilienne Taimanov expliquée*

James Rizzitano, *La Sicilienne Najdorf expliquée*

Alfonso Romero, *Stratégie créative aux échecs*

Bernd Rosen, *Entraînement aux finales*

Jonathan Rowson, *Les sept péchés capitaux aux échecs*

Igor Štohl, *Les meilleures parties de Garry Kasparov* (2 volumes)

Aaron Summerscale, *Répertoire d'ouvertures efficace pour joueur d'échecs paresseux*

Anatoly Terekhin, *50 idées stratégiques pour gagner aux échecs*

Fabrice Touvron, *Les échecs artistiques - Le partage du Roi*

Reinaldo Vera, *La Méran expliquée*

Reinaldo Vera, *La Nimzo-indienne expliquée*

David Vigorito, *La Slave expliquée*

Jesús de la Villa García, *Les 100 finales qu'il faut connaître*

Chris Ward, *À vous de jouer !*

John Watson, *Maîtriser les ouvertures* (4 volumes)

Peter Wells, *L'Ouest-indienne expliquée*

Peter Wells, *Maîtriser la Caro-Kann*

John Watson et Graham Burgess, *Les ouvertures pour les enfants*

Simon Williams, *Comment gagner vite aux échecs*

Alex Yermolinsky, *La Sicilienne Classique expliquée*

Achevé d'imprimer par France Quercy, 46090 Mercuès
N° d'impression : 41588/ - Dépôt légal : décembre 2014

Imprimé en France